JN022168

いつだって本と一緒

岩橋 淳
Jun Iwahashi

皓星社

「はじめに」にかえて

本を読もう。本は、君の手を取って時を超え、国境を越え、さまざまな出会いを演出する。本との幸福な巡り合いは、いつの日か漕ぎ出す海原で、すぐれた羅針盤となるだろう。

２００４年の「コレ知ってる？」、続く「Ｕ－18読書の旅」から数えると足掛け14年という歳月、本紙面をお借りして本の紹介をさせていただいてきた。冒頭のフレーズは「Ｕ－18」連載開始の際に使ったものだ。

ここまで本紙上でご紹介した本、04年から数えて、通算２７３冊。

この世に存在する書物の何千万分の一、いや、それ以下に過ぎないだろう。そしてそのセレクションには偏りもあるし、読みの浅さや見当違いにあきれられた方もあったことだろう。

でも、それが、本を読むということ。好みや読み方は人それぞれ。「自分はこう感じた」「自分ならこう読む」という違いがあり、ある意味みなさんを挑発できれば、というもくろみがあったこともまた事実。

個人的な事情ですが、このたび病を得て、ページを繰ること、キーボードを打つことが困難となり、心ならずも本連載を終えることとなりました。

この世に生を受けて58年、母や先生から読んでもらった絵本や童話。長じて、自ら書棚に加えた本の数々。そして選んだ、書店員という仕事。常に傍らに、ポケットにあって、時に支え、時に励ましてくれた本たちともいずれ別れなければならないこと、慙愧に堪えません。

最後に、「U－18」の最終回でのフレーズを。

数えることもかなわないあまたの本の中から、自らの意志でその一冊を選び、幾千万の文字の海、ことばの地平の旅人となる。読者の人生さえ左右するかもしれないその出会いの瞬間が、実はある種の運命として用意されていたものなのだとしたら。そして、それを価値あるものにするかどうかが、君自身に託されているとしたら。だから。

だから、若い人よ。精いっぱい感受性を磨き、本を読もう。出会うために。

応援してくださった読者の皆様、お世話になった書店・取次店・出版社・著者の皆様、本を愛する多くのお客様、本紙歴代ご担当の皆様。長い間、本当にありがとうございました。

「いつだって本と一緒」最終回
２０１８年９月17日付「岩手日報」より

目次

コレ知ってる？

2004年

2005年

U－18読書の旅

2010年

2016年

2018年

岩橋さんのこと

コレ知ってる？

2004年4月～2005年3月

２００４年

ぼくの見た戦争　２００３年イラク

高橋邦典

「戦争」というコトバに、どれだけのリアリティーを感じますか？　今じゃ最先端のハイテクを駆使して、本当にゲームのような、手の汚れない、血を見ることのない、「きれいな戦争」ができるようになった、なんて言われてるけど、そんなマヤカシは、この本の前では無力。

この写真集が語るのは、結局、戦争って、自分自身が兵器となって人を殺し、他人の幸福や生活を奪い、自らも傷つくことなんだっていう事実。

どこにでもいるハタチの若者が「だれのために？」とギモンを持ったまんま「仕事」として駆り出され、キツイ、ツライ、コワイを乗り越えた先の、何の保証もない「次の瞬間」に向かって、ひたすら前進させられるのが戦争の正体だ、ということ。

破壊された家。すべてをなくし、ぼうぜんと天を仰ぐ老女の頭上にぽっかりと開いた、皮肉なほどに青い空。たかが人類の繁栄や滅亡など無関係と言わんばかりのさわやかさだ。

歴史は、くり返す。そんな言い古された教訓さえ生かせないまま海をへだてて、今の僕たちの「ヌルイ幸福」があるんだということも、覚えておこう。

魔女の宅急便　その４　キキの恋

角野栄子作／佐竹美保画

宮崎駿監督のアニメが強烈なイメージで独り歩きしてしまっている感のあるこの作品だけど、映画になったエピソードは、原作のほんの一部（『ナウシカ』もそうだよね）。その後も原作は書き継がれて、このたび上梓（↑さあ、辞書をひこう！）された四作目。

第一作では13歳だった主人公・キキも17歳。この間四年「自活しながら人々の役に立つ」という魔女のさだめに従って暮らしてきた彼女は、たぶん、ゼッタイにキミたちよりはオトナで、ずっとシッカリシテルんだろう（！）。

でも、そこは17歳の女の子。悩みもあれば、間違いもする。そして、恋だって。……そんなキキの毎日を縦軸に、重ねられるたくさんの人たちとの出会いや別れ、心温まるエピソード、ちょっと悲しい物語。

アニメはモニターの前に座りさえすれば1、2時間で終わるけど、20年近くを費やして書き継がれた物語は、ページをめくる手を途中で止めたり、キミたち自身の人生や思いを重ねたり、色や、音や、時にはにおいまでも自分なりの感覚で読み進むことで、知らず知らず、心の厚みになっていく。そんな読書の楽しみも、ぜひ。1～4巻、通してどうぞ。

あの樹に会いに行く

細川　剛

「こういう樹《き》は、かわいそうだよね」。今を盛りと咲き誇り、人垣に囲まれた桜の名木の横を通り過ぎながら、この本の作者はつぶやいたんだ。今日の紹介は、とある森の、なんてことない一本のブナの樹に魅せられて、その木陰に寝泊まりし、向き合って過ごした写真家の、17カ月、つれづれの記録。

名もない一本の樹にも、そこに集う鳥や虫たち、共生するコケやキノコ、落ち葉にさえ、「それぞれの事情がある」と、彼は言う。そして、そんな思いを抱かせる森の中が、大好きだ、とも。そんな彼の目には、周囲をアスファルトで囲まれ、「兄弟」からも隔離された桜の古木が、幸福そうには映らなかったんだろう。

夏のさなか、ふとしたことで感じる、秋の気配。積雪の上に立って分かる、目線の高さと風景との微妙な関係。

嵐によってその生を終えながらも、新しい時間を刻む倒木……。

親しみやすい文章、随所に配されたみずみずしい写真の数々が、読者をして森の散歩者へのあこがれに駆り立てる。活動の拠点を盛岡に求める作者の今後に、期待、大。

深呼吸の必要

長田　弘

きみは いつ おとなになったんだろう――という問いかけで始まる、一冊の詩集。詩、といっても、堅苦しく考えることはないんだ。いい詩ほど、すうっと、入ってくる。

「いつ　子どもじゃなくなってしまったのか」普段ならそのまま忘れてしまうような、ちいさな、一瞬の心の揺らぎ。それが、なぜだか胸につかえてしまった時。ダークグリーンのインクで紡がれた、ギリギリまで無駄を省いた、それでいてやさしく温かいことばの連なりが、薄皮を一枚ずつはがすように、いく通りかの答えにまで導いてくれる。

自分のことを決めるようになったとき。歩くことのたのしみをなくしたとき。「なぜ」という言葉を口にしなくなったとき。……もちろん、「正解」は読者の数だけあるんだけれど。

この文章を書くために、20年ぶりに書棚から取り出して、開いてみた。めくるページからこぼれ出た一語一語は、「今」という空気に触れて、あのときとは違った光を放つように見えた。流行とは無縁の、古びることのない、りんとしたことばの力を感じる瞬間。

家人が寝静まった夜更けに、ひとり、声に出して、読んでみたりして。

暁の円卓　第1巻　目覚めの歳月

ラルフ・イーザウ／酒寄進一 訳

歴史というものを、ただの「暗記科目」としか思っていない人、キミは、不幸です。今・この瞬間のキミ達だって、すでに十何年かの歴史を背負って生きている。歴史をオロソカにする人は、自分を大切にしない人だ。もっとも、キミたちにそう思いこませちゃった学校やその背後のひとたちに責任（未必の故意、と言います）があるんだけどね。

さて、二度の世界大戦とその前後の陰謀渦巻く季節を刻んだ20世紀という時代（こんなに人の死んだ「不幸な100年間」って、過去にないんだそうだ）。もしかしたらキミたちの記憶にも生々しい「あの」事件もふくめて、数々の悲劇やその背後の陰謀が、一本の糸でつながっていたら……。

本作は、歴史の陰で策動する暗黒のたくらみを阻止するために超能力とともに100年の生命を与えられた運命の子・デービットと、彼を襲い、いや応なく飲み込んでゆく戦争の渦、目の当たりにする生と死、数々の試練を通して動乱の20世紀を描く壮大な歴史ファンタジー。

本国ドイツではすでに完結し、10代の読者を中心にベストセラーになっている、これぞ大河ドラマだ。（日本語版は全9巻、続きが待ち遠しい！）

空飛ぶ馬　ほか　円紫さんと私シリーズ

北村　薫

今回は「本格推理」。……と言っても怪奇連続大量猟奇殺人事件、ではありません。日常に潜む小さな謎。その謎に挑む女子大生「私」と指南役の落語家・春桜亭円紫師匠コンビの活躍を描く、連作短編シリーズなのだ。

安手の2時間ドラマやツジツマ合わせの名探偵モノを

「ミステリー」と思い込まされているアナタ、これ読んで目のウロコ落として。

近代日本文学専攻の「私」、大学2年生。本の虫、恋愛はオクテ。よき家族、よき友、よき師に恵まれ、物事の内面を見つめる豊かな感性を持ち合わせる、いまや貴重な正統派文学少女。

日常生活を通してさまざまな出来事に出合う「私」の成長も描くこの作品は、繊細な心理描写と当意即妙の機知、品の良いユーモアを備えた青春小説として読むこともできる。……そして人の心のあやが生む、小さなほつれ。時に垣間見える断面の深さ、怖さ。解きほぐすにつれて、明らかになる闇。

誰の心にも潜む「謎」を静かに、優しく、奥深く描き、さわやかな読後感で人気のシリーズ。第5作「朝霧」まで、イッキ読み！

あたまにつまった石ころが
C・O・ハースト／千葉茂樹訳

100年近く前。古きよきアメリカ、片田舎のある町に、石ころを拾っては集めてばかりいる少年があった。変わり者扱いされても、気にしない。将来を心配した親から任されたガソリンスタンドの経営も、マイペース。コツコツ働き、拾い集めた石をきちょうめんに分類しては棚に並べる毎日。

商売の運が向き、忙しい時もあった。しかし、長くは続かない。歴史に残る不景気の渦の中、彼の仕事も駄目になった。……でも、彼は、変わらない。家族のために黙々と働きながら、石を拾い続けた。そしてある日、不思議な運命が彼の人生に訪れる……。

戦争や大恐慌をはさんだ時代の波に洗われながらも、ひとり変わらずに石を拾い続けた（作者自身の）父親の生涯を描いた、本当にあった物語。大事件がなくても、イロコイやアクションや爆笑や号泣がなくても。人生って、捨てたもんじゃないってことを教えてくれる。静かな感動を呼ぶ30ページの絵本です。一週遅れの父の日に、どうぞ。

穴 HOLES

L・サッカー／幸田敦子訳

暑い。チョーアツイ。イライラする。ムカツクー。これって、太陽のせいだけなのか？　そんな毎日を送るみなさんに、今日は、この一冊。

とんでもないヌレギヌで裁判にかけられ、「更生のため」テキサスの地の果て・グリーン・レイク・キャンプに送り込まれた、太っちょでサエない中学生、スタンリー。

「緑の湖」とは名ばかり、日差しを遮るものなど何ひとつない平均気温35度、カラカラに干上がった湖底に放り込まれて与えられた仕事は、一日ひとつ、直径3メートル、深さ1・5メートルの穴を掘ること。

来る日も、来る日も。不気味なサソリやガラガラヘビ、かまれたら命のない毒トカゲ。機嫌を損ねたらやっかいな看守。美しくも冷酷な女所長。そして一癖も二癖もある油断のならない仲間（？）たちに囲まれ、スタンリーの毎日は明け、暮れてゆく。ところが、ふとしたことから芽生えた友情が、この気弱な少年の何かを変えた……！

代々伝わる「ひいひいじいさん」のエピソードと、乾ききった湖底のナゾ。ラストで訪れる大ドンデンがえし。初めゲンナリ、やがて没頭、読後そう快、アメリカで少年たちの熱い支持を受けた、青春冒険小説だ！

いのちの初夜

北條民雄

今、君たちのココまでの生涯を「年譜」にまとめてみるとする。生を授かった日。家族について。生まれた土地のこと。出会った人。別れた人。大小の、さまざまな出来事。それが15年でも20年でも、掛け替えのない密度を伴って確かにあり、そして、その先には未来が、君たちには、ある。

……今日の一冊は、18歳で病を得て24でその短い生涯を閉じるまで、最後の数年間を文学に燃焼させた一人の若者による、いのちの声。

有史以来、不治の病として、あるいは差別の対象として多くの人々を苦しめ続けてきた「ハンセン病」。現在では治療法が確立され、国ぐるみの差別の歴史にも(形の上では)区切りがつけられようとしているけれど、この小説が書かれた昭和初期の状況は、言語に絶する過酷なものだった。

世間から隔絶された収容施設の中、淡々と描写される絶望的日常。その絶望の中でこそ際立つ生への執着。読者は、文字を追いつつ、登場人物と共に悲嘆に暮れることになる。でも同時に「生きるということ」について深く考えさせられるのだ。

巻末、その前半生を消し去らなければならなかった年譜の、最期の時を予期したかのように充実した3年間の記述が、心に残る。

絵で読む広島の原爆

那須正幹文／西村繁男絵

夏になると、テレビや新聞で戦争の話題が取り上げられることが多くなる。今から59年前の8月15日が、世界を巻き込んだ大戦が終わった「記念日」だからだ。

4千数百万人と言われる死者を出したその戦争の、最終局面での悲劇が8月6日の広島、9日の長崎への原爆投下。「その時」を中心に、戦争の背景、当時の広島のひとびとの暮らし、そして人類史上みぞうの惨劇を、たくさんの記録や証言、科学的データをもとに描ききった絵本だ。

航空写真のような、ふかんの大画面にびっしりと描き込まれた広島の街。現在の繁栄ぶりから、戦前の穏やかな町並みへのフラッシュ・バック。ていねいな解説のページを挟んで、時間が経過する。やがてものものしい戦時体制、そして運命の朝へ。ぼくたち読者は、「わかっていながら、止められない時間」をただ追うしかない。

……この作品が記録性の高い「写真」を用いるのではなく、絵本作家によってあえて肉筆で描かれたのは、絵本という表現には、確かに生きていた人の一人ひとり、草木の一本ずつにまで、それに魂を込めた作者とともに、時を隔てて向き合うことを、ぼくたちにも強く訴える力があるからなのだろう。

佐藤さん

片川優子

この前、芥川賞の受賞最年少記録が塗り替えられて話題になった。みんなの中にも、ひそかに小説ラシキモノを書いていて、よーし、これならと奮い立ったヒト、こりゃカナワンとあきらめたヒト、いろいろだったのでは？

いずれにせよ、オトナのものだと思っていた世界で同世代がトップランナーに躍り出たときの小気味よさって、いいものだ。今回は、児童文学新人賞に入選した現役高校生（1987年生まれ）のデビュー（受賞）作を紹介しよう。

……紹介しすぎてネタバレになってしまうとマズイのだけれど、どこにでもいるような、ちょっと煮え切らない男の子が、ありふれた学校生活の中で出合ったアブノーマルな体験を通して、一歩、前に踏み出してゆくオハナシ。

　背負ってしまった「特殊能力」。それゆえの苦労もあるけれど、出会いと別れ、友情と誤解、対決と和解、そして、恋。可もなく不可もない毎日を送っていたカレの中に、小さな嵐が吹いては、過ぎていく。

　形は違えど、誰もが抱えている悩みや迷い。それらをさらりとすくいだし、現役のキミたちにはリアルタイムの共感を、オジサンには「ぎゅっ」と詰まった季節への懐かしさを呼び起こす青春の一コマ。心理描写にセンスの光る、作者の今後に期待。

バッテリー

あさのあつこ

　今回は、本当に「コレ知ってる?」なのだ。

　1996年に第1巻が刊行され、現在まで5巻。この間、二つの児童文学賞を受賞。ただし!「イイ本だから読みなさい」なんて言われるまでもなく、小学校高学年から中学・高校生(とくに女子!)を中心にジハツ的に読まれ続け、最近ではプロの書評家まで巻き込んで「この傑作を読んでいなかったことを猛烈に反省」させた(ふふふ、これがドクショのだいご味、奥深さ)となれば、ちょっと気になる、でしょ? 小学校を卒業し、家族とともに山間の町に越してきた少年・原田巧。勝ち気で尊大で、両親も持て余し気味の巧は、前の町では少年野球で鳴らした剛速球投手だ。自分だけを信じ、ともすると孤立しかねない危うさにまだ気付いていない巧の前に現れたのは、好対照、温和だがしんの強さを秘めた同い年のキャッチャー・永倉豪。巧の速球をやすやすと捕ってみせた豪に初めは反発しながらも、さまざまな事件を通して、友情は芽生えていく……。

　最近は「やおい」方面でも話題になってるらしいけど、ヤマもイミもしっかりと兼ね備えた、正統派青春よみものなのだ。真っ正面から読んでほしいのだ。

生まれたときから「妖怪」だった

水木しげる

絵の前に立つと、描かれている闇のなかに「何か」が感じられる。絶対に、ナニカガイルのだ。こんな絵を描くヒト、他にいない。今週は、おん年82、「ゲゲゲの鬼太郎」はじめ数々のヒット作を生み出してますます盛んのマンガ家、水木サンの自伝風エッセーだ。

小さいころから、変わり者。本人は「普通」にしているのにシャカイの枠に収まりきらない（シャカイって、そうだ。自分たちの理解できない物事をみつけると、「妖怪」アッカイしてはじきだす＝それって何の解決にもなっていない）。その後も30歳を過ぎるまで入学・退学、そして転職の繰り返し。

戦争で、生死の境をさまよったこともある。でも、ずーっと変わらなかったのが、「絵を描くこと」。……貧しい下積みを経て、それまで自分を拒み続けてきたヨノナカが、くるりとこっちを向いたのは、40歳を過ぎてからだった。

ところで、この本、ぜんぜん暗くない。フツウなら涙と苦労の大河ドラマにしてしまう半生を、「フハッ」と軽～くいなしてしまうのが、自称妖怪・水木サンの魅力なのだ。そんな人生観で描かれたマンガだから、40年たっても現役、オモシロイ。さて、キミたちがいま夢中の「オススメ」マンガの40年後は？

われら　ブレーブス人間

大倉徹也／田中正恭

世間を騒がせたプロ野球の問題は、数カ月の騒動を経て、ひとまず落ち着いた。らしい。9月27日、合併する2チームのラスト・ゲームがおこなわれ、マスコミでも大きく取り上げられた。いわく、さよなら、ありがとう、バファローズ。

……ちょっと待った、さよならは「バファローズ」じゃない。経営難で親会社が代わっても、「バファローズ」は残るのだ。消滅したのは「ブルーウェーブ」というチームなんだって事実、コレ知ってる？

ブルーウェーブは、もとは「ブレーブス」といった。地味だけどいい選手のそろった、強いチームだった。16年前、突然、親会社から売られ、名前が変わった。この本は、当時、驚きと混乱と悲しみにほんろうされ、そして最後には「真実の愛＝環境（親会社）が変わってもチームそのものを応援し続けること」に目覚めるファンたちがつづったドキュメントだ。

たかが野球。いい大人がジタバタオロオロと、ハタ目にはカッコ悪かったり見苦しかったりコッケイだったりする。でも、みっともなくとも懸命にささげるのが、愛なのだ。

……そして16年後、そのチームは、名実ともに、消えてしまった。「セカチュー」じゃないけれど、ひと握りの野球難民たちは「思い出と生きてゆく」ことになった。

山月記（新潮文庫『李陵・山月記』より）　中島　敦

学業優秀にして才気にあふれ、将来を嘱望された青年があった。エリートコースまっしぐら。しかし彼は、役人となって官僚にかしずくのをいさぎよしとせず、野にくだった。彼自身、若さゆえに自らを過信するところもあった。

とにかく、以降、ひきこもって詩作にふけった。自分の才能をもってすれば、汚い浮世と決別し、詩人として名をあげることができる。ところが……自らの才能を疑い、絶望した彼は、行方知れずになった。あくる年、偶然通りかかった旧友の前に、彼が現れた。その姿を恐ろしいトラに変えて。人間の理性を保てるわずかな時間の中、彼の告白が始まった……。

かつて人と交わらず、切磋琢磨する機会を持たなかったこと。それゆえにせっかくの才能を伸ばせず、さらにそれを世の中のせいにしたこと。結果、自らの中の憶病な自尊心と尊大な羞恥心という猛獣を制御し得ず、ついにはそれに支配されることになってしまったこと。わが身をそこない、人を傷つけ、獣となり果てて気付いた、空費された過去。

人生の若葉もえる季節、早めに出会い、節目節目で読み返してほしい物語。わずか数ページの短編が生涯の糧となる、読書の面白さ・すばらしさ、なのだ。

怪盗道化師

はやみねかおる

「道化師」はピエロ、と読みます。はやみね作品と言えば、大ヒット作「夢水清志郎シリーズ」をあげる人が多いと思うんだけれど、この作品が記念すべきデビュー作。

そもそもは当時小学校の新米先生だったはやみね氏が、クラスのこどもたちのために書いた40本を超える物語が基になっている(現在読むことができるのは18本)のだそうだ。

とある町の、ありふれたたたずまいの本屋・西沢書店(作者は、本屋さんに特別な思い入れがあるんだって。ウレシイねぇ)。単調で退屈な毎日の中、店のあるじ・西沢のおじさんは、怪盗になろうと思い立った。その動機は「みんなに笑顔をプレゼントすること」! 宣伝文にいわく、盗むのは世の中にとって値打ちのないもの・持っている人にとって値打ちのないもの・それを盗むことによってみんなが笑顔になれるもの……。シルクハットに黒マント、のどかな町に正体バレバレの怪盗が、こうして出現することに。

ほのぼの・じんわり・くすくすと、小さな事件が起きては解決されていく中、全編を貫いているのは、作者の、にんげんへの温かく、優しいまなざし。いったんは絶版になりながらも読者の熱い思いで復刊されたという経歴を持つ、幸せな作品でもあるのです。

魔法使いハウルと火の悪魔
ダイアナ・ウィン・ジョーンズ／西村醇子訳

その昔「読んでから観るか、観てから読むか」なんてキャッチフレーズで映画とその原作本、両方の宣伝をもくろんだ出版社があった。

さて、ある物語（マンガでも可）が実写・アニメを問わず映像化（ラジオドラマやCDなんてのも）されるとき、それをすでに読んでいる人は、登場人物の姿・顔・声、場面ごとの情景、果てはそこに流れるBGMにいたるまで（もちろん完全でないにしろ）自分なりのイメージがあって、後から見た映像や音声と比べて一喜一憂することがあるのでは？

一人ひとりが持つイメージって、文字通り十人十色、百人百様だ。生まれや育ち、感性や経験が違えば、当然のこと。物語そのものの解釈だって違ってくることもある。その読者にとって、そこに描かれていることの何が大事で、何に興味があるかによって変わるのだ。

今週の一冊は、言わずと知れた宮崎駿監督最新作アニメ映画の原作。気がつけば全然本の紹介になってないんだけど（汗）、みんなには宮崎カントクの解釈（あの「城」はチガウなぁ、とかネ）に良くも悪くもヤラレちゃう前に、まず自分の目で・感性で原作を味わってから映画館に行ってほしいと言いたかったのだ。楽しさ倍増、自分だけの物語を持つことの面白さ、知っておいて損はないぞ。

どろぼうの神さま

コルネーリア・フンケ／細井直子訳

イタリアは、ベネチア（ベニス）。四方を海に囲まれ、市中を網の目のように運河が通う水の都。いにしえの時を刻む町並み。荘厳な大寺院。宝玉の眠る美術館。

でも、観光客が足を踏み入れない地域には、貴族や権力者に支配され、決して豊かとは言えない日々を過ごす人々がいた……。物語は、ある兄弟の行方を追うことになった探偵の事務所に始まり、ツブレた映画館の暗闇に肩寄せ合って暮らす、親のないこどもたちのエピソードへと続く。

生きてゆくための、スリや盗み。そしてかれらを率いるのが怪盗「どろぼうの神さま」だ。ある日、謎の依頼人から請け負った大仕事をめぐって、冒険の幕が開く……。

一貫して描かれるのは「コドモｖｓオトナ」。どろぼうの神さまの意外な素顔とは？　離ればなれになった兄弟の運命は？　時を超えるメリーゴーラウンドの秘密とは？

全編にちりばめられた追跡、謎。事件の果てに、芽生える友情。一読、本から目が離せない！　きびしい境遇にもめげず、明るく、シブトク自活する、個性豊かなこどもたちの姿に拍手。周囲で振り回されるオトナたちのドタバタや、ラストシーンにもニンマリ。こういうの（非・ハリウッド）映画で見てみたい、と思ったら、ホントになるんだってさ。楽しみ！

燃えよ剣

司馬遼太郎

テレビの話。大河ドラマ「新選組！」も、最終局面。このドラマの主人公・近藤シンゴ勇の最期を描いて、ドラマも終わる（のだろう）。

……いや、ちょっと待て。「まだ、終わっちゃいねえ」と、多くの歳さまファンは思っているのだ。これからだ、と。

今回は、新選組、そして鬼の副長・土方歳三、天才剣士・沖田総司（そうじ、が正解）のイメージの源となった作品。「壬生○士伝」も「風○る」も「○ースメーカー」も全部ぜんぶ、新選組を扱う小説、テレビ、マンガのほとんどに影響を与えたのが、本作なのだ。

クール、猫のような用心深さ、そして無類のケンカ師。冷徹に組織を動かし、逆境にこそ闘志を燃やす男。友のために泣き、愛する人にだけ見せる少年の顔。土方歳三の魅力、そしてかたくなな生きざまを、動乱の幕末を背景に描ききった名作だ。

時代が変わり、近藤亡く、沖田倒れ、周囲が敵であふれても、ひとり歳三は、闘い続ける。「誠」の旗の下、「自分の正義」を貫くため。手にした愛刀が、まるで生き物のように戦場を求めていく。

……漢《おとこ》、かくあれかし。この作品をきっかけに歴史の世界にのめり込んでいく人（ワタシ）。人生観変わっちゃう人（ワタシ）。こんな生き方も、あるということを、ぜひ。

幸福な王子

オスカー・ワイルド／西村孝次訳

クリスマス。年の瀬。何かとあわただしい時期ではあるけれど、気の持ちよう。……今年、ついにひもとくことのなかった本、ひとり静かに開いてみようか、なんて思いついたひと、こんな童話はいかが。20ページにも満たない短編だけれど、キミの心を温かいもので満たしてくれるはずだ。

昔。とある国の、とある町。全身を金ぱくで覆われ、宝石で飾られた、王子の像があった。人は彼を、幸福な王子と呼んだ。実際、王宮に暮らす生前のかれは幸福だった。

ところが、何の疑いもなくその一生を終え、像となって町の中心に立つようになって、それが間違いだったことに気付く。町のあちこちで聞こえる、嘆きの声。目の当たりにする、貧困。王子は、気まぐれな旅のツバメに呼びかけ、かれらを救おうとする。

……はじめは不承不承、やがて王子の意をくんで、けなげに飛び回るツバメの愛らしさ。季節が移り、迫り来る冬。そして、王子とツバメに訪れたものは。

結末は、確かにかなしい。けれど、たとえ身体は滅びても、清らかな魂は、最後には救われることを信じよう。出会った人の心の糧に、きっとなってくれる物語だ。

2005年

野菊の墓

伊藤左千夫

年末年始。仕事柄、あちこちで発表される「2004年のベストセラー」を目にした。目立ったのは「セカチュー」「冬ソナ」「いま会い」といった「純愛もの」。ブーム、なんだそうで。

……でも、僕たちには100年近く読み継がれてきた純愛物語がちゃあんとあったんだということも知っておこう。今回は、全国300万「セカチューファン」に贈る珠玉の一冊。

時は明治。千葉県のとある農村を舞台に、色濃く残る封建社会の因習にほんろうされた少年と少女の悲恋物語だ。裕福な農家の長男で15歳の政夫と、遠縁の少女で17歳の民子。幼なじみの二人は、自分たちでさえもそれと気づかぬうちに、淡い心の通い合いをはぐくんできた。

ところが、周囲の眼が、それを阻む。年齢のこと。無責任なうわさ。世間体を気にする大人。皮肉にも、禁じられてはじめて燃えさかろうとする恋心だったが、この時代、二人が結ばれることは許されなかった。

生木を割くように町の学校へと入寮させられた政夫は、やがて無理に嫁がされた先で病を得た民子の死を知る。

当時の風俗や習慣、言葉の感覚の違いを飛びこえて、読む者の心をきっと打つ、永遠の青春文学。叫ばなくても、純愛。

ある純愛の記録　愛と死をみつめて

大島みち子／河野 実

前回に続き、「純愛」について。……今から42年前、本当にあったお話だ。本書は、不治の病に侵された少女と、そのさいごの時まで寄り添い続けた青年との間で交わされた手紙をまとめたもの。

「寄り添う」と書いたけれど、実際は大阪と信州、会うこともままならない遠距離の恋。未来が約束されていない絶望との闘いの中、励まし合いながら生きた若い二人の物語は多くの人々の感動を呼び、1963年の刊行当時、大ベストセラーとなった（吉永小百合の映画やレコード大賞受賞の歌で知っているお父さんお母さんもいるはずだ）。

きれい事ではすまされない、病気との壮絶な闘い。若い女性には耐え難い、顔面への度重なる手術。彼女も、彼も、疲れ果て、自暴自棄になることもある。でも、そのたびに勇気を与えたのは、二人を結ぶ愛情。お互いを思いやり、信じ合う気持ちだったのだ。

かつて人は、よく手紙を書いたものだ。それも、品性を保ちながら相手の心にズドンと届く、直球。思いのたけをぶつけ、書くことで自分を見つめ、遠く離れた人とも分かり合うことができる。

サイキンのメールやチャットやブログとは違う次元の心のやりとりを、みんなにも知っておいてほしいと、おじさんは切に切に思うのだ。

熱烈応援！スポーツ天国

最相葉月

サイショウさんが、好きだ。もとい、彼女の文章が、好きだ。

ベストセラー「絶対音感」など人間と科学をテーマにしたノンフィクション、人生の途上で出合った一コマ一コマに柔らかな光を当てたエッセー「なんといふ空」。硬と軟、時に鋭く理知的に、時にはユーモアを含んだ優しいまなざしで、彼女は人と社会を見つめてきた。

スポーツ取材ものも、得意分野だ。今週の一冊は、決して日の当たることのない（関係各位すみません）マイナースポーツと、そこに集う熱いひとびとに視線を注ぎつつ、なおかつガイドしようという試み。

チャンバラ、ダンス、綱引き、吹き矢、ドッジボール、雪合戦、キンボール（？）ｅｔｃ。観客≒選手、ストラップやＴシャツは当たり前の豊富なグッズ、選手・観客・主催者の楽しそうな一体感など、取材を通じて明らかになる共通点。

はた目には珍妙、本人は真剣そのものの応援風景。アテネオリンピックの真っ最中、テレビには目もくれず会場を埋め尽くす、こんなにも熱い人たちが、場所が、日本の各地にあったという驚きとほほえみ。

……取材を終えて、応援がだれかを勇気づけるとしたら、それは人間の持つ素晴らしい能力ではないか、と結ぶ、……やっぱり、最相さんが、好きだ。

虫のつぶやき聞こえたよ

澤口たまみ

ファーブルの「昆虫記」。単なる記録・観察の域を超え、一人の人間として、生命あるもの、虫たちへの愛情をこめた名作だ。

今週は、ファーブル先生よろしく虫に魅せられてその研究を志し、かたや豊かな文才を発揮してエッセーや童話も手がける盛岡市出身・澤口たまみさんの1989年のデビュー作(日本エッセイスト・クラブ賞受賞作)を紹介しよう。

春夏秋冬、季節ごとにつづられるのは虫たちの話題。身近に出合う、虫をめぐるできごと。それをきっかけに、思いをはせること。一方で山を歩き、森に分け入り、スキューバに挑み、人を訪ねては考える。

慣れ親しんだ古典文学が、しばしば思索の散歩の道案内をつとめる。そして、おう盛な好奇心。観察者の目線を保ちながら、自由でしなやかな筆致。

荒れてゆく自然環境と、連鎖するかのようにすさんでゆく人の心。たくましく・したたかに生きる小さな虫たちの姿を紹介することで、読者が生命との対話を試みるきっかけとなれば、と澤口さんは願う。

自らも自然界の一員として生かされているという事実に気づくことで、一人ひとりが、自然に対して優しさを取り戻すことができれば。……それはとりもなおさず、自分を大切にすることにつながっていくのではないか、と考えさせられる。

不登校、選んだわけじゃないんだぜ!

貴戸理恵/常野雄次郎

学校に行かない、行けない「不登校」の若者の数は、年々増えている。オトナたちは、とかく「原因は、解決法は」と「みんなと同じに学校に行かせる」方向で考える。

で、結局コタエなんか出るはずもなく、いやがるものを引きずってでもとか、病気扱いにしたりとか、最後には理解できないまま「受け入れ」たり「あきらめ」たり。

周囲からは特別扱いの眼で見られ、自分の中にも後ろめたさやうずまく思いや実際の体調不良を抱えたりしながら、それでも学校には行きたくない本人が一番キツイ(結構コンジョーが要るのだ)ということに気付くオトナはまれだ。

小中高校で最長12年、そして「成人」後でも問題は(過ぎる、だけで)解決を見ることはない。不登校を経験している若い著者二人による検証は親、きょうだい、学校、そして自分を含めたすべてのものとの葛藤を再現し強引な解決のための「不登校を選んだ」という方便に対し異議を申し立て「正解」を導き出すことなく、自分の問題として抱えながら生き続けるという決意表明で結ばれる。

支離滅裂とか一貫性がないとか、「正論」的ヒハンは承知の上、それでも、「いま」同じ問題に直面している若い人たちが存在する以上、ともに考えるための一石として生まれた一冊なのだ。

モモ

時間どろぼうとぬすまれた時間を人間にとりかえしてくれた女の子のふしぎな物語

M・エンデ／大島かおり訳

僕たちの生活は、良くも悪くも時間に支配されていると言っていい。何ごとも時間の制約があるから、世の中がスムーズに動いてゆく。時間の約束ごとのない世の中なんて考えられない。

……ただし、僕たちは半面、時間に追いまくられ、奴隷と化す危険とも背中合わせだ。効率最優先、すべて分単位秒刻みでスケジュールが決められ、わき目もふらずに与えられた義務だけをこなすことを強いられたら？仕事の手を休めて物思いにふけったり、ともだちと無駄話をしたり、ぶらりと散歩にでかけたりすることすら許されない、無味乾燥な毎日が一生続いたら？……実は、それこそがひとびとから時間を奪ってくらう「時間どろぼう」のしわざ。見かけの「豊かさ」に惑わされたひとびとはゆとりを失い、心はどんどんひび割れ、むしばまれていく。……人の心をひらく力を持った不思議な少女・モモは、ひとびとの失われた時間を取り戻すため、単身、時間どろぼうとのたたかいに挑む。

手にするのは、勇気。そして、ともだちを思う心。人の心の自由をたからかにうたいあげ、世界をのみ込んでなおとどまるところを知らない効率至上主義やゆがんだ経済社会へ強く静かに警鐘を鳴らす。これからを生きる君たちにぜひ読んでおいてもらいたい一冊だ。

U－18読書の旅

2005年4月～2006年3月

2005年

ケストナー ナチスに抵抗し続けた作家

K・コードン／那須田淳・木本栄訳

本を読もう。本は、君の手を取って時を超え、国境を越え、さまざまな出会いを演出する。本との幸福な巡り合いは、いつの日かこぎ出す海原で、すぐれた羅針盤となるだろう。

「飛ぶ教室」「エミールと探偵たち」など、世界中で親しまれている児童文学の生みの親、エーリヒ・ケストナー（1899〜1974年）の一生。今週は20世紀初頭、激動のドイツへ。

詩人、劇作家、評論家としても一流の言論人だったケストナー。鋭い観察眼と豊かな表現力で社会を風刺し、常に弱い人たちの味方として発言を続けた彼は、二度の世界大戦に遭遇する。

泥沼の第一次大戦。戦後の国中の壮絶な貧困と、はけ口を求める世論に乗じて台頭する独裁者ヒトラー。祖国は、再び戦争への道をひた走る。周囲の友人たちが次々と国外へ亡命する中、ひとり踏みとどまりペンで立ち向かうケストナーに対し、狂気の集団・ナチスは、猛烈な弾圧で彼の自由を奪った。

12年の長きにわたる、死と隣り合わせの毎日。それでも闘い続けたケストナーを駆り立てたものとは、何だったのか。

出生の秘密、親子の葛藤、繰り返す挫折、失恋。浮き彫りになる、決して完全無欠などではない、人間・ケストナー。だからこそ、暗黒の時代を背景に、自由を信じ、強い信念を携えて生きた姿に感動を呼び起こされるのだ。

夕凪の街　桜の国

こうの史代

歴史認識だとか、政治だとか、国益だとか、ブラウン管の向こう側でエライ人たちの応酬がかまびすしい。彼らは、本当はどこまで、相手や自国のひとびとについて思いをはせて発言しているのだろうか。

毎日をつつましく、働き、食べ、そして恋をして、肩寄せ合って暮らしている、ひとびとについて。癒やされることのない時を送った、無念について。

昭和20年、広島・長崎に投下された原子爆弾のつめあとは、現在も多くのひとびとを苦しめ続けている。当時現地で被爆した人はもちろん、その親類・家族や、時を経て縁のできた人にまで、さまざまな形でその累は及ぶ。

昨年出版されたこの作品は、前半で被爆地広島に暮らすある女性のささやかな恋と残酷な結末を、後半では被爆者の家族として現代を生きる父と姉弟の姿を描いて感動を呼び、話題をさらった。

きちょうめんに描き込まれた温かみのある画風に引き込まれて読み進むほどに、前半と後半の物語とは巧妙にとじ合わされていき、戦後60年という時間が、市井の家族の姿を借りて浮き上がる。

かれらは戦争反対、と声高に叫ぶこともなく、運命を受け入れ、ひたむきに生きてゆく。だから、心に染みる。多くの人に読んでもらいたい、現代マンガの名作だ。

さぶ　**山本周五郎**

かずかずの名作をものしながら生涯孤高を貫いた作家・山本周五郎の代表作のひとつ。

江戸時代後期、経師屋(掛け軸やびょうぶ、ふすまなどを作る職人)で奉公をする若者ふたりの、苦悩と成長を描く。おない年ながら、容ぼうも性格も正反対の栄二とさぶ。

眉目秀麗で仕事もでき、正義感と向こうっ気の強い栄二と、不器量で万事控えめ、仕事では堅実ながら同僚のおくれをとるさぶ。しかし、二人はうまが合い、励まし、慕われる二人のきずなは、周囲も認める固いものだった。

ところがある日、栄二は無実の罪を着せられ、人足寄場（強制労働の埋め立て地）に送られてしまう。順調な人生から一転、陥れられ、世間の非情をいやというほど味わった栄二は自暴自棄となり、復讐のため、かたくなに自分を閉ざす。

……情趣豊かに語られる、江戸のひとびとの息づかい。時代や状況は違っても、一番深いところでの、人の情けは変わらないと信じよう。

どんなに人を恨み、この世をのろっても、さいごに人を癒やし、立ち直らせるのは、人の心なのだ。少しのことで簡単にキレてしまう昨今では、こういう物語は生まれ得ないだろう。

……結末、津波のように押し寄せる感動が、一生に何冊という作品としてキミの心に刻まれるはずだ。なら、ダイジョウブ。

風神秘抄

荻原規子

平安末期。源氏と平氏の権力抗争は、１１５９年、平治の乱によって大きな転回を見た。平清盛は源義朝を討ち、時代は平家一門の栄耀栄華を極めた短い安定期に入る。

今週の一冊は、このとき板東武者として戦い主家を失った若者が、絶望のふちからさまざまな出会いを重ね、恋を知り、時代とともに生き抜くことを決意するまでを描いた伝奇物語。

緊迫の戦場、一敗地にまみれての逃避行。運命に翻弄される主人公・草十郎は、母の形見の笛によって、生あるものの心を溶かすという特殊な能力に目覚める。そして人類より上位にあって地上のすべてを統べる鳥族の長・鳥彦王との出会い。

しかし、彼の力をさらに目覚めさせたのは、華麗な舞で異界への扉を押し開く力を持った少女・糸世との出会いだった。やがて二人は、その能力ゆえ権力の陰謀にいや応なく巻き込まれてゆく。……もののふの意地を通そうと死に場所を求めていた草十郎は、愛するものを得て、生きることに目覚めていく。

つかず離れず、彼を見守り続ける鳥彦王との友情（最後の最後で泣かせてくれる）、敵味方を問わず魅力的に描かれた脇役たち。「空色勾玉」など、歴史に材を取ったファンタジーで若い読者に熱い支持を受けている作者、円熟の一冊だ。

人の砂漠

沢木耕太郎

例えば、キミが朝起きて、学校へ行く。授業を受け、部活をし、遊び、家に帰ってゴハンを食べ、テレビを見て、寝る。ごく当たり前の一日、キミが言葉をかわし、かかわり合った人を10人、数え上げられるだろうか？

そして、家から街、学校、再び街から、家へ。キミの周囲には、キミの視野に入り、意識に上るかどうかにかかわらず、何人の人がいて、何を考え、何をしていたか、想像がつくだろうか？

それはまるで、すれ違ったひとびとの海を、砂漠を、ひとり渡っているかのようだ。

街の片隅で、近所付き合いを拒んで暮らしていた、ひとりのおばあさんが死んだ。その部屋からは、難解な日記とおぼしきメモと、ミイラとなった別の遺体が発見された。作者は、新聞の小さな記事に触発され、その背後に隠された事実を追い求める……。

社会の片隅の小さな事件や名もなき人々の暮らしを取材した、8編のルポルタージュ。年表に載るわけでもないかれらの営みすべてに理由があり、事情がある。

作者は、観察者としての視点を保ちながら歩き、時に起居を共にし、かれらが生きてきた痕跡をなぞり、浮き上がらせる。かつて「ノンフィクションの時代」をリードした、問題作だ。

びんぼう自慢

古今亭志ん生

お笑いブーム。仲間内のダラダラ話を「芸」と呼び、テレビに出るのが無上のステータス、有名人のおともだちの数を競い合う、そんな生活が「夢」だと言う。その夢を応援する、お笑いの学校まで繁盛しているらしい。今や「芸能」は、就職口の一つとなった。

その昔、「こんなコト学校じゃぁおせぇてくれない」と喝破した先人がいるということを、今週はゼヒお知らせしたい。「全身落語家」古今亭志ん生その人の生涯。

そもそも芸とはスポーツ同様、ハングリーであること。借金取り対策で何度も芸名を変えたという志ん生の貧乏ぶりたるや、まさに筋金入り。勘当同然に家を飛び出し、飲む・打つ・買う、着の身着のままで暮らした少年時代。修業中のヒサンな旅暮らし。

所帯を持ってはおかみさんに苦労のかけ通し、夜逃げ昼逃げ、揚げ句の果てには戦争中、家族を置いて「酒が飲める」と大陸へ。やることなすこと、すべてネタ。……しかしこの無軌道ぶりが芸を磨き、信じがたい強運も手伝って、遅咲きの花が咲く。

えも言われぬ楽天性、奇妙な存在感、人情味。生涯かけてモノにした芸のチカラは、今でも本屋やＣＤショップの店先をにぎわしているのだ。本はさておいても、まずは聴いてみることをおすすめ。

なんじゃもんじゃ博士
ハラハラ編／ドキドキ編

長　新太

「ごろごろにゃーん」「キャベツくん」「ゴムあたまポンたろう」……絵本を語るとき、長新太作品を避けて通ることはできない。強烈なコントラストの絵と、変幻自在のエピソードで紡がれる摩訶不思議な世界は、作者の名をそれと知らずとも、一度は体験した人が多いのでは。

今週は、もともとはマンガ家の長さんが、数百の膨大な絵本や挿絵と並行して描いたナンセンスマンガ。絵本とは打って変わって白黒、ペン描き。長ワールドの象徴、画面中央にぐいっと引かれた地平線上を、出自年齢専攻不詳の「博士」が、なぜかゾウアザラシと連れだってのへんてこ冒険記。

何の脈絡も理由もなく、唐突で突拍子もない事件を合理的に解決するでもなく、かれらは画面を右から左、しずしず、あたふた、おろおろと進んでゆく。……思えば、生きてゆくことって、博士の旅に似ている。

毎日の出来事にキッチリ理由があって、いちいち解決して、ハイじゃ次、なんて事はあり得ない。突然のハプニングにほんろうされながら、カッコ悪くてもそれなりに前へ、というのが実際のところではないか。

そんな真実を、ひょうひょうと具現して見せてくれた長さんは、とてつもなく広く大きな人だった。このたび長さんを地平線のかなたに見送って、その思いは募るのだ。

風に吹かれて

五木寛之

タイトルは、伝説のシンガー、ボブ・ディランの曲名から。筆者34歳、直木賞受賞（１９６７年）直後から編まれたエッセー集だ。

時代は高度成長期まっただ中、物質的に満ち足りた社会は、若者を中心にさまざまな形の文化をあだ花のように咲き乱れさせた。そんな中、海外に取材した作品群とスタイリッシュな文体は読者を魅了し、筆者は時代の旗手のひとりとして脚光を浴びた。

一方で本作をはじめとするエッセー群は、昭和ヒトケタ世代にある程度共通に刻み込まれている戦争体験と、その後の貧困などに基づく人生観が色濃く反映され、ある意味退廃的な学生時代のエピソードなどは、独特のペーソスとユーモアも相まって、ぼくら昭和30年代生まれの連中の学生時代にまで、けっこう影響力を持っていた。

文学、酒、赤線、売血……。親からは聞くことのできなかった「時代の空気」が、そこにはあった。そして、自分は決して体験することのないであろう「あこがれ」と「悔恨」と「安心の後ろめたさ」を抱きつつ、18歳のぼくは、これらをむさぼり読んだものだった。

……時代は移り、街も変わったが、赤茶けた文庫本は、読み返すと、かすかだが「あのころ」の風を感じさせてくれた。

漫画家残酷物語

永島慎二

今やマンガは、本屋の棚の何割かを、そしてキミの部屋の本棚のほとんどを占有して、こどもや若者はもちろん、大人たちにまで多大な影響力を持っている。

映画やテレビにはマンガが原作の作品がめじろ押し、第一線の作家やメディアの発信元には「マンガ世代」の人々が居並び、その発想の底にはマンガがある。

……ここまでマンガ文化が隆盛を極める(もちろんギョクセキコンコーだけど)ことを、たとえば40年前、誰が予想しただろうか? そして、マンガ史上に作品はおろか、名前すら残すことなく消えていった百千の若いマンガ家たちの夢と苦悩に、キミたちは思いをはせることがあるだろうか。

今週の紹介は、マンガに夢を託しながらも理想と現実との壁にさいなまれ、それでも描き続けた者、挫折した者、悲喜こもごも（圧倒的に「悲」！）のエピソード集。
作者自身、長い下積みを経て売れっ子となり、そしてたまま終わった。挫折し、その人生の後半はマンガ家としての筆を封印し
ページを開けばアオい、クサい、読んでる方が恥ずかしくなるような挿話の連続。でも、何事にもいちずな若い季節というものが今も存在するのなら、今のうち、ぜひ一度は味わってみてほしい。青春マンガのバイブル的作品だ。

がむしゃら1500キロ

浮谷東次郎

1957年、夏。15歳の少年が、旅に出た。千葉県市川発、目的地、大阪。駆るのは50CC二輪、愛車クライドラー。48年前の国道1号線（東海道）は国道とは名ばかり、いたるところが未舗装の、悪路の連続だった。

……トウジロウ少年が中学入学から卒業までをつづった日記は、怖いもの知らずで、憶病で、ごう慢で、けれど純朴で、すがすがしい。大好きなバイクのこと、恋、進路の悩み。青春とはムジュンという仮名を振るのかと思うほど、心は絶えず揺れ動く。そして高校入試を目前に控えた夏休み、大きな旅を思い立つ。抜群の行動力が、彼の身上だ。

往復1500キロの旅は、予想を超える苦難とアクシデント、そして甘酸っぱい感傷に満ちていた。一人旅は、自分を見つめる旅だ。ひたすらにハンドルを握り黙々と走れば、普段考えの及ばないことにまで思いが届く。旅は、少年を、わずかだが確かに成長させた。

3年後、単身の渡米。学び、働き、旅をする。そして22歳の春、レーサーとして鮮烈なデビュー、その走りっぷりは天才、と騒がれた。65年8月20日、不慮の事故。……少年は伝説となったが、その心の叫びには今、こうして触れることができる。

お菓子放浪記

西村　滋

7歳で母と死別。10歳で父と死別。継母は、実子を連れて行方知れず。孤児となったシゲルは、収容された孤児院からの脱走を繰り返す。時は1940（昭和15）年、しだいに高まる、軍靴の足音。少年は、14歳の年の瀬を迎えていた……。

店先から袋菓子をくすねたところを捕まって施設へと送られる道すがら、付き添いの老刑事からもらった、ほの甘い菓子パンが彼のソウル・フードになった。甘いものがゼイタクと呼ばれる世の中、さらにその底辺でもがきながら、いつか、きっと、とまだ見ぬお菓子へのあこがれを糧に希望をつむぐ人生の旅を描く、自伝的物語だ。

施設での仲間たちの悲喜劇、都会の片隅でけなげに、したたかに生きるひとびと。容赦なく襲いかかる戦火。少年は、その青春前期で世の中の「すべて」を見てしまった。それでも、不思議なまでに前向きに、次第にたくましく、少年は生きる。

カラリとした筆致が、過酷な運命を目の当たりにして重くなりがちな指先に、ページを繰る力をくれる。そう、これは絶望のための物語ではなく、闇の向こうに一点の光を見つけるための物語なのだ。読み終えた時、多くの人の胸の内にほのかなぬくもりを残してくれることだろう。

新編　綴方教室

豊田正子／山住正己編

綴方というのは、今で言う作文のこと。明治大正のころ、こどもたちが学校で文章を書くとき、それは現在のように思ったことを自由に、というのとは少し違っていたらしい。

イカメシイお手本があったり、表現に制約があったり。

そんな中、一部の国語の教師たちの間から、題材を自分の身近から選び、思うままに書いてみよう、という作文の方法が試みられたのが、ここで言う「綴方」の始まりなんだそうだ。

小学4年生だった作者が家族とその生活のひとこまを描いた綴方で児童文芸誌に入選したのは、昭和のはじめ。その後も入選を重ねた彼女の作品は、やがて担任教師の指導記録を添えて一冊の本にまとめられて評判を呼び、映画にもなった。

……下町の貧しいブリキ職人一家の生活。実直だが無教養、がさつな生活ぶりに現代の読者は驚かされ、かなしい思いにさいなまれる場面もあるだろう（自身が母親に「口減らし」に売られかける挿話まで登場するのだ）。

そんなできごとが当たり前だった時代のかなしさ、ヒドイんだけど愛すべき父ちゃん母ちゃん。少女のまっすぐなまなざしから生まれるこまやかでリアルな描写は、読む者をのめり込ませずにはいられない。

チョコレート工場の秘密

R・ダール／柳瀬尚紀訳

毎年のように古今の童話が映画化され、全世界で公開されている。世界中のこどもたちに親しまれてきた物語は、いいイミ単純明快・読者の想像力をシゲキする素材であることに加え、SFXの進化で「絵空事」を具体的に表現できるようになったのが大きい（企画不足の映画ギョーカイがむやみに作品を食い荒らさないことを願う）。本作も、そんな一冊。

絵に描いたような貧乏、そして子だくさんならぬジジババだくさん（！）の家庭で育ったチャーリー少年。毎日の食事にも事欠くくらいだから、お菓子を口にできるのは年に一度の誕生日くらい。でも家族の愛に包まれて、まっすぐ素直に育った（おなかはペコペコなんだけれど）そんなチャーリーに、幸運が訪れた！

世界一の規模と実績、しかもその実態はナゾに包まれているというお菓子工場への招待状をゲットしたのだ。クセモノぞろいの招待客仲間とやってきたチャーリーの前で、ワンダーランドの門が、今、開く……!

こどもからおとなまで幅広い読者に作品を提供し続けた作者の手練手管で、物語には甘~いチョコレートならぬピリ辛風刺がいっぱいブレンド(う、毒まで?)。毎度のことながら、ドハデ映像に目くらまされる前に自分の舌で原作を味わうことをおススメしよう。

強くて淋しい男たち

永沢光雄

スポーツの世界で「プロ」といえば、技術的にはもちろん、経済的にも知名度でも最高の到達点である、と考えがちだ。ある程度は、まちがいでは、ない。

かれらのほとんどが、小さいころから(ほかのナニがダメでも)その道にかけてはキラリと光る才能を持ち、あるいは凡人の想像など及ばぬ努力をし、運にも恵まれ、「プロ」の一員となる。

でも、勝ってなんぼの世界、そこでWINNERとなるには、さらにその何倍もの才能と努力と運が必要とされ、勝者以外は敗者として脱落し、忘れ去られていく。幸運にも栄光をつかんでも、いずれプロとしての短いピークの「終わり」におびやかされることになる。

いわゆる「風俗誌」に連載された(後日譚を中学生向けの新聞にも!)このインタビュー集は、格闘技、野球、競輪など、かつての名選手や現役プレーヤー(1999年当時)の素顔を絶妙の間合いで切り取ったもの。

明日への希望を語る人、ピークを過ぎてなお現役にこだわる人。既に第二の人生を歩んでいる人。……自身のトホホ話を絡めつつ、かれらの輪郭をなぞっていく作者の手法は、限りなく反則に近い!

けれど、自らを鏡に見立てることで、強くも寂しい人間の内面を引き出し、大きな効果を挙げているのだ。拍手。

せかいで　いちばん　つよい国

D・マッキー／なかがわちひろ訳

ある大国でのこと。「大国」って、ただ面積が広いとか、人口が多いとかではない。それなりの文化、経済力、政治力を備え、世界規模的に大きな影響力を持つ国のことだ。

その国の人々は、豊かな暮らしをしているらしい。みんな、自分たちは世界一すばらしい暮らしを享受していると、信じている。そして、その国の大統領も。

この大国には、もうひとつ、あった。強大な、軍事力。大統領は、考えた。世界一すばらしいわが国の暮らし、わが国の風習、わが国の料理。世界中がわが国と同じになれば、世界中の人々が幸福になるに違いない。これぞ大国の使命。

大統領は軍隊を率いて、またたくまに地上のほとんどの国を打ち破り征服した。そして最後に残った小国へと進軍した彼らを迎えたのは、武器を持たない人々だった。

……「世界のリーダー、世界の警察」を自認する大国のエゴを強烈に風刺し、暴力と暴力のぶつかり合いの無意味さを明快に描いたこの寓話絵本が刊行されたのは、世界中を巻き込んで戦争がおこなわれていた、昨年のこと。世界中の大統領、国王、首相、そしてどこぞの総理大臣にも、ぜひともオススメしたい一冊だ。

春の雪　豊饒の海（一）

三島由紀夫

映画化される「名作」があれば、みんなにもよい機会、と紹介しよう＝映画より先に読むことをオススメするのはいつも通り＝と心がけているんだけれど、今回は大変だ。ミシマについて、書くことになろうとは（僕は今でも、映像化は不可能だと思っている）。

三島由紀夫という不世出の文学者が、骨格を古典に取材し、自ら総決算的作品として発表した大河小説四部作の第一話。昭和初年の上流階級、絶世の美少年と年上の美女との実らぬ恋のてん末を描く。

つい何十年か前まで存在していた「貴族」の浮世離れした生態（作者自身の生い立ちが主人公に擬されている）、薄紙を幾重にも張りこめたような心理描写、形を変えては甘美のにおいすら漂わせつつ繰り返し現れ、ついには現実となる「死」の暗示（輪廻転生という時空の構成がこの四部作を貫いている）。

そして、紡がれてゆく一語一語が整然とした流れとなってほとばしる、豊かで気品あふれる日本語。一読、昨今、いささか意味を履き違えたかのように独り歩きを始めた感のある「耽美」という概念について、認識を改めさせられること、請け合おう。

作者についての評はさておくとしても、日本文学の、華麗なる到達点のひとつだろう。

こちら本の探偵です

赤木かん子

こどものころに読んだ本。タイトルや登場人物はうろ覚え、でも、忘れられない一冊がある。……そんな本を探し当てよう、場合によっては届けましょうという仕事（無償！）を始めてしまった作者の奮戦記。依頼人との心温まる手紙のやりとりが、満載。

若い人からの依頼もあるんだけれど、多くは「昔の少年少女」たちからのもの。遠い遠いこどもの日、何度となく開いた、大好きだった、あの本、この本。

タイトルはおろか、ストーリーさえ記憶のかなたにかすんでしまったけれど、鮮やかに覚えている一場面・ひとつのセリフを心の友として、長い年月を生きてきたひとびとの、いま一度、その本を手にしたいという切なる願い。

かん子サンは、自らの膨大な読書履歴とおう盛な好奇心、そして持ち前の元気と行動力で、それら一冊一冊を探し出してゆく。ハチャメチャな文体に面食らうのも最初のうち。

目先の流行や情報操作の果ての、えせベストセラーとは違う次元での本を読むことの意味、本が好きであることの幸せについて、考えさせてくれる。「わが心の一冊」を持つことの、豊かさ、かけがえのなさ。めぐりあえる、幸福。

20日(盛岡)、21日(一関)、かん子サンの講演会が開催されます。ぜひどうぞ!

宝島　R・L・スティーブンソン／稲沢秀夫訳

今週は、冒険ものがたり・古典中の古典を紹介しよう。時は18世紀、イギリスのとある港町。船員相手の宿屋を母と二人で切り盛りするジム少年は、ふとしたことから海賊の首領がのこした地図を手に入れる。この地図に記された財宝をめぐって、ジムの仲間たちと海賊の生き残り、敵味方入り乱れての争奪戦が始まった!

……におってでもきそうなリアリティーで迫る海の荒くれ男どもの生きざまと末路、二転三転の陰謀や寝返り、そして主人公の少年の、あくなき冒険心。一度ページを開けば、次の場面、その次の場面を追いかけて読みふけるカイカンのトリコだ。

独特の言い回しや海の専門用語には巻末に解説がついているけれど、あまり気にしないこと。とりあえずイキオイで読んでしまうのがコツなんだな。

これも怪奇小説の傑作「ジキル博士とハイド氏」を生み出した作者が、もともとは家族のためにコツコツと書いたもの。こどもの寝物語にと、一枚の宝の地図を描いたことから発想が広がっていったんだそうな。

その着想は時と海をへだてて世界中の冒険小説に影響をあたえた。21世紀、ニッポンの少年少女の間で人気の

「あの」海賊マンガなども、まず、間違いなく、根っこにはこの作品があるのだろう。と思うが、どうだろう？

サンタクロースっているんでしょうか？

中村妙子訳／東　逸子絵

一見ばかばかしく、一笑に付されるような由なし事に誠実に答える回答者のキャラと機知、彼を取り巻くコミュニティーのあり方が「殺伐とした現代らしからぬ一服の清涼剤」として、このところ話題を呼んでいる本がある。当節ならではのベストセラーだ。

ただし、この「白石さん現象」には前例がある。

1897年9月21日、ニューヨーク。

8歳の少女バージニアには、深刻な疑問があった。彼女の信じる「サンタクロース」なんていない、という友達のひとこと。思い悩んだ彼女は、この回答をある新聞社に求めた。すると新聞社は、少女の問いかけに対して、そのもっとも大事なスペース「社説」の欄を使ってこたえたんだ。

いわく「この世の中に、愛や、人へのおもいやりや、まごころがあるのとおなじように、サンタクロースもたしかにいるのです」。社説子は、目に見えるもの・形あるものしか信じられない世の人の心の狭さを断じ、世界でいちばん確かなことは、誰の目にも見えないものだと説いた。この記事は全世界で評判となり、いまも語り継がれる挿話となった。

……百年前の世紀末、物質文明が最盛期を迎え、人の心のあり方までもが変わろうとしていたころ。こどもとおとなの、お互いになくしてはいけないもの・忘れてはならないことを確かめ合うかのような心のやりとりが、そこにはあった。

2006年

坊っちゃん

夏目漱石

1906年4月、この作品は雑誌「ホトトギス」に発表された。生誕・ジャスト百年。

国語の教科書にも載っているし、自発的に読んでいる人も多いだろうから、つたないアラスジ紹介は割愛。直情径行、短気と正義感のカタマリのような主人公は、もはやこの世の中では通用しなくなっている人種だろう、だからイマドキのワカモノにどれだけ……。

と思っていたら、百年前、当の作者・漱石センセイ自身が「現今のように複雑な社会には円満に生存しにくい人」と述べておられる。と・いうことは、逆にこの作品は、いつの世でも十二分に受け入れられる余地がある、ということだろう。名作と呼ばれるゆえんだ。

「若さ=青さ」以外にも、明治期の中央と地方、旧幕派と維新政府、士族と町人などなど、この作品の読み方・切り口は、描かれた時代背景や空気を読み合わせることで、面白みが増してくる。

さらに「人間・漱石」の生い立ち、生き方と重ね合わせて読めば、いっそう味わいが深まるのだ。本文それ自体は短いから、その分脱線して調べ物をしたり、何度でも読み返したりして、ウメボシのタネをしゃぶるようにして味わう楽しさがある。

手軽に買える文庫本でも当時の独特の文字遣いの妙はある程度味わえるけれど、改版によって旧仮名遣いのかもし出すリズムや風合いが失われているのは、残念！

あの頃マンガは思春期だった

夏目房之介

前回紹介した「坊っちゃん」の作者・漱石こと夏目金之助の孫、というマクラコトバは、もはや必要ない。いとだ。

まや百花繚乱のマンガについて語るとき、欠かせないひ

1950年生まれの氏は、全盛期の手塚治虫作品の洗礼を受け、長じては「劇画の季節」を体験するなど、今では伝説となった数多くのマンガ家やその作品とリアルタイムに向き合ってきた。と、ここまではキミたちのオトウサンと条件的にはさほど変わらないかもしれない。

しかし「文豪の孫」という逃れられない生い立ちは純情なマンガ少年が思春期を迎えたとき、その自意識に大いなる影響を及ぼし、さらに恋愛や学生運動崩壊直後の世相（オトウサンにきいてみよう！）などと化学反応を起こしたあげく、どっぷり鬱に浸かったセイシュンを過ごしたことを本書で告白するのだ。

もちろん、ハイティーン男子の抱える悩みって、時代が移っても本質的にはさほど変わらないのかもしれない。

ただ、氏は、試行錯誤を繰り返し成熟していくマンガの世界を自らの思春期になぞらえ、リッパナオジサンになった今、いまわしい「あの頃」を99％の含羞をこめつつも振り返るのだ。

各章に添えられた、今ではほとんど幻の作品となったマンガたちのダイジェストが、かえって未知の魅力に彩られて映るから、不思議なものだ。

三陸海岸大津波

吉村　昭

研究機関のさきごろの発表で、太平洋沖で地震が起きた場合、岩手県では津波によって大きな被害が起こりうるという指摘があった。事実、南北に長大なリアス式海岸線を持つ三陸地方では、有史以来、何度となく津波の被害を受けている。

史実に取材し、多くの歴史小説を手がけてきた著者は、縁あって沿岸の田野畑村に足を運ぶうち、土地に語り継がれる津波の話を聞き、作家の本能に駆られて調査を始

める。

1896（明治29）年、1933（昭和8）年、60（昭和35）年。三陸沿岸を襲った三度の津波について、海岸線を歩き、人を訪ね、史料をあさる。当時の三陸の様子、ひとびとの暮らしぶり。海面遠く響き渡る、謎のごう音、底が露出するほどの引き潮と、やがて襲い来る、高さ数十メートルにも達する巨大な波の壁。一瞬のうちに家屋が集落ぐるみのみ込まれ、住民のほとんどがさらわれて壊滅した町村。

酸鼻を極める惨状を前に、ひとびとの取った行動。最悪の通信・交通の条件下、懸命に行われた救援活動。膨大な記録や古老の記憶から、津波の猛威と、それに文字通りほんろうされながらも立ち向かう人間の姿が、浮き彫りにされてゆく。

防災対策が格段に進歩した現在でも、自然の脅威は未知数だ。何が起こるか分からない。それでも、ひとびとは、故郷をあきらめることは、ない。

津軽

太宰　治

「人間失格」「斜陽」、そして初期の作品に代表される作風で退廃的だとか暗いとか決めつけられがちなダザイ、一方で「走れメロス」のような道徳的健康的作品も手掛けている。

これは彼の作品を系統立てて読んだことのある人なら、その年譜に沿って作品の傾向の変化が見て取れることは、ご存じの通り。世の中が戦争に向かったり、実際、戦時下に置かれたりすると、ダザイ、それに逆らうかのように健全な作品を書いている。

本作は、第二次大戦敗色深まる中、当代の流行作家に、ゆかりの土地について書かせた「企画もの」シリーズ（「新風土記叢書」）の中の一冊。

その土地の史料をおさえ、取材旅行を敢行し、結果、彼の作品の中でも特異なタイプの作品として残ることとなった。

……とはいえ、くせ者・ダザイ。そもそも彼にとって「禁じられた土地」であるはずの故郷に久方ぶりに足を運ぶということで読者には嵐の予感を期待させつつ、そうしておいて、むしろ彼を歓待する故郷の人々の純朴さ、旧友と合流しての珍道中など、自分というフィルターを通過させることで土地の人々の本質を浮き彫りにするというテクニックを披露。

そして、クライマックスでは育ての親との30年ぶりの再会という感動を織り込み、後年、ファンの中でも人気の高い「小説」として仕上げてしまう。やはり、タダモノではは、ない。

はてしない物語

M・エンデ／上田真而子・佐藤真理子訳

簡便なハンディタイプも発売されているけれど、この本はぜひとも重厚な単行本を手にとってほしい。なぜなら、その装丁、厚さ、重量感までもが、この物語をかたち作る大切な要素になっているからだ。

この本には、手にした者をその世界に引き入れる、恐るべき魔力が備わっているのだ。出会いは、まったくの偶然のはずだった。風さいのあがらないいじめられっ子・バスティアン少年が、とある本屋で出会った一冊の本。

想像の世界に遊ぶことのできるのが唯一の取りえだった彼は、何者かに導かれるようにそれを手に取り、読みふけるうち、奇妙な感覚に見舞われるようになる。それは、やがて彼を不思議な世界へといざない、その運命を大きく変えることになる壮大な旅の予兆だった。

……膨大な登場人物、かれらのたどるさまざまな運命。物語はさらなる物語を生み、枝分かれして、天地の創造につながってゆく。読者の分身として物語の中へ送り込まれたバスティアンの行く手には有形無形、いくつもの試練が待ちかまえ、読者は彼とともにそれをくぐり抜け、打ちひしがれ、進むことになる。

　幾重にも作り込まれた稠密な構成と、その行間深くに埋め込まれた真理。人生の途上に、岐路に、現代の聖書たりうる珠玉の一冊だ。

自分の感受性くらい

茨木のり子

　本作を表題とした単行本（花神社刊、１９９５円）も出版されているけれど、あえて入手しやすい版での紹介。今回「自分の感受性くらい」という一編の詩で、一年の連載の締めくくりとしよう。

　実は、研ぎ澄まされた言葉の結晶体であるところの「詩」に、たどたどしい説明など無用なのだ。図書館や本屋、今ではネットで読むこともできるから、とにかく触れてみてほしい。六連からなるこの詩は、読む人すべてのこころに、びし、と響いてくるはずだ。

　謙虚さを忘れ、すべてを周囲のせいにして、流されるそのままに、自分たちは日々を過ごしてはいないか。そんなことを気づかせてくれる、一撃。

　ことばを伝えることは、こころを伝えること。言霊、本来、ことばに宿るはずの大切なものを、最近の自分たちは、どこかに置き忘れてしまってはいないか。

　数えることもかなわないあまたの本の中から、自らの意志でその一冊を選び、幾千万の文字の海、ことばの地平の旅人となる。

　読者の人生さえ左右するかもしれないその出会いの瞬間が、実はある種の運命として用意されていたものなのだとしたら。そして、それを価値あるものにするかどうかが、きみ自身に託されているとしたら。だから。

　だから、若い人よ。精いっぱい感受性をみがき、本を、読もう。出会うために。

いつだって本と一緒

2007年4月〜2018年9月

2007年

春は鉄までが匂った

小関智弘

本との出会いは、恋愛に似ている。

多くの場合、「お付き合い」してみるまで、相手の真価は解らない。多くの場合、最後には「自らにふさわしいもの」を得る。本もまた、しかり。

この稿を通して「気になっていた一冊」をひも解いてみることも試みつつ、みなさんの読書欲を刺激することができれば。祈念、恋愛成就。

今週は、タイトルにひとめぼれ、の一冊。51年間、町工場ひと筋、旋盤工として「ものづくり」に携わりながらコツコツと文筆活動を続けてきた作者の、ルポルタージュ・エッセーだ。

ひとくちに「技術大国ニッポン」などと言うけれど、華々しく宣伝されている大手メーカーの陰に隠れて、その下請け、孫請けとして部品を作り、技術を磨き、ぼくらの暮らしを支えてきた数え切れない技術者の存在に光が当たることは、少ない。

技術者、と言えば聞こえはいいが、その多くは毎日を汗だくで働き、つつましい生活を送り、不況の嵐におびえながらも懸命に生きている、ごく小規模な町工場の労働者たちだ。本書では、作者の体験や思索を織り込みながら、先進的技術を生み出し、高度成長期の日本を支えてきた名もない技術者たちを訪ね歩いた記録が克明につづられている。

NC旋盤、マシニングセンタ、フライス盤。初めて目にする工作機械の名や、頻出する専門用語。一九七八年に専門誌に連載された文章なので難解な記述や門外漢には実感を伴わない部分(「やわらかい鋼」なら「リンゴを削るようにサクサク」削れる!)もある。しかし、この文章を通して伝わってくるのは、技術とは、単に機械の操作やデータ一辺倒の数合わせではなく、蓄えられた経験、研ぎすまされた勘によって培われ、その裏には必ず生身の人間のドラマがあるということなのだ。気負わずおごらない彼らのさわやかな誇りを、作者はたたき上げの技術者の眼で拾い上げ、繊細な文学者の筆で紡ぎ上げていく。

初出から30年、町工場をめぐる情勢も劇的に変化した。それでも、地味ながら二度も出版元を変えつつ読み継がれている本書は、今なお必要とされている、次世代へと渡されるべき隠れた名著なのだ。

失われた森厳　富良野風話

倉本　聰

倉本さんが、怒っている。

シナリオ作家として幾多の名作ドラマを世に送り出し、この20年は後進の指導に打ち込むとともに、自然との共生に思いを深め、現代のゆがんだ経済・物質文明に、人の心のすさみに対して警句を投げ掛け続けてこられた。

「辛口エッセイ」と銘打たれた本作でも、身近な生活のヒトコマから地球環境や生命について、遠近自在の視点で氏の思いがつづられている。季節感の喪失。農業軽視。年金制度の矛盾。土地開発の不毛。会話と文章の衰退。「叱る人」の不在。ご都合主義の市町村合併。忘れ去られる「いろは」四十八文字。……氏の身の上に降りかかったこと、報道を通して感じたことなどひとつひとつに、これでいいのかと疑問を呈し、そして憤る。

世の「経営者」層を読者と想定した雑誌に連載された文章なので（極めて平明に書かれているが）、若者諸君にはなじみにくく、説教臭く、だからなんなんだよ、と煙たがる向きもあるかと思う。どころか、ここに綿々とつづられた倉本さんの「義憤」が、どれだけ「すでに、こういう時代」に生まれ生きてきた若い諸君の共感を呼ぶのか、氏と諸君の中間の世代に位置する僕としてもいささか不安になる。

しかし、だ。生きて、暮らしていく上で嘆かわしいこと、悲しいことは誰にだってあるが、僕らの大半は、それらをハナからあきらめてしまい、省みたり声を上げたりは、まずしない。倉本さんは、あえて声をあげる。できることから、行動を起こそうとする。そして、その嘆き、怒りの矛先は、うわべの経済活動にのみうつつを抜かし、無策にも世の中をここまで荒らしてしまったオトナたちに向けられているということに気づいてほしい。

倉本さんは、「こうしてしまった」世代の一員としての責任も含め、きみたちの将来のために、怒っているのではないか。そのことは、氏がほぼ一貫して若者を主人公としたドラマを書き続けてきたことにも表れてはいないか。……かつて弱いながらも「ソリャァナイッスヨ」と憤っていたドラマの主人公が、最近作ではそれさえものみ込んでしまっていることに氏の嘆きの深さを感じるのは、僕の思い過ごしなのだろうか。

少女ファイト

日本橋ヨヲコ

青年誌に連載中のバレーボール青春群像マンガ。

主人公・大石練《ねり》は、小学生時代はズバ抜けたセンスとリーダーシップでチームを全国大会まで引っ張っていった半面、そのアグレッシブなプレーで「狂犬」と呼ばれていた少女。

何かに憑かれたように「強さ」だけを追い求める彼女は、信頼で結ばれていたはずのチームメートたちにさえ裏切られ、もう友達はつくらないと心に決め、中学では自らの能力を封印し、補欠として雑用に明け暮れていた。そして、その胸の奥には、さらに癒やしがたい、深い傷跡が……。

二十ン年前に高校生活を終え、しかも文化系だったわが身としては、イマドキの学園モノ、しかも体育会系のマンガは消化不良を起こしそうな気がしないでもなかった。でも、以前からの作者の活躍はマンガ屋のはしくれとして気にならないワケもなく、さきごろ第二巻が刊行されたのを機会に、手に取ったわけで。

面白い、じゃんか。

第一巻では強豪中学チームの片隅でくすぶっている主人公の心の揺れと、彼女を取り巻くクセモノたちとの出会いが描かれる。最初はバレーを嫌いながらも、わき上がる血を抑えきれずにプレーにのめり込んでいく練。天才的な素質を持て余しながら、その力を解き放つ場所を求めて、導かれるようにして因縁の「場所」へと歩みを進める。それにプラス、個性的な脇役たちのドラマが繊細に絡み合い、ストーリーに厚みを持たせる。

高校進学を果たした第二巻では、新入生としてまたまたユニークな面々が加わり、練習試合を通じてそれぞれの個性が際立ってゆく。スーパープレーヤーを擁しながら部員三人、対外試合もままならないかつての名門チームに、エリート、シロート、さらに一匹オオカミ混成の新人たちが、どう食い込み、どう成長していくのか?

今後の展開から目が離せない。

……というわけで、ひさしぶりに「密度」というか、ずっしりと質量たっぷり、読み応えのある作品に遭遇した。単純な熱血・スポ根なんかじゃなく、スポーツを通じて描かれる人間ドラマが、読み手の環境や世代を選ばずにストレートに響いてくるのだ。面白さ、保証。

包帯クラブ

天童荒太

今だって十分に多感なオジサンのつもりなんだが、やっぱり16、7の頃って、いろいろあったよなぁ。

「あの頃」、自分の周囲には毎日「事件」が起きていて、そのことで傷ついたの傷つけられたのと、わめいたり落ち込んだりしていた(そして誰かを「傷つけた」という意識だけはきれいに抜け落ちていたり、とか)。今なら、それを「経験」という処方せんで、不格好ながら乗り切ることができるかもしれない。でも、あの頃は。

　今週の一冊は、理不尽に受けた心の傷をめぐって、ある「活動」を始めた少年少女たちの物語、「経過報告」。

　高校2年の5月、一風変わった少年「ディノ」との偶然の出会いが、胸にくすぶりを抱えて毎日を送ってきた少女「ワラ」の未来を変える。ひとつの出会いは、やがて小さな輪に。……誰もが持つ、心の大小さまざまな傷。誰にもうち明けられず、抱え込んで生きていくしかなかったはずの傷口に、持ち寄った包帯をそっと巻いていこうというのだ。名づけて、「包帯クラブ」。

　パーツの足りない家族。先細りの未来。失恋。壊れた友情。暴力。競争。大人のうそ。16歳が何もかも背負って生きていくには、このところの世の中、「多感」の一言では片づけられないほど、キビシイ。強者のために弱者が用意され、ゲーム感覚で、極めて無表情無感情に選別が進められていく社会に、ぼくたちは到達しつつあるかのようだ。

この状況を「勝ち抜く」ため、ある者はトンガって他人を傷つけ、ある者は自分を偽って戦いに参加する。勝負。決着。さいごには自らの傷を深めることに違いはない。それでも、勝たなければ。そのために、戦わなければ。

　戦うことが何も生み出さず、自分に、誰かに傷を負わせるだけならば、戦いをやめ、他人をいたわり、自分が負った傷口を癒やすことから、人間らしく生きることが始まるのでは？　そして、その気づきが、今なお世界中にまん延する争いに、なんらかの働きかけをもたらすとすれば？

　随所に挿入されたメンバーの「近況報告」が、片田舎の高校生たちの小さな行動から始まった、地球規模のムーブメントを暗示している。まだまだ地球に絶望、してはいけないようだ。

新選組始末記

子母澤寛

幕末の大路小路に血染めのあだ花を咲かせた「新選組」の興亡を描く。

この本がまとめられたのが1928（昭和3）年。驚くべきは、数ある「新選組にまつわる書物」の中で、80年を経てなお、いまだに最高の史料価値と物語性を備えた存在として、その座は揺るぎそうにないということ。

昭和3年を軸にして年表を折り返すと、ぼくらのいる「現在」は、近藤勇の青年期から新選組壊滅にいたる明治初年とぴったり重ねることができる。つまり、この本を挟んで、ぼくらは今、テレビやマンガではなく実在した新選組の面々と対極の時空に生きている、ということになる。その間、本作は常に第一級の史料として、読み物として、市井の読者のみならずあまたの創作家たちを刺激し続けているわけ、なんだな。

かの「座頭市」をはじめ、数々の時代小説を世に送り出した作者は、もともとは新聞記者。気の遠くなるような史料の収集と解読、徹底的に「足で稼ぐ」取材法は、往時を語る「新選組最後の生き残り」や関係者への聞き取り調査で存分にその威力を発揮し、これが後世の研究者がサカダチしても追いつけない決め手となった。

まさにリアルな目線での「幕末」が、実況中継さながら、ヒリヒリと伝わってくる。司馬遼太郎から浅田次郎にいたる歴代の小説家が、自らの創作のテキストとして用いた（かつて司馬は、子母澤に直接「取材」までしている）のもうなずける。

時代は移り、新しい史料が発見されたり歴史そのものの認識が改まったりする中、この本にあるエピソードが「訂正」されたり、よりつじつまの合う解釈が登場すること、実はおびただしい。「沖田総司・池田屋での喀血」など本作で唱えられた「定説」が覆ることも珍しくない。

しかし重要なのは、本作は「新聞記者・梅谷松太郎」

ではなく「小説家・子母澤寛」の手になる「作品」なのだということ。綿密な取材成果と巧妙により合わされた創作が、80年にわたって多くの読者を翻弄している、これはもしかしたら「愉快」なことかもしれない。

現地踏査（「フィールドワーク」）によって歴史のかなたのできごとをグイと引き寄せる楽しさと、ミステリーさながら、歴史の行間を読む愉しさを教えてくれる、手放せない一冊なのだ。

あのころの未来　星新一の預言

最相葉月

この１００年というもの、世の中の変わりようといったら、それまでの１００年単位では計り知れない文化・文明の変化（あえて「進歩」とは言うまい）を見たということでは、異論のないところではないだろうか？

ヒイキ目になるかもしれないけれど、ぼくの世代が子ども時代を送った「高度成長期」なんてのはその最たるもので、衣食住や娯楽など、日常生活にかかわるほとんどのモノが現在のスタイルに落ち着く過程を今にして思えば、まるでパラパラマンガのように体験してきたという実感がある。

「あのころ」、１９６０年代後半から70年代はじめ、小学校高学年から中学にかけて、クラスに必ず一人は、星新一の愛読者がいたものだ。

星新一。日本を代表するＳＦ作家。「ショート・ショート（掌編小説）の神様」と呼ばれ、71年の生涯で千を超える物語を遺した。医学に縁の深い家庭に育ち、自らも科学者だった星は、ＳＦの定番・宇宙やロボットものはもちろん、生命について、そして文明の行き着く果てについて、スパイスの利いたユーモアにくるんで、迷える人間たちの繰り広げる悲喜劇を描き続け、今も人気が高い。

中学時代に星作品に親しんだ経験を持つという筆者が本書で試みているのは、定評あるノンフィクション・ライターとしての筆先で現代の世相の一場面一場面を切り取りつつ、かつて星が描いた「未来」と現代との符合、その「預言」の的確さを証明すること、と言えばいいのだろうか。

インターネット社会の到来、いびつに発達した先進技術の矛盾と滑稽。中でも筆者が長く取り組んでいる生命科学の分野では、星がかつて未来の物語として描いたエピソードの多くが、ほんの3、40年を経て現実のものとなりつつある事実が次々と紹介される。人工授精、臓器移植、遺伝子組み換え……。

星の慧眼には感嘆するばかりだが、筆者は、これらを単に並べ立てるのではなく、ともすると実験室の壁の向こう側の出来事と思われがちな、けれどぼくらの明日にとって重大な意味を持つキーワードのいくつかを、一生活者の視点からとらえ直し、あらためて問い掛けてくれるのだ。そして、そのテキストである星作品に挑戦しようという未知の読者にとって、ブック・ガイドとして魅力的な一冊であることも、また間違いない。

初めて、もしくはあらためて、星の作品を手に取りたくなること、請け合おう。

W《ワンダースリー》3　手塚治虫

本好きが集まると「もしも無人島に何か一冊、持っていくとしたら」なんて座興が出たりすることがある。

「無人島」でこそなかったけれど、小学1年生のころ、日本語の通じない南洋の孤島にいたことがあって、その時抱えていったのが「ジャングル大帝」と、コレ。当時マンガといえば、イコール手塚治虫(もちろんほかにも素晴らしいマンガ家は大勢いて、今考えればゼイタクな時代だったんだけど)。

今ではキミたちの前で「テヅカ」と言ってもポカンとされてしまうことがあり、マンガ界でも「手塚神格化」

からの脱却を意とした動きがあったりして、昭和は遠くなりにけり（手塚の没年は1989＝平成元年）と思わせられることしきりなんだが、とにかく、手塚治虫という名前は、そのころのマンガ少年の間では特別な存在だった。

当時のぼくにとっては貴重なニホンゴの読み物。文字通り本が擦り切れるまで、いや擦り切れても読んだ。そしてボロボロになればなるほど、宝物としての意味は大きくなっていった……。

20世紀後半。地球上で繰り返される核実験、やむことのない戦火。宇宙のかなたの銀河連盟では、この「野蛮な星」の存続について断を下すべく、三人の調査員を地球に送り込んだ。彼らは動物の姿に身をやつし、日本のある村に潜入する。

期間は一年。一瞬にして地球を粉砕する威力を持つ「反陽子爆弾」を携えた調査チーム「W3」、彼らと深いかかわりを持つことになる少年、星真一。そして真一の兄の光一が所属し、世界征服をたくらむ某国と対決する秘密組織「フェニックス」。地球の命運が、見えない糸のように絡み合い、彼らの活躍に委ねられてゆく……。

後付けの知識で言えば、掲載誌の変更など不幸な生い立ちを持つ作品だったようだけれど、手に汗握るストーリー展開や魅力的なキャラクター、感動の結末など、手塚作品初期の「ジャングル大帝」、後期「ブラック・ジャック」と並んで、中期の代表作に挙げられると思う（と言うと議論百出、かもしれない。でも、これがまた手塚作品の幅の広さを物語るんだな）。

SF、スパイ・アクション、ビルドゥングス・ロマン（成長物語）。欲張りなまでに手塚作品の楽しさを味わえる作品だ。コマの割愛のない「手塚全集版」をオススメ。

青春を山に賭けて

植村直己

「世界のウエムラ」と称された冒険家（1941～84年）の、学生時代から世界中の頂を踏破するまでを語った自伝。

ここで、いや多くの文献で、彼を「登山家」ではなく「冒険家」としているのは、その活動歴を見ればわかる。世界最高峰・エベレストの頂上を踏んだ最初の日本人であり、モンブランやキリマンジャロを単独で登頂し、五大陸の最高峰すべてを征服したかと思えば、アマゾン川をイカダで下り、グリーンランドを犬ぞりで縦断したりと、とにかく縦横無尽、幅広い。

厳冬のマッキンリー（アラスカ）を登頂した植村がその直後に消息を絶ってから、23年。連日、彼の安否を案じた報道が繰り返されていたのが、まるで昨日のことのように思い出される。とにかく「世界初」「単独」という冠で何ごとかを成し遂げる鉄人として有名な人物であったから当然のことなのだが、それだけではなく、彼の人柄が、多くの人に愛されていたのだ。

朴訥、無邪気、お人よし、無鉄砲。さぞかし当時の周囲は気をもんだのではないかと思われるが、本書では、そんなウエムラ青年の大学山岳部入部から、海外無銭行、垂直（山）水平（川）をめぐる冒険、そして旅行く先々で出会った人々について、つたないながら情感たっぷりに回想されていく。

冒険に魅せられた男の行動力たるや、あぜんとしてしまう。なにしろ言葉など通じなくても、とにかく「現地」へ飛んでしまうのだ。「生活水準の高いアメリカで高い賃金を稼ぎ、パンとキュウリを食べて」資金を作ろう、などと本気で考え、実行してしまう。身ぶり手ぶり、カタコトで現地人に溶け込み、身を粉にして働き、ある時は不法就労で捕まり、ある時はけがをし、それでも資金を作り、冒険に出発する。

面白おかしいエピソードには事欠かないが、本に書けないような出来事も、いい知れない苦労も、たくさんあっただろう。それでも、数々のピンチを救ったのは、持ち前の楽天性と、周囲の援助だ。

とにかく、見ず知らずの他人(繰り返すが、言葉など通じないのだ)に愛され、同情され、結果、願いをかなえてしまうという不思議な人徳を、ウエムラ青年は備えていたようだ。

体ひとつ、度胸ひとつが担保の、型破り青春記。読んでおくなら、今のうち。

ウルトラマン誕生

実相寺昭雄

せんだって、福島県は郡山市立美術館で開催中の「ウルトラマン伝説展」に、息子どもにせがまれて、もとい、息子どもの手を引っ張って行ってきた。デパート催事場の「怪獣ショー」ではなく、テレビ草創期、社会現象ともなった「ウルトラ」シリーズを文化として検証しようというものだ。数々の貴重な資料を目の当たりにして、息子、じゃない、オジサン大満足で帰ってきたわけで。

さて今週の一冊は、当時の「特撮」現場の裏話と、制作にかかわった多士済々のスタッフたちの夢の軌跡をつづった「ウルトラマンのできるまで」「ウルトラマンに夢見た男たち」の合本。著者の実相寺監督(1937~2006年)は「ウルトラ」シリーズ中でも印象深い作品を手がけた人。前述の「伝説展」そのままの世界が、回想と旧友たちへの新たな取材で再現されている。

驚異的な発達をとげたCG技術の恩恵で、テレビ画面上では「デキないことはない」とまで言われるようになった現代だが、40年前、デキないことの方が多かったころは、すべてが実験と工夫だった。

ウルトラマンや怪獣など、これまで見たことのないモノを作り出すため、前例も教科書もない中、特撮の神様とうたわれた円谷英二監督のもとに、誕生間もないテレビ界に志を抱いて集まった若い才能たち。企画、脚本、撮影、デザイン、造形、音楽。すべての分野で試行錯誤を繰り返しながらも着実に作品を作り上げ、それらの多くは後世に語り継がれることになる。

何ごとも便利、に越したことはない。しかし、すべてを機械に頼るより、生身の人間の手でコントロールした方がいい場合もある、と著者は言う。いろいろな苦労や失敗が次のヒントを生み、そこから思いがけないアイデアが飛び込んでくる、とも。

単にホンモノを再現する「ＳＦＸ」的発想ではなく、本物を超えた別のよさを追求するのが「特撮」であり、大のオトナが大まじめにバカバカしいことに夢中になれることのすばらしさだ、とする特撮職人たちとの対話に、夢を追い続ける男たちのロマンをかいま見る思いがする。

「あの」ウルトラＱオープニングタイトルの「作り方」など、図解やイラストもふんだんに盛り込み、初心者からマニアまで、楽しく読める一冊。

最後の言葉
戦場に遺された二十四万字の届かなかった手紙

重松　清／渡辺　考

62年前に終わった太平洋戦争。お国のためにと動員され、命を落とした200万を超える将兵。圧倒的な相手戦力を向こうに回し、孤立無援の戦場でかれらは何を考え、どんな思いを遺していったのか。今週の一冊は、2003年に放映され話題となったＴＶ番組の発端から制作過程をたどる、一人の作家と、担当ディレクターとの共同作業の記録。

太平洋の旧激戦地をめぐる番組作りに参加した作家の重松氏。家族のきずなをテーマに、力作を多く世に送り出した彼が感じたのは、戦場で、明日をも知れぬギリギリの心理状態から発せられる人間の言葉の重みと、「言葉のプロ」として現代に生きる自分があやつる「商業用」の言葉とのギャップ。

……戦後生まれの重松氏を打ちのめし、なお作家魂に火をつけるきっかけとなったのは、番組の資料として目にした、日本軍将校の遺した日記だ。

他人に読まれることを前提としない日記や手記に、綿々と書き連ねられた言葉たち。もとより生還を期せず、決して伝わらないことを知りながら、死と隣り合わせの戦場で、かれらは書き続けた。故郷に残した妻にあてた、感謝。強く育ってほしいと願う、子に託す希望。

家族への遺言でもあるこの文章は相手国の手に渡り、敵国日本を知るための参考資料として英文に翻訳され、保存されていたのだ。

そしてこれ以外にも、海外で発見された手記は、数十通を数えた。それらの手記の主を割り出し、さらに遺族を捜し出して手渡したい。一度は終わったはずの仕事が新たな企画となり、中断された時をつなぎ合わせる長い旅の始まりとなった。

英文であるがために、手記を遺した兵士の特定は困難をきわめる。さらに、遺族の所在の調査、たどり着いた先で揺れる、年老いた家族の心情。

しかし、奇跡的な巡り合わせで、半世紀以上の時を経て、家族のもとに手記が届けられたとき、確かにこの世を生き、愛した人々の姿が、立体となって読者の前に迫る。「再会」の瞬間は、四部構成のどの章でも、こみ上げるものを抑えきれない。

終章、現代の若者たちと手記の「言葉」との出会いがリポートされる。真摯な、重みを持った言葉は、たとえ時を隔てても、時をかけてでも、真剣に生きようとする者たちには響くということが証され、救われる思いになる。

もの食う人びと

辺見　庸

作者は、元ジャーナリスト。通信社の海外特派員として北京、ハノイ、旧ソ連時代のモスクワを渡り歩き、スクープをものして国外退去処分（これはジャーナリストとしての勲章、なんだそうだ）も経験したと聞けば、相当の胆力の持ち主、と想像するに難くはない。

そんな辺見氏が足掛け三年にわたり旅し、リポートする。世界の人々は、今、何を、どんな顔で食っているのか。食べる、という最も本能的な行為を通して、世界は、どう見えるのか。

飽食の国・ニッポンに起居するうち「私の舌と胃袋のありようが気にくわなくなった」氏が企図するのが、「グルメ紀行」などであるわけもない。

バングラデシュのスラムで残飯を食らい、難民キャンプで飢えにあえぐ家族と土ぼこりにまみれたパンを分け合う。タイでは日本向け輸出用キャットフード工場で「日給575円」（当時）の工員と会食し、ベトナム縦断・百人百様の悲喜劇を乗せたすし詰めの三等列車で三日間を過ごす。

ほか、監獄、差別に囲まれた移民の町、炭坑、没落の権力者宅、巡業のサーカス小屋、砲弾飛び交う戦地の村、民族紛争ただ中の修道院、飢餓の砂漠、エイズのまん延する町、餓死者続出の「大国」の兵舎、人食の記憶。……氏は、世界の底辺を縫うようにして、行き合う人々と起居し、食を共にする。

民族や文化が違えば、食べるものや食べ方にも、おのずと違いは出よう。しかし、本書で報告されるのは、人類が繁栄し、文明を謳歌しているはずのこの地球上で毎日広げられる、嘆きと、絶望の食卓。あるいは、したたかに生き抜くために暗く輝く目を配る、老若男女の姿。

「枠」に納められた「報道」からは知ることのできない、地表すれすれの人々の息遣いがそこにはあり、断片だったニュースのバックグラウンドや「その後」が、いたましくもストレートに伝わってくる。それは、「食」という、万人に共通の行為を通せばこそなのだ。

この地上に行き場のない老婆が食卓に乗せるのは、自給自足、放射能にまみれたチェルノブイリの作物。忌まわしくも日本語の歌で青春を語るより術のない韓国の元従軍慰安婦の舌に残る、身体と引き換えに与えられた、屈辱のモチの味……。

そしてぼくらは、今日も食うのだ。すっかり耳になじんだ「飽食」の二字が、何ひとつ保証のない、危うくはかないものと知りながら。時を同じくして地上のどこかで進行する、幾多のかなしみから目をそらしながら。

今夜、すべてのバーで

中島らも

いまだ酒の味を知らないであろう大部分の「青春広場」愛読者諸君にはピンとこないかもしれないが、俗にいう酒量の限界を自ら認識というか確認するには、一度ゲロ吐いちゃうまで飲んでみるほかない、というのが、世の定説なんである。

転じて青春とは、猪突猛進、やり過ぎてでもとことんやって、痛い目に遭って、そこで世の中のルールやおきてを身をもって知る、というところに意味も価値もある(もちろん他人さまに迷惑のかからない範囲内でのことだが)。

してみると、酒も青春も、つきあい方の基本は同じなのかなと思えてくる。根本的な違いは、青春は誰も避けて通れないがサケはサケればサケられる、てところだろうか。

さて今週は、不幸にして酒量の限界を知ることなく飲み続け、気が付けば重度のアルコール依存症患者として生死の境をさまよっていた男の、夢と、うつつと、亡き友への鎮魂の物語。

紆余曲折の末に念願かなった作家生活の本格的スタートのさなか、主人公は酒におぼれ、コースを踏み外す。浴びるように飲んでいた自暴自棄の生活から、それなりに自制し、これからという時のリタイア。主人公の心が決壊していく様が乾いた筆致で淡々と描かれ、リアルな目前の出来事として、過不足なく読者の網膜に浸透していく。

担ぎ込まれた病院で目の当たりにする悲喜劇、担当医との奇妙な友情、そしてざんげのように回想される自らの前半生を決定づけた出会いと、あっけない終焉の記憶。それらが巧妙に配置され、曼荼羅となって物語の中枢を占める。同時に披歴される、のろうべき「アル中」の膨大な「研究成果」。

ここまで自分を突き放して観察することのできた主人公はなぜ、深みへと墜ちていったのか。そして、その果てに待つものは。

慢心と挫折、そして絶望の向こうから差し込んでくるかに見える一条の希望。モチーフを酒に借りつつ、迷い苦しむ青春期のかなりのエッセンスが、この作品には込められているように思える。

実生活でもアルコールがかなりの部分を占めていたといわれる作者が、それがもとの事故でこの世を去り、三年。小説、広告、演劇、音楽とたぐいまれな才能を発揮し、まさに駆け抜けるようにして伝説となってしまった才人・中島らもが小説家として称賛を浴びた出世作でもある本作は、読後の余韻が甘く涼やかに残る、屈指の青春小説なのだ。

蝉時雨のやむ頃

吉田秋生

「BANANA　FISH」などのサスペンスや「櫻の園」といった青春ものという作品イメージが強かった作者が、デビュー30年を迎え、新たに「家族」をテーマに選んだ連作シリーズ「海街diary」の一巻目。

湘南の海に面した古都・鎌倉に暮らす三姉妹。幼くして両親と別れ、肩を寄せ合って暮らしてきた……と言えばしおらしいけれど、そこは生身の人間。恋もあれば、いくつかの修羅場も経験済み。しっかり者の長女と奔放な二女、マイペースな三女は、ケンカもするけれどイザとなれば結束し、家を守ってきた。

そんな日常に、変化が訪れる。15年前に家族を捨てて出奔した父親の死の知らせが、突然もたらされたのだ。駆けつけた見知らぬ土地で出会ったのは、父の忘れ形見、三人にとって異母妹となる少女だった……。

親というパーツを欠いたまま生きてきた「家族」が、今、天涯孤独となったもう一人の肉親とめぐりあう。お互いが埋められずにいた時間の空白が、ぴたりとはまって、新しい家族の時間が刻まれることになる。……あえて紹介を避けるが、このシーンは、マンガ史上屈指の名場面ではないだろうか。

物語はこの後、姉妹の日常を、一話ごとに角度を変えて描かれていく。「すっごく古いけど大きいのだけが取り柄」の家は、どこか懐かしいにおいと温かみと存在感とを伴って、彼女たちのきずなを象徴する。そして、その周囲の、袖擦り合うひとびと。慎重に、繊細に、モザイクのかけらが用意され、伏線が張りめぐらされているかのようだ。

例えば作者は、過去の作品からの人物の再登場や、作品同士で設定を重ね合わせたり、別タイトルで続編を手がけるという手法を用いることがある。本作も、舞台となる鎌倉は、「ラヴァーズ・キス」(1995年)という作品と時間ぐるみ重ねられていて、実は一部の登場人物は重複しているようだ。もちろん一個の独立した作品としてそれぞれが楽しめるんだけれど、これが物語の今後の展開にどうかかわってくるのか、興味をそそられる。

月の砂漠をさばさばと

北村　薫／おーなり由子絵

本格推理小説の第一人者である作者は、デビュー当初、素性をいっさい明かさない「覆面作家」として活躍していたというのは有名な話。その作風から「女子大生説」まであったほど、女性の視点・語り口調で作品世界を構築する術にたけている(実際は1949年生まれ、元高校国語のオトコ先生)。

　今からちょうど5年前、盛岡にいらした折、お会いする機会に恵まれた。「財政難から文庫になるのを毎回待ちわびての愛読者です」というワケノワカラナイぼくのあいさつに苦笑しつつ、ずうずうしくも差し出した5冊の文庫本に丁寧にサインをしてくださった北村さんはその日、風邪をひかれてのマスク姿で、ホントウに「覆面作家」だった……。

　閑話休題、今週のおすすめは、推理小説にあらず、小学3年生の女の子さきちゃんと、作家として活躍するお母さんの二人暮らしの日常を、ふんわりさっくりとすくい取った12編のショート・ストーリー。おーなり由子さんのかわいらしいイラストがふんだんにちりばめられ、ほのぼの感を高めている。

　仕事柄、わが子のリクエストに軽く応えてしまうお母さんの、これまた作家らしからぬ場当たり的即興ストーリーテリングには、向かい合って聴いているさきちゃんの真剣さもあいまって、掛け合い漫才よろしく、何度となく笑わされてしまう。

　そんな親子の対話の中に、娘の感性をまっすぐ伸ばしてやりたいと願うお母さんの気持ち、ちょっとした語感や身の回りのできごとに、素直に反応するさきちゃんの愛らしさが、輝きを放つ。

　……例えば、表題になっている「月の砂漠をさばさばと」って、(以下、ネタバレ御免)実はサバのみそ煮を作っているお母さんの鼻歌なんだけれど、傍らで宿題をしていたさきちゃんが、月の砂漠をとことこ行くサバのみそ煮を想像する、という場面。そしてお母さんは、大人になったさきちゃんが、いつかサバを煮ながら、この日のことを思い出すことがあるんだろうか、とつぶやく。さらにそれは、お母さんがかつて、自身の父親に抱いた気持ちと重なっている、というもの。

　ともすると見過ごしてしまう日常の小事件にドラマを見いだし、鮮やかに彩色して読者に供する。心優しきストーリーテラーは、作品のジャンルを選ばない。

鉄塔　武蔵野線

銀林みのる

書店員有志の熱望で復刊、という惹句つきの作品。第六回日本ファンタジーノベル大賞受賞作であり、映画化までされているほどだから、埋もれてしまうには惜しいとは思う。……だけどコレ、「そういう」趣味のもちあわせがないとかなりキツイかもしれない、というのが、読み始めから中盤にかけての偽らざる感想。

小学五年生の「わたし」（作中、テットウテツビ巧緻を凝らした純文学風表現で進行する）は、幼稚園児のころから、市街地や野山に屹立する「鉄塔」（ここでは高圧電線を架して連なる電力会社管理のもの）を観察することに快感を覚えていた。

そして、転校を控え、夏休みも終わりに近づいたある日、永くなじんだ鉄塔群「武蔵野線」を、それぞれに付されている通し番号を自宅近くの終点「81号」からさかのぼり、その起点「1号鉄塔」まで行ってみようと思い立つ。弟分アキラを伴って、自転車を駆り、見知らぬ世界への一歩を踏み出したその行く手には、何が待つのか。そして1号鉄塔にたどり着くことはできるのだろうか？……

「優美」「残忍」「気品」「生真面目」「審美的」「若い」たち。それぞれの鉄塔の表現に費やされるコトノハ「朴訥」。「男鉄塔」「女鉄塔」「料理長型」……、専門知識のないままに主人公が分類し、名づけられた鉄塔たち。これに碍子《がいし》だのジャンパー線といった専門用語も加わり、さらにケンカやいさかい、少年期特有の強がりやごう慢さを交えて延々と続くガキどもの道中に、日ごろ「路上観察」を愛好し「そのケ」のあるぼくでさえ、本を手に疲労感を覚えてしまった。

ところが、だ。とうとう日が暮れて、主人公が幼いアキラを帰宅させ、ひとり1号鉄塔を目指すことを決意するあたりからがぜんテンポがよくなる。夏の日を舞台にした少年の成長物語、という黄金パターンとしての骨格があらわになるにつれ、ページを繰る手が止まらなくなった。読者諸氏、どうかここまでガマンされたい。

実はこの文章を書くに先だって、自宅近くの鉄塔「宮野目線」をいくつか回ってみた。ぬかるみに足を突っ込んだり犬にほえられたりと、さんざんアヤシイオジサンぶりを発揮してしまったが、見上げた鉄塔越しに広がった秋晴れの青が、ひさびさ、網膜に心地よかった。

いかん、クセになりそうだ。

壊れる日本人
ケータイ・ネット依存症への告別

柳田邦男

この文章は、パソコンで書いている。辞書をひいたり、書き直しをしたりという「手間」を省くことができて、とても助かる。

丑三つのころ、書き上がった文章を電子メールに添付し、新聞社に送る。わざわざ届けに行くこともなく、時間を気にすることもない。原稿用紙をシミだらけにして、何冊も下書きのノートを費やし、辞書をボロボロにしながら書き物をすることは、なくなってしまった。楽だ。便利だ。

……ただ、便利、スピード、効率と引き換えに、何かが欠け落ちていくような、イヤな焦燥感にとらわれることがある。自分を形づくり、育ててくれたのは、言い換えれば数々の「不便」だったのではないか……。

本書は、単に携帯電話をやめましょう、目をしばたかせて一晩中インターネットにうつつを抜かすのはやめましょう、などと上っ面の警告を発するものではない。物心つく前からテレビあり、電子機器ありという環境下に生まれ、そもそも「欠けるべきモノ」など身につける以前に「それが当たり前」として全能の情報・機械文明を謳歌しつつ育ってきた人々。かれらが成人し、世の中を形づくり始めた現在、あちこちで、さまざまなものが、きしみ始めた。

携帯ゲームにならされた、自己中心的な発想。テレビが奪う、親子のコミュニケーション。弱者を切り捨てて平然としている効率主義。それは、世の中でもっともしなやかで繊細たるべきこどもたちの上に、端的に表れている。

かつては起こり得なかった、若い世代を巻き込んだ陰湿・凄惨な事件の多発と、水面下で増え続ける「予備軍」の存在。人と科学技術について、生命の尊厳についての評論を著し続けてきた著者は、その発生のメカニズムを追い、処方せんを探る。

著者の体験をもとに提言されるのは、古来、日本人が持っていたはずの「あいまい文化」。言葉の大切さを知り、効率を追わず、他者に寄り添う心を持ち、異文化を尊重し……、黒白を明確に分けずにいられない思考から抜け出すこと。そして週に一日でもテレビをつけない、ゲームをしない、パソコンを使わない日を作り、生身の人間同士が向き合う機会を増やすことが急務だと説く。

「壊れる」前に、できることは、何か。タイムリミットは、すぐそこまで来ているかもしれないのだ。

K

谷口ジロー画／**遠崎史朗**作

その美しい姿とは裏腹に神の領域でもあるヒマラヤの山々は、人跡に汚されることを拒むかのように、対価として挑む者の生命を要求する、岩と氷の世界だ。しかし、陸続として挑戦者は後を絶たない。そして、還らぬ者も。

国籍不明、本名さえ知れない謎の男・K。救出不可能とされる遭難現場から幾多の生命を救いだした、伝説の存在だ。……しかし、彼が行うのは、奇跡ではない。自然の摂理を熟知し、綿密な計画を立て、決して無理はしない。自然を、畏れること。そして、それをつかさどる神の声を聴くこと。

今日も氷壁のかなたに、見放されかけた生命がある。風のうわさにその名を聞いた依頼人が、わらにもすがる思いで、Kを訪ねる。Kは、金では動かない。情にも流されない。合理的な判断で、登れる、と確信したとき、彼は、そのひげ面にカミソリを当てる。Kの死に化粧、と呼ばれる儀式だ。

……登山、を描いたマンガ作品に、評判をとるものが目立つような気がする。それは「オトコのロマン」であり、極限の世界が生む「ドラマ」であり、ある程度の画力さえあれば、感動作の条件を満たすことのできるモチーフだからかもしれない。そんな些末なこととは無縁に、圧倒的な画力と骨太なストーリーで、読む者をぐいぐいと引き込むのが、本作だ。

原作者の遠崎史朗は、伝説の超人野球マンガ「アストロ球団」を手がけた人物と聞けば、ニヤリとなる向きもあることだろう（ただし、本作では趣をガラリと変えている）。

そして作画は「世界に通用するマンガ家日本代表」谷口ジローだ。ハードボイルドや野生を描いて彼の右に出る者無く、人情、SF、歴史ものでも高い評価を受け、最近では軽妙なエッセー風作品がカルト的な人気を得るなど、その活動は幅広い。

谷口のヤマものでは、小説家・夢枕獏の原作をものした名作「神々の山嶺」があるが、それに先立つこと七年。「いいマンガありませんか」と問われると、本作をオススメしていたのだが、久しく品切れ状態だったために「今は手に入らないんですよねぇ」と続けざるを得なかった。それがこのたび増刷され、祝、入手できるようになった次第。

あやしげ通販

そのだつくし

人の悩みって、他人からすればなんてコトのない、取るに足らないものに見えることが多い。でも、一見、どんなにちっぽけな悩みでも、一人で抱えこむ分だけ、その重さはズッシリとこたえるし、孤独感も増すものだ。

恋愛、容ぼう、性格、育児……、現代は女性が元気、なんてもてはやされながらも、彼女たち（もちろん男に悩みがない訳ではないけれど）の抱える悩みは尽きることなどなく、むしろ込み入って絡まり、現代ならでは、フクザツ化しているのだ。

かつては会社勤めもし、さんさの太鼓もたたけばロックのビートも刻み、現在は妻兼母親兼マンガ家であるという雫石在住のわれらが「つくし姐さん」だからこそ、女性たちの悩みを知っているし、ツラサもわかるというものだ。ただし、姐さん、カウンセラーではない。マンガ家にはマンガ家の処し方がある。

これまでも等身大の人情劇で持ち味を発揮してきたそのだ作品のもうひとつの特色は、日常と非日常のクロスオーバー。今週は、そのだ作品の魅力全開、最新第3巻が出たばかりの人気作（刊行記念サイン会は22日午後2時から、ジュンク堂書店盛岡店にて）を紹介しよう。

どこにでもある街角、どこにでもいそうな女性たち。人波にもまれ、埋もれ、一日の3分の1以上を仕事に費やし、恋をする者、恋にたどり着けない者、フラレる者、子育てに追われる者……、その貌はさまざまだ。そして、十人には十通りの、悩みごと。放っておけば、そのまま。しかし、心のどこかでは願っている。どうにかしたい。けれど、どうにもならない……。

黒ずくめ、微笑をたたえた妖気漂う美青年が彼女たちの前に現れるのは、偶然なのだろうか？　どこで彼女の悩みを聞きつけるのか、それとも彼女の願望が形となったのか。聞くだにウサン臭い「あやしげ屋」のセールスマンと名乗る青年は彼女に話しかける、そんなあなたにピッタリの品がありますよ。……

以前、「ココロのスキマ、お埋めします」と称して、顧客を「ドーン」と不幸のドン底に突き落とすなんてセールスマンの登場するマンガもあったけれど、本作の特徴は、すべてがハッピーエンド。もちろんセールスである以上、幸福の代償は請求されるんですが。……

2008年

陰翳礼讃

谷崎潤一郎

本屋の店頭で「ボーイズ・ラブ」などと呼ばれているジャンルがある。クドクドと説明するまでもなく、知る人ぞ知る、知らない人は全然知らなくて構わないからこれ以上言辞を弄するの無駄を省くんであるが、これがかつて「耽美」と呼ばれていた時期があった。

……耽美主義文学の巨人、文豪谷崎潤一郎(1886〜1965年)が聞いたら草葉の陰でなんと嘆くか、と業界を代表して(することないんだけど)ヒヤヒヤしていたものだ。

若者よ、未読の君よ、一度でいいから谷崎作品に触れてみたまえ。ことに随筆では、無駄を排した、しかし適度な湿度を保った簡潔な文体、思わず朗読したくなるほどの心地よいテンポ、行間からにじみ出る品格と知性を感じることができる。高校のころ、国語の授業では、名著「文章讀本」は手放せない個人的副読本として常に机上にあったものだ(今思えばイヤな生徒だ)。

さて、「陰翳礼讃」。谷崎47歳の時に著された本作は、建築様式や紙、食器、食、果ては女性の美しさについて、日本古来の美意識を、執筆当時(昭和8年)なだれを打って流入しつつあった西洋文化と対照しつつ論じた随筆集である。

いわく、日本人が古来感じていた「美」とは、何もかもを明るく照らし出してしまう西洋式の白や光沢や物体そのもののカラフルさではなく、光の加減で生じる陰翳、カゲの部分にこそある。

一見派手に、時にはけばけばしくさえ見える建築上の色使いや金箔を用いた工芸品、きらびやかな衣装ですら、本来、庇の深い、昼なお薄暗い日本家屋の中で初めて効果を生むのであって、現今のすべてを白日の下に曝すかのような照明では、古くから伝わる本来の美しさを愛でることはできないのではないか……。

光線をはねかえす西洋紙の趣と、ふっくらと光線を吸い取る和紙との相違。「日の光りを吸い取って夢みる如き」羊羹の色合いは、さらに塗り物の器に入れることで瞑想的となり、それを口中に含んだ時、室内の暗黒が舌の先で融ける。……うーんと唸りつつ、感服するしかない。

世界に誇る日本文化などと言いながら、せっかくの先人の遺産を、ぼくたちは用法も知らぬまま、ムダにしてはいないか？　本作の発表から70余年、まだ間に合う、んだろうか？

この世界の片隅に

こうの史代

昨年映画化されて多くの人の感動を呼んだ「夕凪の街　桜の国」は、同じ作者による連作集。原爆投下がもたらした悲劇を、過去の出来事としてだけでなく、六十年を経た現代につながる家族の物語として静かに、痛切に描ききり、マンガ表現の高みを極めた名作と評された。

作者は、もともとは愛らしいキャラクターによるほのぼのとした短編マンガを描いてきた人だが、巧みな構成力と、時折読者の感性に挑むかのような仕掛けをコマに忍ばせたりして、なかなかに油断がならない。

「夕凪～」は、広島出身ながら「原爆」を避けてきた作者が、ある決意をもって臨み紡ぎだした、その作品歴からすると異色の物語だったが、今回紹介の作品も、その流れをくんだものとなった。

昭和のはじめを生きたひとりの女性の物語。当初は、戦前の地方都市で暮らす少女の日常を、作者ならではののんびりしたタッチでユーモラスに描く短編シリーズとして（タイトルもそれぞれが独立している）、３編が発表された。そして昭和18（１９４３）年暮れ、少女が、さる家から見初められて17歳で嫁ぐことになる（昔の庶民の「結婚」の感覚がさりげなく伝わってくる）くだりから、本編の幕が開く。

当時「軍都」（陸軍の本拠）と呼ばれていた運命の街広島から主人公すずが嫁いだ隣町、当時の呉は、現在の盛岡に匹敵する40万都市。全国でも「十大都市」に数えられた、軍港として栄えた街だ。

家族や故郷と別れ、見知らぬ土地でかいがいしく立ち働きながら、ひたむきに日々を送る主人公。彼女を囲む、市井のひとびと。

後世を生きている読者には、この後広島や呉を待つ運命（他家の人となったすずが、決別の思いを込めて画帳に写し取った広島の街並みが印象的）が、わかっている。だから、明るく、けなげに生きようとする登場人物たちの行く手にあるものを、おおまかにでも予想してしまう。

作者は、この物語にどんな結末を用意しているのか。そして、かれらはそこまでに何を思い、どう生きるのか。

今回、まだ完結していない作品をあえて採り上げたのは、読者にも「その日まで」をすずと共に生きてもらえたら、という思いが立ったからにほかならない。

ニシノユキヒコの恋と冒険

川上弘美

しなやかさと程よい硬度を備えた文体が、活字を追う目に心地よい。綿密に編まれた、10の短編からなる連作集だ。

主人公は、ニシノユキヒコなる男性。……、ただし、彼の実像は、その生涯で袖擦り合った10人の女性の回想で形づくられる。彼自身は、ついに一度も、自らの言葉でおのれを語ることはないのだ。そして、彼、ニシノユキヒコの生涯を描くことは、この作品の目的ですらない。

10人の女性の、10の恋物語。そのすべてが、成就しない。けれど、失恋でもない。中学生、大学生、ＯＬ、主婦。さまざまな境遇の女性たちの日常の、ふとした切れ間に、彼は現れる。唐突に派手な登場をするかと思えば、「元カレ」として既にそこにいたりする。料理教室に派遣されてくる商社マンだったり、目立たないクラスメートだったりもする。

容姿はまずまず、理知的、清潔感にあふれ、明朗。それとは裏腹に、絶えずちらつく女性の影、計算されたかのような弱音、甘え……、もちろん好みやタイプの問題もあろうけれど、彼女らの心の隅に、彼は巧みに滑り込み、棲みついてしまう。

……そうかと言って、彼女たちが自分を見失う訳では、決してない。彼女たちは一様に、どこか醒めていて、自分を見つめる術にたけている。常に自らに問いかけ、一度は受け入れた彼を、冷静に値踏みし、やがて訪れる結末は、実は彼女たちの中では、予測がついていることなのだ。そして彼にも、そんな結末を呼び込んでしまう何かがあることが、エピソードごとに重ねられてゆく。

10の物語はそれぞれ、環境も時間も、設定はすべてまちまちだ。彼自身、ニシノ、西野君、ニシノさん、幸彦……、いくつもの貌を持っている。だから、はじめはそれと気づかずに、はかなく切ない短編連作として読み進んでしまうかもしれない。けれど、そのうちに読者はいぶかしむのだ。独立していたはずのそれぞれの物語は、実はどこかでつながっているのでは？

これらの物語を並べ替え、シャッフルされていた時系列を整理すると、彼、ニシノユキヒコの中学時代から死まで、その生涯が浮かび上がってくる。片時も恋を手放せず、それでいて、一人の女性を深く愛することのできなかった、哀しい男の一生だ。ニシノユキヒコ観、読者の間で評価は割れるらしいけれど、あなたは如何。

黄金の羅針盤

P・プルマン／大久保寛訳

8年前、本作が邦訳されて本屋の店頭に並んだとき、幸こう言って薦めたものだ。「ハリー・ポッター」では物足りなかった方、お待たせしました、と。

20世紀最後にして最高の大河ファンタジーと言われた「ライラの冒険」三部作。その第一部がこのたび最新の技術を駆使して映画化された。

さて、ことあるごとに言う(ことにしている)んだけれど、不特定多数の観衆を相手に「最大公約数」の表現、他人によって決めつけられたお仕着せの映像や音声の洪水に主導権を取られてしまう前に、文字を追い、自分の内なるイマジネーションを縦横に駆使して、想像し、感じ取り、楽しむこと、大事なんである。要するに、映画館に足を運ぶ前に、ぜひとも原作に触れておいてほしい、と言いたいのだ。

近世のイギリスから北極圏にかけて、天涯孤独のおてんば少女、ライラがたどる、一大冒険譚。これが実は異世界でのできごとであることは、「ダイモン」=守護精霊=の存在によって表されている。この世界の人間はすべて、その分身であるダイモン無くしては存在しえないのだ。これが物語の展開上、重要な役割を担っている。

ことの発端は、いたずら好きなライラが、学者たちの秘密会議をのぞき見たことに始まる。未開の北方部族探検の謎、渦巻く謀略の匂い。はじめは好奇心の赴くままの遊びだったはずが、知ってしまった秘密は、ライラ自身をとてつもない冒険へと引き込み、それどころか「世界」の存続までも彼女に託すことになる。

謎が謎を呼び、次々と新しい冒険が仕掛けられる、スリリングな展開。正邪を問わず、魅力的な登場人物(ことに悪役キャラが「立つ」と、物語というものはガゼン面白くなる)。主人公だけではなく、周囲の人物のドラマが重層的に描かれ、物語に厚みを持たせる(第二部以降、この「厚み」は、さらに大きな展開を見せることになる)。

幾多の出会いと別れ、友情、愛憎。そして一番の魅力は、これらに翻弄されつつも進むことに疑いを持たない、主人公のひたむきさだ。映像だけでは追いきれないライラの心の成長に共振しつつページを繰ることで、読者も冒険に踏み出してほしい。

邂逅の森

熊谷達也

大正から昭和にかけ、秋田から山形の山嶺を駆けめぐった、一人のマタギの物語。

「マタギ」とは、単に「ハンター」の和称ではない。その語源はアイヌ語(「冬の人」)であるとも、アイヌ語に影響を与えた和語であるともいわれ、判然としないらしい。

かつてその活動は多くのしきたりや節目節目で用いられる呪術によって成り立っていたが、山間の集落という閉鎖的な集団の内で口伝によって受け継がれるものが多く、その全貌はなかなか知ることができないという。

主人公・富治は、功名心に燃える若いマタギ。アオシシ(カモシカ)やクマ猟の経験を積み、マタギの花形である射手(「ブッパ」)としての活躍を夢見ている。そんな若者の運命は、ある年、一目ぼれした村の娘をめぐって、大きく転回することになる。……

戦前の僻村、旧弊や貧困を背景に、富治の人生は流転を重ね、それに伴って幾多の出会いと別れが繰り返される。そのほとんどは貧しさに端を発する悲劇に彩られていて、読み進みながらやりきれなくなることも二度や三度ではない。それでも、憑かれたように次の行、次の場面を読者に追わせるチカラが、この作品には備わっている。

歴史の裏面を浮き彫りにする、山村にまで及ぶ戦争の余波や凶作による身売りなどの挿話。民俗学的興味をそそる、一般の民とは隔絶されたマタギの掟や猟の厳しさ。登場人物の発する言葉は北東北の地言葉で表され、効果的に人間臭さを醸し出している。

そして全編を貫くのは、山を支配する神の意志によって吹きすさぶ自然の猛威だ。人といわずクマといわず、この神の下で生かされ、容赦なく奪われる。そんな中でこそ、何度となく描かれる奔放なまでの男女の営みは、生命の燃焼の象徴であり、てらいがなく、嫌みがない。

　主人公の人生を翻弄することになる女たちの性格設定が、展開に合わせて都合よくブレてしまう点が気になるところではあるが、時に運命の巡り合わせとはこうしたものかも知れないと思わせてしまうチカラワザで、一気に読ませてしまう。最終章、主人公が生きる意味を問うことになる、山の神が遣わした巨大グマとの死闘は、圧巻。

迷走王ボーダー

狩撫麻礼／たなか亜希夫画

　本作が青年誌に連載されていたのが1986年から89年、いわゆる「バブル景気」とぴったり重なる。バブルと言われても中高生諸君にはピンと来ないだろうが、要は場末の本屋風情にまで「このチャンスにぜひ、金塊を」なんてセールスが来たりするような時代だったのだ。見かけだけの薄っぺらな豊かさが、街や人の心を惑わせ、狂わせ、すさませた。

　そんな時代のただ中で、流れにあらがい、逆風を食らいながらもふてぶてしく生きる男たちの物語。何度となく入手困難となりながら、こちらもふてぶてしく再刊され、このたびは文庫判となって刊行が始まった。

　閑静な住宅街にひっそりとたたずむボロアパート「月光荘」に巣くう、三人の男。経歴不明のヤサ男クボタ、東大突破を目指す岩手出身の浪人生キムラ、そして毎回騒動の種をまく、共同便所を改造した家賃3千円の部屋に寝起きする粗暴と含羞の男、蜂須賀。

　カネには縁がなく、流行には乗らず、結果、モテる訳もない。……時に欲望のおもむくまま、時にストイック。「管理洗脳社会に飼い慣らされたあちら側」の対岸から危険球を投げつけるがごとき彼らの日常は、この上なくスリリングで人間くさく、大まじめであるがゆえに浪花節的であり、こっけいでさえある。
それが、とてつもなくカッコよかった。
「あのころ」自体が、振り返ると現実離れした寓話のように映る以上、その時代のアンチテーゼとして生命を得た本作も、今やギャグ漫画として語られる始末。それでも「無為こそは過激」の合言葉は、20年を経た今、しょせんは「あちら側」の構成員だったことに気づいた夢の敗残者たちの胸にすら、ひそかにくすぶっているに違いない。……と、思いたいのだ。

ぼくたちは何だかすべて忘れてしまうね

岡崎京子

昔、転がり込んでいた女の子の部屋の本棚の、大島弓子や川原泉や岩舘真理子ら、いわゆる正統派少女マンガにまじって、当時売り出し中の岡崎京子はいた。それはサイズ（当時A5判の少女マンガは珍しかった）から装丁から異彩を放っていて、いかにもイカシて見えた。

一冊を引き抜いてページを繰ってみても、人物はもちろん背景まできっちり描き込まれたそれまでの少女マンガとは明らかに違う。まるで下描きのように簡略化された絵柄、扱うのは奔放、ノーテンキなセックスとカルい人間関係、行き着くのはやたらイタイ結末。バブル初頭の空気を醸し出した、てやつか。

それまでの夢見る少女マンガになじんでいたぼくは、岡崎作品にも、（大島弓子を賛美する一方で）これを続々と蔵書に加えるこの部屋の主にも困惑しつつ、そっと本棚に戻したものだ。

本作は、1996年に不慮の事故でリタイアすることとなる岡崎が、その直前まで発表していた短文集だ。エッセーではなく、創作と呼ぶには粗く、一種のモノローグに近いものかもしれない。

ゆきずりの男女の理由なき情事、通り魔にくびられる少女、クレイジーな交友録、救われない童話のむごたらしいパロディー。岡崎がマンガ作品に投影し続けてきたテーマやモチーフが、無垢という糖衣をまといながら、語りっぱなし、ぼん、と放り出されている。

　これらを拾い集め、束ねる意志があったのかどうか、今では知る由もない。

　時は下り、時代の「気分」は、ようやく岡崎に追いついた。彼女に影響を受けた、と称する後続たちは皆、「うまくやっている」ようだ。ぼくはといえば、この道の先達に敬意を表し、売り場の棚プレートに、岡崎京子の名を、当面は刻み続けるだろう。

阪急電車

有川　浩

　阪急電車。なぜか関西では私鉄そのものを指して「阪神電車」「京阪電車」などと呼ぶ習慣がある。かの地で電車に乗ると、有名な「指づめ注意」（最近は使われなくなったらしい）や縁起担ぎの「金＋矢」の「鉄」の字など、そこここのちょっとした表現に「異国情緒」を感じてしまう。車内を飛び交う「汎用」関西弁も相まって、東西、文化の違いを体感するには、もってこいの空間だ。

　今週の一冊は、山の手を走るハイソなイメージの阪急沿線ではちょっとローカル、営業距離10キロに満たない「今津線」の車中と八つの駅間を舞台にした、人情劇だ。

　それぞれの駅で乗り降りする老若男女をめぐる物語を、ひと駅ごとに描写し、らせん状に連ねてゆく。その手法は、昔日の名画にちなんで「駅馬車方式」と呼ばれたもののバリエーションだ。

　雑誌連載で、宝塚─西宮北口間、片道十五分のできごとが描かれた。小林《おばやし》、仁川《にがわ》、門戸厄神《もんどやくじん》なんて難読駅名も、関西ローカルの味わいのうち。

　偶然の出会いから生まれる、恋。どんでん返しで、壊れた恋。亡き夫への思い。ひと駅の主人公のエピソードを次の駅の主人公が引き取りつつ、電車は進む。そして、書き下ろされた復路で、半年の時間の経過と、往路のひとびとの「その後」がたどられ、物語は補完される。……人それぞれの抱えたドラマは、傍目には小さいけれど、ひとりひとりには大きく、そして当然のことながら、ドラマを抱えていない人など、ない。

そんな当たり前のことを、ひとつずつ拾い上げて丁寧に綴る。SF・ミリタリー色の強い「空の中」「図書館戦争」をプロフィルに持つ作者(♀)の、素顔が垣間見える作品だ。

思うとおりに歩めばいいのよ

ターシャ・テューダーの言葉

ターシャ・テューダー／食野雅子訳

100ヘクタール近い広大な敷地に18世紀風の家を建て、花と動物に囲まれ、絵本の創作とガーデニングに日々を送る、ターシャおばあちゃん(1915～)。文字通り晴耕雨読、古き良きアメリカ開拓時代そのままのライフスタイルは多くの人の共感と憧れを集め、日本でも人気が高い。

上流階級の家柄(アインシュタインが出入りしていた！)に生まれながらパーティーより農作業を好み、恵まれた才能で絵を描き、物語を紡ぐ。アメリカ絵本界の栄誉「コルデコット賞」を二度受賞して、その作風は「アメリカの心」と謳われている。

そんな人生から生まれた、飾らない、機知に富んだ言葉を選び出して編んだのが、本書(三部作の一冊目)である。

「一生は短いんですもの／やりたくないことに時間を費やすなんて、もったいないわ」

ここまでの道のりは、決して平坦なばかりではなかったはず。それでも持ち前の向上心と天性の明るさが、すべてを糧として受け入れ、明日への活力に変えてしまう。同じ言葉でも、長い年月をかけて湧きだした一言は、そこいらの小僧っこがひねり出したウケ狙いのキャッチコピーとはコトバが違うのだ。

彼女は、警句家でも宗教家でもない。世のため人のためなどという建前とは無縁に、ただただ、大地に立ち、四季の恵みと神の定めた循環の上に、つつましく暮らしているに過ぎない。そのモノローグは、むしろ「時の重み」など感じさせず、あくまでナチュラルで、ピュアなのだ。だから、滲みる。

「わたしには怖いものがありません／死さえ、怖いとは思いません（中略）つまり、人生に悔いがないということなのでしょうね」

穏やかな暮らしのひとこまを捉えたお蔵出し写真が多数、彩りを添えている。

壬生義士伝

浅田次郎原作／**ながやす巧**漫画

原作は、綿密な取材と大胆な設定で、子母澤寛、司馬遼太郎以来固定されていた感のある新選組像に新しいイメージを確立した、ベストセラー小説。近藤、土方、沖田といったお馴染みの顔ぶれではなく、さりとてまったくの創作の人物でもなく、実際の記録に現れる隊士の一人に焦点を合わせることで、激動の時代を生きた等身大の人間を描くことに成功した。

とはいっても、この物語の主人公、南部脱藩・吉村貫一郎に関して、「記録」と呼べるものはごく僅か。そして、小説である以上、その人物像は作家の創作に拠るものであることは動かせない。言うなれば、そのスタンスは、史料の断片を頼りに、吉村の肖像を「復元」する作業のイメージではなかったろうか。

ながやす氏は、この作品の視覚化という、さらなる

「復元」に挑む。本作はかつてテレビ化、映画化されているが、構成や登場人物、セリフに至るまで大幅にアレンジされていて、原作の持ち味を十全に生かしているとは言い難い。

多用される登場人物の独白、心理描写、複数の証言者による謎解きなど、根本的に別メディアであり、時間の制約もある動画では表現しきれなかった部分……かつて梶原一騎作「愛と誠」、史村翔作「Dr.クマひげ」などの名作をものし、「鉄道員」に続いて浅田作品とまみえる本邦屈指の作画家は、遺憾なくその手腕を発揮している。

繊細な描線で埋められた行間には、原作に勝るとも劣らない質、量の取材と、原作を極力尊重しながらも独自の映像美を追求するこだわりが幾重にも積み重ねられているだろうことは、想像に難くない。

原作760ページのうち、冒頭50ページに相当する部分に、このたび刊行の第1巻200ページ超が費やされていて、文字通りの大作となりそうだ。噛みしめつつ、後続を待ちたい。

幼年期の終り

アーサー・C・クラーク／福島正実訳

先ごろ亡くなったSF界の巨人の、代表作のひとつ。白状すれば、これまで映画やマンガでSFに接したことはあっても、まとまった小説でSFを読み通したことがなかったのである。本稿の個人的な趣旨のひとつに、これまで手を付けずにいた古今東西の名作に挑戦してみたいというのがあって、今回はそのココロミでもあったので、ある。

20世紀後期、「かれら」が地球上空に現れたことから、物語は始まる。

……失敗した。

読み進むうちに、この、とてつもなく壮大な、歴史、科学、宗教、芸術を網羅し、なお悠久の時の流れを描き、人類の未来を大胆に予見してみせた本作のスケールに、呑まれてしまった。SF初挑戦でございい、などというこの拙い筆先にやすやすと載るようなシロモノでは、なかったのである。

そして何より、作品の概略に触れるということ自体が、これから本作に取り組もうという読者への妨げになってしまうのだ。章だて、登場人物、時の経過……、どれもが誤って触れようものなら、その構成の妙味を味わうという楽しみを台無しにしてしまう。

ひとつだけ、本作が、現在活躍しているSF作家(小説家は言うに及ばず、映画、マンガのクリエーターも含む)たちに、大なり小なり、またはそれと知らずに何らかの影響を与えたらしいということには、触れておこう。たとえば、そのラストシーンは、「新世紀エヴァンゲリオン」のそれを彷彿とさせるのだ。してみると、そこで語られる「人類補完計画」とやらも……。

発表以来55年、多くの派生作を生み出しつつ、今なお最高峰に君臨する、巨編である。

悪童日記

アゴタ・クリストフ／堀　茂樹訳

作者の出身地ハンガリーは、その国土を第二次世界大戦に蹂躙され、戦後も政争の動乱に見舞われるなど、歴史に翻弄された不幸な過去を持つ。

幼い日を戦場で遊んだと語る作者自身、思春期を独裁政権下で過ごし、ついには故郷を棄てて亡命する。……言葉も通じない異国で極貧に甘んじつつ働き、独力で大学に進んでフランス語を獲得し、それを駆使して筆先に魂を込める作者の姿勢は、世界中で熱烈な読者を獲得している。

今週の1冊は、その代表作。作者の半生が投影されたと思われる、戦火に見舞われた街を舞台にした、双子の少年たちの手記だ。

戦争を描く物語の多くは、その悲惨さや運命に立ち向かってたくましく生きる人間の姿を感動的に描いて共感を得るが、本作は、違う。あらゆる価値観が崩れゆく戦時下、周囲に起きるできごとや「ぼくら」のとった行動を、一切の感情を排し、ただそのままに描く。

親元を離れ、貧困、非衛生、無教養、およそ考えうる限りの劣悪な環境で日を送りながら、感情を殺し、良識を棄て、ただひたすら生き抜くため、少年たちは「なんでも」する。嘘。駆け引き。盗み。脅し。姦淫、そして。

学校にも通わず、誰の助けも借りず、彼らは独力で学び、鍛え、食べ、その行動は数冊のノートに書き留められる。狡猾に、冷徹に、利用できるものはすべて利用し尽くしたその記録が無表情、無感動に重ねられるほどに、読者の戦慄と感動は増幅してゆく。そしてこの記録が、巧妙に仕組まれたミステリーの伏線として、次なる物語を呼び寄せるのだ。

重い。やりきれない。そんな後味を引きずりつつも、続編「ふたりの証拠」「第三の嘘」を、勢いのまま手にせずにはいられない。

蟹工船（新潮文庫『蟹工船・党生活者』より）　小林多喜二

中1の夏に読んだのは、シソウテキハイケイがどうのということではなく、ちょっとした偶然にすぎない。おない年の悪友に「おまえ、これ読めば」と薦められるままに手に取ったのがきっかけだった。

かの悪友が、この日本プロレタリア文学の代表作をそれと知った上でぼくに薦めたのか、あてずっぽうに挙げたのか、今となっては知る由もない（いずれにしろ、10年後に一流大学を経て一流企業に職を得たかれは、タダモノではない）。

昭和初期、北洋で操業する蟹工船団には、折からの不況下、疲弊した農村、漁村からの労働者、都市部からは学生などが法外の低賃金で集められていた。その労働環境は「糞壺」と称され、衛生、栄養、安全のレベルは最低最悪をきわめる。そして指導、懲罰などの名目で日常化した、権力者の暴力。

命懸けの作業で加工されたカニ肉は、最終的には贅沢品として富裕層に消費されることになっていて、搾取される労働者との対比を際立たせている。不当な待遇に甘んじていた、無教養、無自覚の烏合の衆である労働者たちは、ついには団結して組織的な反抗を試みるに至る。結果はむなしく鎮圧されるのだが、これが闘争の序章となっていく……。

消耗品扱いされるかれらと地獄絵さながらの船内の描写が延々と重ねられ、読者は、想像を逞しくすればするほど胸を悪くするような時間に耐えなければならない。

この本が、今、若い人を中心に読まれているという。昨今社会問題化している「ワーキング・プア」の実情を写し取っている、とのことだ。80年という現代との隔世、人心の変遷、社会の仕組みを対比させつつの点検となるが、きみたちなら、どう読むのだろうか？

下山事件　最後の証言　完全版

柴田哲孝

かつて中学高校の歴史の授業では、「現代史」というものは学年も終盤、入試も卒験も済んでから、余った時間のついでにツルツルッとなぞる程度の扱いを受けていたものだ。

現在の自分の足元から地続き、興味を持ちやすくリアリティーもあり、史料も証人も豊富にあって、……だからダメなんだろうか？

１９４９（昭和24）年、７月。敗戦後の混乱期、巨大な歯車を軋ませながら歴史が転回しようとしていたその時、事件は起こった。合理化を目指し、空前の大量解雇をおこなおうとしていた当時の国鉄総裁、下山定則氏が失跡、その翌日に轢死体となって発見されたのだ。

犯人は、その目的は。いや、そもそも他殺なのか、自殺なのか。乱れ飛ぶ憶測。囁かれる謀略。連合国の占領下、さまざまな勢力の思惑が交錯し、数々の謎をはらんだまま、やがて真相は闇に葬られた。……世にいう、下山事件。事実は小説より奇、帝銀事件、三億円事件などと並ぶ、どんなミステリー小説も及ばない、現代史を暗く彩る怪事件である。

「幼い日に亡くした最愛の祖父が、この事件の実行犯だったかもしれない」

祖父の法要の日、偶然に衝撃的な証言を得た著者は、多くの研究者が辿ったように、下山事件に取り憑かれることになる。足を棒にして歩き回り、史料に埋もれる毎日。推測を検証へと、執念の取材が続く。事件から50年を経て、証言者との接触は困難を極める。しかし、手がかりの断片を一つずつ拾い集めて張り合わせるにつれ、深い闇に、何かが浮かび上がってくる……。

真実に迫るほどに、歴史の澱が、アクが、したたり落ちる。新資料を追加して完全版と銘打ち、戦後民主国家の誕生前夜を生々しく暴く、問題作だ。

名作マンガの間取り

影山明仁

著者は、盛岡在住の設計士。

「ドラえもん」野比家、「巨人の星」星家、「サザエさん」磯野家などの国民的マンガから、「スラムダンク」赤木家、「ナニワ金融道」帝国金融事務所、「軽井沢シンドローム」、マカロニほうれん荘っ、サ、サリーちゃんの屋敷ィ!?……すまん、取り乱した。

マンガ・アニメに留まらず、「大草原の小さな家」から「注文の多い料理店」山猫軒まで、番外を加えて四十九軒。古今の名作の舞台となった物件を作中の描写や人物の動きから推測、徹底した合理主義で再構築し、正確無比な間取り図へと写し取ってまとめたのが本書。作品への思いがにじむ（時にはお茶目な）コメントも添えられている。

著者、もともとマンガやアニメが大好きだったとのことだが、それをそのまま持ち前の技術と探究心につなげてしまった。事の発端は20年前の仕事上のやりとりからと言うから、これはもうライフワークだね。

原作にキチンとした設定があればいいんだが、なかなかそうもいかない。登場のたびに変わる造作、押し入れに窓、厚さ9ミリの外壁……、その通りに組み立てると「前衛芸術」になってしまう物件が目白押し。

そのたびに著者は、増築し、補強し、税金対策の心配までアドバイスする。苦労の種は尽きないけれど、どの項でも追求されるのは、住人の快適な生活であることが、さすが、プロの仕事なんである。そして、「そうすることで」作品中での人物の動きに合理的な説明がついたりすることだってあるのだ。

架空の物語を現実にはめ込んだ時のビミョウなズレがおかしみの秘密。「磯野家建て替え計画」は、よくもここまでの感嘆を込めて、一見の価値あり。

失敗の本質　日本軍の組織論的研究

戸部良一ほか

歴史とは？　繰り返されるもの？　未来のための、貴重な教訓？

このタイトルからすれば、そもそも戦争なんて手段で国家の野望を達成しようとした事自体が大失敗なんだけれど。「日本軍の組織論的研究」という副題のついた本書は、6人の学者によって分担され、従来の戦史とは違った角度から第二次世界大戦時の旧日本軍の作戦を分析したもの。

合理的、近代的であることが不可欠であるはずの軍隊にあって、不合理な判断、盲信、怠慢、錯誤がおこなわれていたことを、研究者の視線で検証する。

大戦突入直前に発生し、「無敵」を自負した帝国陸軍の弱点をさらけ出す結果となった「ノモンハン事件」、太平洋戦域のターニングポイントとされる「ミッドウェー作戦」「ガダルカナル作戦」、指揮官の「信念」から立案され、無用の犠牲を重ねた「インパール作戦」、最後の決戦に臨み大敗を喫した「レイテ海戦」、「本土決戦の砦」として凄惨な戦闘に国民を巻き込んだ「沖縄戦」。……旧日本軍の犯した過ちが際立つ六つの事例が挙げられ、その戦い方、負け方が分析される。

読んでいて気づかされるのは、「あっ、この場面、身に覚えがある!」「これ、この前の○○と同じじゃん!」「こういう人、いるいる!」という具合に、60数年前に多大な犠牲を払って悔い改めたはずの考え方が、テレビのニュースどころかハッとするほど身近なところで、何食わぬ顔で現代社会にも息づいているということ。

結果的には国家の滅亡を招いた、旧日本軍の遺伝子。それを無批判に受け入れた戦後日本のあらゆる組織にとっての教訓を導き出すのが、本書のねらいだ。学校、職場、すべての「組織」に属する人、必読。

漫画に愛を叫んだ男たち

長谷邦夫

8月2日、漫画家・赤塚不二夫氏が亡くなった。倒れてから六年に及ぶ闘病の末、ついに意識は戻らなかったらしい。

生前の活躍ぶりは、このたびいろいろと報道されていたので、あらためて紹介するまでもないだろう(ボクも「シェー!」をしながら写真に写ったクチだ)。

ただし、テレビでおもしろおかしく紹介されていたコスプレや奇行、酒にまつわるエピソードは、漫画家としてコンスタントに活動していた時期とは、一致しない。

本作は、赤塚全盛期を片腕として支えた著者と、その仲間たちの青春物語。時代の寵児となった人間・赤塚不二夫の光と影、戦後の日本漫画黎明期の証言でもある。

小説というスタイルではあるが、当時の漫画を取り巻く気分は十分に伝わってくる。無名だった漫画家志望の少年たちの情熱、純情、そして挫折が、当事者ならではのリアリティーで語られる。同人誌で知り合った赤塚と夢を語り合った日々。漫画に懸ける、個性豊かなサムライたち。

若き日の石ノ森章太郎、藤子不二雄らが集う伝説の「トキワ荘」メンバーに名を連ねながらも、出遅れた赤塚。彼は、もともとはとてもナイーブでシャイ(死語だなぁ)な、映画や音楽を愛する美少年だったという。そしてようやく陽の目を見て表舞台に立った初期の作品には、後期のハチャメチャな展開とは違った人情や優しさが織り込まれていたものだ。

赤塚の才能の開花は、やがて折からの高度経済成長期に乗って、社会現象を巻き起こす。そして表裏一体のようにセットされる華やかな交友、放蕩。特に、酒。

……時代という名の怪物が、赤塚を呑んだ。

そして、祭りにも、終わりの時がやって来る。

爆笑漫画の舞台裏で展開された男たちの悲喜劇は、読後、なんとも寂しく、かなしい。

それでもたくさんの人に愛されて、赤塚さんは、逝った。幸福者なのだ。これで、いいのだ。

イチロー、聖地へ

石田雄太

彼のプレーを初めて見たのは、1992年の秋だった。ユニホームにまだ「SUZUKI」の名を背負っていた細身の少年は、10年後、日本野球界のあらゆる記録を塗りかえ、アメリカへ渡ることになる。今週の一冊は、2001年、彼・イチローのメジャーリーグ挑戦一年目に密着した、ドキュメント。

日本では華々しい活躍を見せたイチローに対して、「本場」では体力的、技術的に通用しないという声が、当時は内外、少なからず挙がっていた。しかしイチローは、それが杞憂であることを開幕早々、こともなげに証明してしまう。その過程が、彼の行動と、自身の言葉によって明らかにされる。

結果としての「ヒット」や「記録」よりも、「いかに強い打球を飛ばすか」にこだわり続ける。そのためのイメージ作り、実践。驚異的な集中力と培われた高い技術。本場のスタープレーヤーや目の肥えたファンをも唸らせるスーパープレーの裏には、想像を絶する質と量の練習があった。そして、それを支える、心の強さ。自己管理。合理主義。

求道者のような厳しさを保ちながら、アメリカで最高のエンターテインメントでもある「ベースボール」を理解し、溶け込み、自らも無邪気に楽しむ。その姿は、彼の言動を断片ではなく、連続して追うことで、決して矛盾ではないとわかってくる。……その年、イチローの所属するマリナーズは、彼を原動力として、地区優勝を果たす。

そして、今年。メジャー8年連続200本安打という大記録が、目前に迫っている。

もし北京にイチローあればなどと、今さらボヤくまい。せめて、彼のハートを受け継ぐ者が一人でも現れんことをむしろ、望もう。

セント・メリーのリボン

稲見一良

その日、俺は、とある場末の本屋で、鬱屈した気分でレジに立っていた。

昼を過ぎて、常連のNという男が、いつも通りの不健康そうな浅黒い貌《かたち》でふらりと現れ、いつも通り書棚から何冊かの本を抜き、いつも通り、会計カウンターにドサリと置いた。

普段は客に個人的には声を掛けない主義だった俺がその範を冒して呼びかけたのは、彼が「日本冒険小説協会」会長だったからだ。

「残念でしたね、稲見さんのことは」

Nは、うつむき加減のまま、黄色く濁った眼だけをギョロリと上げて、つぶやいた。

「ああ。悔しいよ。本当に悔しい」

そのまま数秒が流れたような気がしたが、たぶん一瞬の事だっただろう。しかし、大の男が向かい合って、数日前（1994・2・24）に薬石効無く逝った一人の小説家のために心の奥で慟哭したことには、違いなかった。

以上、気取りすぎたけれど、作者の訃報に接した「あの時」を、振り返ってみた。

いなみ・いつら。ハードボイルドタッチで男のメルヘンを描き、大きな期待を寄せられるも、早世。寡作ながら、不世出の作家だ。

不治の病を得てから始まった5年という短い作家活動の中で特徴的なのは、本来の志向であるガン・アクションや野性回帰の物語に加え、武骨ながら真っすぐで優しさを秘めた男たちのエピソードだ。これが心に滲みる。

男の贈りもの、をテーマとしたこの連作には、追われる男、異世界、戦場、駅と、人間の極限や邂逅の不思議を描きつつ、それぞれに胸のすく、心温まる結末が用意されている。

そして掉尾を飾る表題作は、猟犬専門の探偵と犬たち、薄倖の少女をめぐる物語。痛快と感動の配合が絶妙の、好編だ。

初秋

ロバート・B・パーカー／菊池　光訳

ぼくが前回紹介した稲見一良氏の作品を経てハードボ

イルドに手を染め、その中でロバート・B・パーカーを知ったのが、15年前。

アメリカ発、D・ハメット、R・チャンドラーを始祖とするハードボイルドと言えば、名優ハンフリー・ボガートに象徴されるトレンチコート、寡黙かつ気障な台詞のタフ・ガイが浮かぶが、「ボギー」後60余年、アメリカも、変わった。タフ・ガイは影を潜め、神経を病んだりアルコールに依存したり、果てはシロウトの探偵が登場。情けないオトコどもを尻目に、女性探偵の活躍もめざましい。

元ボクサー、警官あがりのマッチョな私立探偵、スペンサーが登場したのは、アメリカのベトナム戦争での挫折と自信喪失に合わせたかのような1973年。以来35年(34作)の長きにわたり、スペンサーは孤塁を守っている。

自他共に認めるタフ・ガイでありながら、軽口を叩き、キッチンに立てば手際よく料理をする。禁煙を実践し、ヘルシー志向であり、文学や哲学を語る。ハードボイルドとしてはいささか規格外の感もあるスペンサー、初期作品では派手な殴り合いや銃撃戦を繰り広げていたが、ここ何作かは、病んだアメリカの暗部に挑む社会派的傾向が強くなっている。

本作は、1980年発表の第7作。不仲の両親の板挟みとなって心を閉ざした孤独な少年との出会いから、彼を精神的身体的に人生のスタート地点に立たせるまでを描く、異色作だ。

探偵稼業からの逸脱を承知の上、無気力な少年と起居を共にし、トレーニングを積み、共同作業で小屋を建てるべく奮闘する、スペンサー。その姿は、現代の失われた父親像を思い起こさせる。謎多き相棒ホークの活躍など、アクションの見どころもたっぷりの、好編だ。

まんが道《みち》

藤子不二雄Ⓐ

今年は、手塚治虫生誕80周年。多岐にわたるジャンル、膨大な量のマンガをのこした「マンガの神様」の生涯がわずか60年だった事実には折につけ感嘆するばかりだけれど、その活躍に触発されてマンガの世界に飛び込んだ若い才能の多いことも、また驚きだ。

さらに、その影響を受けて、数多くのマンガ家が輩出される。

直接間接を問わず、現在きみたちが夢中になっているマンガにしても、何らかの形で手塚治虫の影響を受けていると言っていい。

おなじみ、藤子不二雄（藤本弘＋安孫子素雄の合同ペンネーム）の二人も、手塚マンガ最初期の読者として衝撃を受けたクチだ。

のちに手塚に負けず劣らずの活躍で国民的マンガ家となった「藤子不二雄」。今週は、かれらの少年時代からマンガ家デビュー、若き売れっ子となるまでを描いた自伝的青春マンガを紹介しよう。１９７０年に第一部が発表され、今なお続編が描き継がれている大作だ。

小学5年生の二人がふとしたことからめぐりあい意気投合したのは、第二次大戦が終結した翌月のこと。北陸の小都市が、第一部「あすなろ編」の舞台となる。

内気な満賀道雄と、社交的な才野茂。対照的な性格の二人を結びつけたのは、「マンガを描くこと」への情熱だ。

苦心の末、完成させた手作りの「肉筆回覧誌」は、仲間内で回し読みする、今でいう同人誌。手塚治虫の出世作「新宝島」との運命の出合い。腕試しと称しての新聞雑誌への投稿。そしてマンガの魅力に取りつかれた二人は、将来、共にマンガ家になろうと誓うのだった。

明快な目標と、しなやかな感受性。一心不乱にマンガ「道《どう》」を追い求めるかれらの姿は、さわやかな感動と共に、時を経た今もマンガ家を目指す若者を生み続けている。

奇跡のリンゴ
「絶対不可能」を覆した農家木村秋則の記録

石川拓治

一昨年テレビで放映され大きな反響を呼んだドキュメントに大幅な取材を加え、再構成したもの。残念、テレビの方は見逃した。

恥ずかしながら、本書で知った。ありふれた果物の印象が強いリンゴだが、かなりデリケートな植物らしい。

放っておけばたちどころに害虫や病気に侵され、その維持のためには、おびただしい手間と農薬の世話にならなければならないという。

30年近く前、その「常識」に疑問を抱いたリンゴ農家の若者がいた。本作の主人公、木村秋則さんだ。

無農薬でリンゴを栽培することは、できないだろうか。

一冊の本との出合いから、人生が変わった。リンゴの「常識」に、疑問を抱いてしまったのだ。

度重なる品種改良や科学技術のおかげで、現在のリンゴは、ある。しかし、それはどこまでが本当なのか？持ち前の探求心から、氏の挑戦が始まる。

農薬は、使わない。

先人の知恵で築かれたリンゴ栽培の鉄則を、氏は、捨てた。襲いくる害虫、猛威を振るう疫病。生育のリズムを失った八百本のリンゴの木は季節外れの花を狂い咲かせ、実をつけるどころかすべての葉を落とし、沈黙してしまう。

読みつつ、戦慄した。地獄絵図だ。

以来、苦闘は8年間に及ぶ。地域から孤立し、財産を失い、家族を犠牲にした。それでも粘り強く、リンゴと向き合った。

万策尽きた氏に光明がさしたのは、自ら死を選ぼうとした時というから、これは奇跡としか言いようがない。以下、ぜひ一読を。

自然の循環の妙、地上の命あるものの、あるべき姿。身近なモチーフから、大きなテーマを考えさせられる。

農業にとどまらず、現代を生きる上での指針ともなりうる一冊。

「一冊の本＝『わら一本の革命』（春秋社）」と併せて、どうぞ。

おひとり様物語 story of herself

谷川史子

秋から冬にかけて、書評誌から「今年を回顧して」というお仕事をいただくことがある。

今年のマンガを振り返って、という企画の中で、2008年は谷川史子イヤーだ、と書いたら、遠く東京の本店に勤める「業界を代表するマンガ読みの一人」であるT女史が、社内の月報でおんなじことを書いていて、「やたっ！」と思った。

少女マンガ。正直、そんなに量を読んでいるわけでは、ない。高野文子や大島弓子は実際好きだし、ふた昔前の「花ゆめ」、ちょっとくだって今はなき「ヤングユー」あたりまでなら、なんとかなったんだけど。

このところの少女マンガは、どうも「文法」が違ってしまっていて、オジサンにはちとキビシイ（これが商売でなかったら、ムリして読むこともないんだが）。……などと思いがちだが、一方では、それまで各誌に専属という形で囲い込まれていたかつての少女マンガ家たちが、その枠を破って活躍を始めている。

谷川史子と言えば、かつて「りぼん」で活躍していた乙女チック路線代表格の作家。

それが今年、青年誌を含む三つの出版社から矢継ぎ早に四冊の単行本を発表したから、さすがに目立った。

今週の紹介は、大学生～三十路ＯＬの「おひとり様」を中心に編まれた、八つの物語。

画《え》が、いい。持ち味の愛らしさをキチンと表現しつつ、オジサンを少女マンガから遠ざける要因である（オンナノコにしかワカラナイ）お約束が、ない。ああ、そっか、そうだよな、と感情移入が、できるんだ。

効果的に配される、モノローグ。悩みがあり、自問があり、成長がある。

だから、たとえ「おひとり様」でも、実らぬ恋でも。結末にはどれも「明日」が予感されて、清々しい。

元気の補給に、お薦めの一冊。

2009年

幕末・南部藩大一揆 白赤だすき 小○の旗風

後藤竜二

江戸期270年を通じて最も多く「一揆」が発生したのは、岩手県を含む旧南部藩領なんだそうだ。

その数、記録にあるだけで133回。第2位は隣国秋田で87回というから、2年に1回という南部での発生率は、尋常ではない。

中でも特筆されるのが、弘化4(1847)年と嘉永6(1853)年に三閉伊(野田、宮古、大槌地方)で発生した「南部三閉伊一揆」だ。

特に後者は地域住民6万人のうち1万6千人が参加したと伝わる大規模なもので、三陸沿岸を縦断し、藩境を越えて仙台に達した。

重税の撤廃など藩政の改革を訴えたこの一揆の結末は、史上類を見ない。農民の嘆願は聞き入れられ、藩の責任者は処罰、ついには藩主の交代までが幕府によって断行されるのだ。

その「嘉永一揆」に焦点を当てた本書は、32年前に児童向け読み物として刊行され、久しく絶版となっていたもの。このたびの復刊は、現代にのしかかる閉塞感を打ち破りたいという気運のひとつの形なんだろうか。

功名心から故郷(田野畑七滝村)を捨てたものの、盛岡での政争に巻き込まれ傷心の帰郷をした青年・万吉を中心に、物語は進む。

たどり着いた故郷は飢饉と悪政で荒れ果て、人の心も離れ離れになっていた。容赦なく追い打ちをかける、藩からの唯一の政策＝収奪。

　このまま、故郷ぐるみ死に絶えるしかないのか。一度は心を閉ざした万吉だが、疲弊したかに見えた農民や漁民のまなざしの奥に、したたかに燃える炎を感じ、再び立ち上がることになる。

　やがて、虐げられた民衆の怒りは大地を揺るがし、小○（コマル）の旗を押し立てて怒濤の前進が始まった。

　伝奇小説的醍醐味も味わえるが、ここは郷土の物語として、若いみんなにお薦めしたい。

ルポ　生活再建

横幕智裕

　3学期が、始まった。

もうひと頑張りの人。これからが正念場、気を抜けない人。余裕のヨッちゃんを決め込んだ人。……3年生諸君、春は、そこまで来ている。

　春。親元を離れる人、社会人の仲間入りをする人もあるだろう。形は違っても、世の中、に触れる機会が増えることは間違いない。そして現実は、誰彼なく容赦なく、厳しさを浴びせてくるだろう。

　「生活」というものを自力で営もうとするとき、絶対に付いて回る問題がある。お金、だ。

　アルバイトをする。就職をする。一定の条件さえ満たせば、労働の報酬として、君たちはお金を得る。本書に登場する盛岡市消費生活センター職員吉田さんは、高校生に問うた。生活、まずかかるお金で一番重要なのは？

　「携帯代」……？

　家賃、光熱費、食費。世の中にモノが溢れ、何不自由ない生活を僕たちは送っているように見える。でも、それはすべて、お金の有無に左右される。金銭感覚を身につけ、上手な使い方を心掛けなければ、一日たりとも「生活」はできない。

　そして、ふとしたことからお金をめぐるトラブルに巻き込まれてしまう人がいる。特別に浪費をしたわけではない。ちょっとした歯車の狂いから、気が付けば借金に借金を重ねている。「多重債務」だ。

本書は、多重債務に苦しむ人々のいくつかのケースに取材し、それを解決すべく奮闘する市の職員の姿を追う、ルポルタージュだ。

読むほどに、お金が支配する社会の陥穽が、僕たちの足元に暗い口を開けている様子が浮き上がってくる。誰もが当事者となる可能性を孕んでいる事実に気付くはずだ。

全国でも特筆に値するという、盛岡市の取り組みもつぶさに紹介される。市民の生活を守る職員の思いが、伝わってくる。

劇画漂流

辰巳ヨシヒロ

今では想像もつかないことだが、昭和30年代、「貸本」という文化があった。終戦直後の物資不足は「紙」も例外ではなく、「本」は高価で、簡単に買うようなものではなかった、という。

そんな中、専属の作家を抱えて作品を量産し、期間を決めて読者に貸し出す、という商売があったのだ。現代のレンタル、とは、少し様子が違っていた。「貸本屋でしか読めない」作家、作品が数多くあったらしい。

中でも、マンガは、一大ジャンルとして成長をとげた。初期の手塚治虫も活躍の場を貸本に求めていた時期がある。白土三平、水木しげる、さいとう・たかを、楳図かずおなど、数多くのマンガ家が、貸本から巣立っていった。……舞台は、大阪。

以前「まんが道」で紹介した藤子不二雄は、手塚治虫に憧れてマンガ家を目指した。本作の主人公勝見ヒロシ（作者の分身）も、同様にマンガの一歩を踏み出した一人だ。

出版という産業が、個人経営の小出版社や街場の印刷所に支えられていた時代。描き溜めた作品を抱え、戦後復興期の大阪、場末の印刷所を歩き回るヒロシ少年。そして行き当たったのは、古い貸しビルの一室。

この（見るからにウサンクサイ）「日の丸文庫」が、やがて数々の作家を輩出し、一方で主流を占めていた手塚系マンガとは一線を画した作品群発祥の地となる。そしてその中心に、ヒロシがいた。

手塚への憧れから始まった彼のマンガ人生は、新しい表現、次なる手法を模索することで、やがて新しいジャンルを提唱するに至る。「劇画」の誕生だ。

その後の若者たちの離合集散、希望、野望、そして挫折。……マンガに懸けた青春群像を軸に、戦後マンガの成立史のヒトコマも描く、読み応え十分の大河作品だ。

モーターサイクル・ダイアリーズ
エルネスト・チェ・ゲバラ／棚橋加奈江訳

ゲバラが、人気だ。

古着屋の店先に吊されたTシャツの絵柄としてお馴染みの軍服、ベレー帽のヒゲ面。

エルネスト・ラファエル・ゲバラ・デ・ラ・セルナ。通称、チェ・ゲバラ。１９２８～67年。革命家。

１９５９年の「キューバ革命」成功の立役者として名を馳せた後もゲリラの指導者として転戦し、ついには非業の死を遂げた。その激越な生涯は、文字通り「カリスマ」として、語り継がれている。

そのゲバラが、今、人気だという。

今年公開された映画が好評ということもある。が、それだけではないようだ。それをきっかけに、何冊か出版されている自著や伝記が、主義主張を超えて多くの人に読まれているのだ。

本書は、ゲバラ若き日に敢行された南米大陸1万2千キロ、縦断の記録。彼自身によるこの日記も、5年前に映画化、話題となった。

一台の中古バイクにまたがって、旅は始まる。アルゼンチンの裕福な家庭に育った医学生エルネスト、23歳。友人アルベルトと連れ立っての冒険旅行の動機は、「現実からの逃避」。

行き当たりばったりは若さの特権とはいえ、二人は度重なるクラッシュとハラペコに見舞われる。題名に反して愛車「ポデローサ二号」は行程の前半でスクラップになってしまい、大半はヒッチハイクの貧乏旅行だ。

口八丁で一夜の宿を得る。時には「偉い医学者」として歓待され、時には夜逃げ同然で次の朝を迎える。暑さ、寒さ、持病の喘息。袖擦り合うたくさんの人々。好意。悪意。富裕と貧困。それでも陽気に、楽天的に、若者たちの旅は続く。そしてその旅で得たものが、後の革命家を育むことになる。

困難や苦しみが、若者を旅に誘う。そして、それが成長の糧となる。若さって、素晴らしいと思う。

信長の棺

加藤　廣

このところの「戦国ブーム」は、女性人気によるもののようだ。

居並ぶ個性派、豊富な「使える」エピソード、テレビドラマまで便乗してイケメン俳優をキャスティング。……願わくは表層的な興味を超えて、歴史を、世界を、人生を見つめる目を何人かでも養ってほしいものだ。

さて日本史上のミステリー数ある中、「本能寺の変」が上位にランクインすることに異を唱える方は、まずないと思う。

天正10(1582)年6月2日、天下統一を目前に控えた織田信長が、その家臣明智光秀の謀反によって京都本能寺の宿舎を焼き討ちされ、落命した事件。

信長という人物ほど英雄、悪魔と毀誉褒貶の激しい人物は珍しいが、戦国ファンの多くは「惜しい、あと一歩のところで」と思っているのではないだろうか。

信長の側近、太田牛一視点で、物語は展開する。派手な合戦シーンもお馴染みの武将たちもあまり登場しないが、読み応えは十分。

亡き主君への思いと、探究心。丹念に史料を漁り、拾い集めた情報を基に、推理する。その手法は、まさに歴史ミステリーの王道だ。

光秀謀反の真意は。信長の後継者となった天下人・秀吉の思惑は。そして、本能寺の焼け跡からついに発見されなかった信長の亡骸の行方。やがて浮かび上がったのは、恐るべき陰謀だった……。

太田牛一、史料を集め事細かに記録をする、武人としては珍しい資質の持ち主だったらしい。その労作「信長公記」は、時代も江戸となった最晩年にまとめ上げたという。本作がデビュー作となった著者・加藤氏(75歳)と重なるものがある。

著者はこの後、「秀吉の枷」「明智左馬助の恋」を続けて発表し、この事件を多角的に描いている。興味のある方は、続けてどうぞ。

スポーツマン金太郎

寺田ヒロオ

寺田ヒロオというマンガ家の、名前と作品の両方を知っている人は、かなりのマンガ通と言えるだろう。

若き日の手塚治虫が起居し、日本マンガの聖地と言われた東京・トキワ荘。そこに次々と転がり込んでくるマンガ家のタマゴたちの面倒を見たのは、寺田だった。

藤子不二雄や石ノ森章太郎らの作品や証言では、寺田は人望のある兄貴分として描かれている(かつて映画「トキワ荘の青春」ではアカデミー賞俳優・本木雅弘が主人公として演じた)。しかし、一時は人気マンガ家として第一線で活躍していた彼の作品はすべてが絶版となっていて、現代の読者の眼に触れることはなかった。

寺田の作品は、なぜ「読み継がれて」来なかったのか。その理由は、うわべの流行や刺激的な表現にとらわれた作品がもてはやされ「健全なこどもマンガ」が追いやられていく風潮を憂い、抗議し、ついには筆を折ってしまった彼の行動と無縁ではない。寺田ヒロオの名は、いつしか幻のマンガ家の代名詞となった。

そんな寺田の作品の、復刻が始まったのだ。

本作は1959年、「少年サンデー」創刊号から連載されたもの。昔話でおなじみ金太郎と桃太郎がプロ野球に入団し、活躍する物語。連載は5年に及び、寺田の代表作となった。

当時少年たちの憧れの的だったプロ野球選手が、続々と実名で登場。ほのぼのしたストーリーと牧歌的な描写は、「やけにリアル」「ムダに熱血」「やたらギャグ」に慣れてしまった読者には、物足りなく映るかもしれない。

でも、これこそが寺田の守りたかったものではないだろうか。そして最終章で「メジャー」に臨む展開は、そのまま現代に通じる夢と希望でもある。

寺田の追い求めた真理は、生き続けているのだ。

史実を歩く

吉村　昭

確かに辞書をひけば歴史上の事実、という意味ではあるけれど、史実、という詞《ことば》には、単なる「事実」を超えた重みを感じさせる何かがある。

歴史とは、あまたのひとびとがかかわり合い、長い時間をかけて熟成させた、「現在」に対する存在証明のようなものだ。それを形づくる一つずつの要素が、史実、と呼ばれるものではないかと思う。

作家・吉村昭氏(1927〜2006年)は、出自こそ芥川賞の候補に四度も推されるほどの純文学志向だったが、やがて幕末から現代を中心に題材を選び、多くの歴史小説を執筆した。

その「史実」へのこだわりは徹底していて、氏の手になる作品群は「記録文学」とも呼ばれる一ジャンルを形成している。

本作は、氏の史実に接する姿勢と文学者としての矜持が、その代表作数編の舞台裏を通して語られる、エッセー集だ。

徹底した調査。取り組む作品の舞台となる土地には必ず通い、現地の図書館で史料を漁る。積み重ねた取材を通じて得た人脈を駆使して市井の研究家を訪ね、体験者があれば根気強く会う。

わずか数行の場面の描写に際して当時の天候が気になれば、複数の史料をあたり、確定する。新事実が発見されれば、発表済みの作品でさえ、改訂の労を惜しまない。たとえ書き進んだ作品でも、得心がいかなければ惜しげもなく火中に投じてしまう。

ひところ量産していた明治期以降の戦記ものを、ある時期を境にぷっつりと手がけなくなった。その理由は、その戦場の体験者が老い、亡くなっていくことで、取材が困難になったからだという。生の証言に重きを置く、氏の姿勢を端的に表すエピソードだ。

史料と史料の隙間を埋める、文学者の眼差し。かくて史実は紡がれ、生きた物語として蘇るのだ。

一握の砂・悲しき玩具

石川啄木

新学期も始まり、ここはひとつ青春広場の読者諸君に、春らしい、気力充溢の一冊をと思って書棚を物色したんだけれど、困ってしまった。「その年ごろ」に読んだとおぼしきものに、そういうタイトルが見当たらないのだ。

自意識。鬱屈。青臭さ。恥ずかしながら、思い起こせば時間だけはあり余っていた三十ン年前、趣味のようにして自分のアラを掘り起こしてはグジグジしていたようだ。

先人の手になるわが友・本は、アラを掘り起こすためのシャベルであり、埋め直すためのコテでもあった。それに気づいたのは、ずっと後のことなんだけれど。

で、啄木である。神童と呼ばれ、齢15にして岩手日報紙上にイラストならぬ短歌を発表していた、100年を隔てたぼくらの大先輩だ。

岩手の生んだ偉人というにはあまりに儚く、貧窮と不遇のうちに早世したこの歌人は、21歳の春に「石もて追はるるごとく」故郷盛岡を出て、流浪の果てに26年の生涯を東京で終える。

小説で身を立てようとしてかなわず、その代償のようにほとばしり出た三十一文字《みそひともじ》がまとめられ、第一歌集「一握の砂」として陽の目を見たのが、24歳の時。第二歌集「悲しき玩具」が出版されたのは、翌々年、死後のことだ。

恋を歌い、孤独を憂い、過ぎた日を思い、故郷を懐かしむ。章題「我を愛する歌」に象徴される、自意識とセンチメンタリズム。他人に託した家族をそのままに、罪の意識にさいなまれつつも返すあてのない借金を重ね、繰り返す放蕩。

かなしきは／飽くなき利己の一念を／持てあましたる男にありけり

それでも、不思議な明朗さをたたえ、啄木は、愛された。

巻末に終生彼を支援し続けた同郷・金田一京助の解説のある、新潮文庫版をおすすめ。

大きな木のような人

いせひでこ

新緑。木々が芽吹いて、ささくれていた街の表情が丸くなり、ひと雨ごと、空気に艶が出てくる。植物の持つ力、植物を通して伝わってくる大地の意志を感じる季節。

絵本作家・いせひでこさんは、前作『ルリユールおじさん』（２００６年、理論社）で、花の都・パリの街なかに根差した樹齢４００年のアカシアの古木に、老職人の人生を重ねて描いた。この作品は静かな、力強い感動をもって人々の心を打ち、高い評価を受けた。

アカシアの古木は、パリにもう一本、植物園にあった。いせさんは日参するうちに多くの植物と出合い、新たな物語の着想を得る。

伝統あるパリ植物園に勤務する植物学者（「わたし」）と、ひとりの日本人少女との交流を縦糸として、新作は紡がれた（前作の主人公も登場して、時間の厚みを演出する）。

少女は植物園に毎日のように現れて、小さな問題を起こしては、スタッフの手を焼かせる。叱られても懲りずに園内くまなく出没する彼女の小脇には、いつもスケッチブックが抱えられていた。

――人はみな心の中に、一本の木をもっている。

はじめは頑なだった少女も、物言わぬ植物を相手に三十数年を過ごした「わたし」の問いかけに、徐々に心を開いてゆく。内に優しさを秘めながらも、表現すべき手段を知らなかったのだ。

ある日「わたし」は、少女にひまわりの種を託す。期待と不安に揺れながら、丹精込めて見守る少女。そして、エメラルド色の芽が顔を出したとき、彼女は、植物園の一員《なかま》になっていた……。

季節はめぐり、やがて切ない別れが訪れる。でも、「わたし」には確信があった。

――秋は春のはじまりなんだ。

すべては、大地の循環のもとに。

色鮮やかなラストシーンが、感動を誘う。

劒岳〈点の記〉

新田次郎

三角点。山歩きをする人なら、頂上で見かけることもあるだろう。一辺十数センチ四方、花こう岩製の埋設物だ。地図の作製のため全国を大小の三角形で結ぶ「三角測量」の基となるものだ。

明治期、近代国家としての整備を急いだ日本は、軍の管轄下、全国の測量に着々と取り組んでいたが、中には人跡未踏とされた地もあった。

越中、劒岳。峻険、言語を絶すると言われた標高2999メートル。

現代ですら「もっとも危険な山」と呼ばれる劒岳は、当時は宗教上の理由もあって頂上を極めようとする者は絶無だったが、国家の威信は地図上の空白を許さない。1906（明治39）年、「初登頂」の命はくだった。

多くの山岳小説を手がけた作家、新田次郎は、当時の測量官、柴崎芳太郎の記録を基に、劒岳に挑んだ男たちの姿を描いた。「点の記」とは、三角点の測量・設置に際しての記録のこと。

地形図を片手に、読み進んだ。5万分の1「立山」、柴崎らの尊い成果だ。

劒岳山頂を中心に円を描いてみれば「ほんの」半径数キロ内の物語だが、文字通り「過酷」の連続だ。厳寒、雪崩、眼前に立ちはだかる絶壁。生命の危険に身をさらしながら道なき道をゆく踏査は、100年を隔てて地図や写真を前にビビッているぼくなどには、実感することは難しいだろう。

後年名ガイドとうたわれた実直・寡黙な山の男、長次郎を先導に、職人肌、粛々と劒岳に挑む柴崎の闘いは、時には絶望に打ちひしがれながらも前進をあきらめない熱さと、大自然と対面する人間のすがすがしさに満ちている。「仕事」かくあれかし、とひざを打つ思いに、何度か見舞われた。

前代未聞の現地ロケで構成した映画の、公開が控えている。まずは原作を堪能して、臨みたいところだ。

畜犬談（新潮文庫『きりぎりす』より）

太宰　治

ダザイを読む時、その生涯と照らし合わせながらという人が多いのではないだろうか。

年譜と首っ引きで、というわけではなく、大ざっぱに3期に分けられるその作家活動を意識せざるを得ない、て感じかな。

文学や思想活動の挫折、薬物、自殺未遂と退廃を極めた前期。再起、結婚を期に、戦争を背景としながらも安定感を見せた中期。そして大作を手がけつつ、それに合わせるように再び荒んでいき、自死によって幕引きとなる、後期。これほど、その作品が「いつ書かれたか」が判りやすい小説家もいないんじゃないか。

観念的、独善に満ちた前期、文学史に残る作品を擁しながら賛否両論ある後期に較べ、ユーモアやペーソスをたたえ、万人の鑑賞に堪えうる作品を量産した中期作品には、実は隠れファンが多い。

今週お薦めするのは、そんな中期の短編集。「初期」の精算の試みや「後期」を予感させる作品も収録されているが、注目は、ユーモア短編「畜犬談」。

冒頭から、犬が苦手な「私」のモノローグ。一方的な嫌悪からの犬への偏見、罵倒、そして見当違いの防衛策に、まず笑わされる。

相当の知性を持ち、いいオトナでもある大の男が、大まじめで道ゆく無邪気な犬を恐怖し、勘ぐり、自己の正当性をくどくどと主張する。

「笑いを取る」には自分が笑っていてはいけない、という鉄則を地でいく展開。初期の作風を知っていれば、そのギャップにおかしさも倍増だ。

そして「私」は、よりによって1匹の子犬になつかれてしまう。珍妙な共同生活を強いられながら一刻も早くと事態の打開をもくろむ「私」に、現実は思うように運ばない。そんな矢先、思わぬ展開が！

「ダザイ？　ああ、『人間失格』のクラいやつね」

そんな方は、ぜひ。

三人噺　志ん生・馬生・志ん朝

美濃部美津子

表紙の写真は、左から十代目金原亭馬生、五代目古今亭志ん生、三代目古今亭志ん朝。

噺家一家である。

父・志ん生は、没後36年を経てなお圧倒的一番人気、奔放、無軌道、伝説の噺家。長男・馬生は、若いころから苦労を重ね、父とは正反対の堅実、通好みの芸風。そして次男、志ん朝は、天性の明るさ華やかさで正統派古典落語を自在に演じ、3人ともに「名人」と呼ばれた。

この親子を、陰で支えたひとがいる。志ん生こと美濃部孝蔵の長女、美津子さん（1924〜）。本作は、彼女の語りおろしによる名人一家のありのまま。

落語ファンにはおなじみの、志ん生一家の貧乏エピソード。

格安家賃ながら体長10センチからのナメクジが群をなしてはいずり回る「なめくじ長屋」。着の身着のまま、空腹を抱えて内職に明け暮れ、揚げ句の果て、戦火に、追われる。

家庭を顧みないと言うより、落語以外は何もできない大黒柱・志ん生。一家を預かって奮闘したのは、志ん生夫人・おりんさんと、小学生のころから幼い弟妹の世話を引き受けた美津子さんだ。

歯切れのよい下町ことばが、リズムを刻む。もしも現代のぼくらなら耐えられないであろうヒサンな出来事でも、からりと描き出してしまう。

文中、貧乏に鍛えられた、と紹介されてはいるが、印象深いのは、家族の絆の強さ。悲喜こもごも、肩寄せ合って生きた「昭和の家族」の姿が、そこにはある。

無念があったとすれば、天寿を全うした志ん生に対し、馬生も、志ん朝も、噺家として円熟期を迎え、これからという時に逝ってしまったことだ。

美津子さんは、その家族すべてを、見送ることになる。寂しいに、決まっている。

けれど、読後、ぼくらの頬を撫でてそよぐ風は、爽やかなのだ。

秘密の本棚　漫画と、漫画の周辺

いしかわじゅん

いしかわ氏、かつて「ニューウエーブ」の一翼を担った、マンガ家である。テレビ番組「BSマンガ夜話」のレギュラーで、歯に衣着せぬコメントの、と言えばお判りだろうか。学生時代からマンガを描き、70年代にプロデビューしているから、大ベテランなのだ。

氏は膨大な量のマンガ（当然、表紙の写真はごく一部だろう）に接し、これまでにも多くのマンガ評を手がけて好評を博してきた。本作は、「漫画の時間」「漫画ノート」に続く3冊目。

氏の批評をして辛辣、と見る向きもあるが、ぼくは、マンガへの真摯な姿勢の一端だと思う。

とにかく、その守備範囲、量、読み込み方、ハンパではないのだ。当然、心に留まった作品が多くを占めるだろう中、むしろベタつかずに評すること、よほどの自制が利かなければただの羅列になってしまうところだ。

さて過去2冊も相当のボリュームだが、今回は「精一杯思いっきり書き放題」とのことで、読み応えも十分。

少年の日に没頭した妹の「りぼん」から、現代の浦沢直樹まで。遠い日のマンガ体験と、それを生みだした作家たちや、自らが立ち会ってきたこの35年のマンガ・シーンについて。読者、作家、当事者、目撃者と、自在の視点で語っている点、単なる作品論集ではない。

読み進みつつ歯がみするとすれば、文中登場しながら現在入手できない作品(作家)の、多さだ。時代の趨勢で消えゆくこと、ある程度はマンガの宿命かもしれない。それにしてもマンガ史を彩る名作、怪作がこれほど欠けていようとは。

つまり本作は、氏の「本棚」を通過した幾多のマンガたちとその作り手、それを生んだ時代へのオマージュでもあるのだ。読後のほの温かさは、そういうことなのだろう。

羆撃ち

久保俊治

くまうち、と読む。

文字通りヒグマを撃つ、ハンターを意味する。

著者は、北海道の人。少年のころから「日曜狩猟家」だった父親に付き従って、自然に親しんだ。

代々狩りを生業とする「マタギ」とは違い、趣味として山を歩いた父親。その薫陶を受け、腰にはナタを提げ、手製のパチンコを握って、少年は野山を駆けめぐった。そしてウサギやシカ、カモなどの狩りを手伝ううち、「これで暮らしを立ててみたい」と思うようになる。

シューカツ、どころではない。成人式代わりに猟銃の所持許可証を取得した彼は、大学卒業を待たず、単身、雪深い山中に入ってしまうのだ。狙うのは、ヒグマ。

巨大なものでは300キロだの500キロだの、常人なら対面は御免こうむりたいところだが、彼は、進んで厳しい自然に身を置き、その出現の痕跡を探す。追う。待つ。寒さや孤独、恐怖。強靭な精神というよりは、気持ちの置き所が常人並みでは、耐えられるものではない。

「運良く」遭遇すれば、沈着冷静に狙いを定め、銃の引き金を落とす。……この間の描写、当事者でなければ伝えることはできない。簡潔な、乾いた文体が、淡々と読ませる。

一弾、で事を終わらせるのは、相手を苦しませずに済ませるため。

間をおかず、心臓や肝臓を取り出し、味わう。皮をはぎ、肉を取り分け、売る。それが、彼の暮らしなのだ(当時の年収は数十万円という)。そして欠かさないのは、命のやりとりを通して仕留めた相手に対する、尊敬といたわりの気持ちだ。

相棒として登場する愛犬「フチ」を、忘れてはならない。賢く勇敢な、やがてかなしい彼女のエピソードが、華を添える。

巻末、著者の悔恨が告白されている。読者は、どう読むだろうか。

オバケのQ太郎①

藤子・F・不二雄/藤子不二雄Ⓐ

「オバQ」が、復活した。実にめでたい。

20年ぶりの復刊なんである。

「藤子不二雄」(藤本弘+安孫子素雄)名義で発表され、3度のアニメ化、大ヒットしたオバQは、もともとはマンガの聖地とも呼ばれる「トキワ荘」出身のマンガ家たちが設立したアニメ制作会社「スタジオ・ゼロ」が、資金稼ぎのために「少年サンデー」に持ち込んだ企画なんだそうだ。

そのため、しばらくはスタジオ・ゼロのメンバーで作画が分担されている。Q太郎は藤本、相棒の正《しょう》ちゃんを安孫子、脇役たちを石森(石ノ森)章太郎とつのだじろう、背景が赤塚不二夫といった布陣で、これはもう、超豪華メンバー。

「平凡な一家と、居候の奇妙なキャラクターが巻き起こすドタバタ」という設定は、「ドラえもん」を始めとする藤子作品にとどまらず、その後のマンガ、アニメの基本形の一つとなった。

連載開始は、日本中が東京オリンピックに沸く1964年。初登場時のQ太郎は、後にトレードマークにもなった「毛が3本」どころかフサフサと髪をなびかせ、おなかの突き出たブカッコウ。人気もいまひとつふるわず、9回で打ち切りとなってしまう。

それが、「ボクたちがQ太郎を忘れたころ、〈略〉〈どうしてオバQをやめたのか！　またはじめてください〉という、読者のハガキ」（巻末収録、藤子・F・不二雄の回想より）で再開することになったというから、不思議なもの。やがて、あれよあれよという間にQ太郎は国民的人気者＝この当時「オトナも知ってる」のはスゴイこと＝に育ってゆく。

そんなオバQが、なぜ長く絶版状態だったのか？　著作権、表現の問題など憶測は諸説あるけれど、今はとにかく、Qちゃんとの再開をよろこびたい。

決定版　日本のいちばん長い日

半藤一利

第二次世界大戦が日本の無条件降伏で終わったのが、64年前の1945年8月。

15日が「終戦記念日」として刻まれているけれど、この日は「国民に戦争終結が告知された日」に過ぎない。

連合国から示された降伏勧告「ポツダム宣言」の受諾を決定、通知したのは、その前日、14日。さらに、正式に「戦争状態が終結」したのは翌9月2日であることは、高校の教科書にある通り。

しかし、国民にとって、ともかくも戦火から解放された「その日」が15日であることは、動かない。

本書は、14日昼の終戦決定から、15日正午の玉音放送までの24時間を一時間ごとに迫った、ドキュメントだ。

「大日本帝国」終焉の日。その功罪はともかく、ひとつの国家の体制に幕が引かれる。その沈痛の作業にあたった為政者の動静や、敗北を認めようとしない一部の軍人の暴発の過程が、綿密な調査で浮き彫りにされる。

国が滅びようかという非常のとき、人間はなにを思い、どう行動するのか。「国家への思い」が、まったく別方向へのエネルギーとなって過熱し、ほとばしる。絶望の中に光明を模索するか、狂気に身を任せ、がむしゃらに駆けだすか。照りつける太陽の下、汗みどろになって繰り広げられる男たちの右往左往は、緊迫の中にどこか滑稽感さえ漂わせる。

「国体」「承詔必謹」等々、現代では辞書をひくほかない詞《ことば》が並び、なにより当時の日本人の精神構造は、現代のきみたちには理解の糸口さえ見えないかもしれない。

しかし、日本の命運は、事実、かれらの掌《てのひら》に委ねられていたのだ。

極限状態に追い込まれたこの個性派ぞろいの集団劇は、1967年にオールスターキャストで映画化されている。こちらも必見の大作だ。

コーヒーもう一杯

山川直人

コツコツと描き続けられたオムニバス漫画が、さきごろ完結した。

コーヒーをモチーフに、市井の若者や元・若者、たまにネコなんかも主人公に据えた短編の数々。1962年生まれの作者の、その作風には「四畳半フォーク（70年代に流行った、若く貧しい恋人たちの純情と挫折を歌い込んだフォークソング。『神田川』『赤ちょうちん』など）」の残映を感じる（ただしシリーズタイトルは、神様・ボブ・ディランの曲名より）。

フンイキ的にはあの「三丁目の夕日」に通じるものもあるけれど、本作の舞台は下町や住宅地ではない。どちらかと言えば都会型、時代も10年からのズレがある。

モチーフたるコーヒーではあるが、決してウンチクは語られない。ただ、登場人物のコーヒーへの接し方が慈しみに満ちていて、ああ、この人（作者）は本当にコーヒーが好きなんだなぁ、と思わせられる。作者にとって、それは単なる嗜好品ではなく、共に過ごす時間こみ、人生の大切なひとコマなのだ。

そして、多くの挿話の舞台となる、喫茶店の存在。

昨今では安い速い、で統一されてしまった「スタンド」ばかりだが、ここに登場する喫茶店には、人々が集い、ドラマが生まれる素地がある。地味で職人かたぎのマスターともども、欠かせないセッティングだ。

全60話、ハッピーエンドもないことはないけれど、ほとんどが別れや思い出や切なさに満ちている。でも、主人公たちは、不満を露わにしたり、怒ったりはしない。

淡々と現実を受け入れ、地道に生きてゆく。視線は、健気にも前を向いているのだ。読者は、それ、ファイト！　と鼓舞される訳ではないが、明日へ向かう何かを受け取ることができる。

不思議な力をたたえた作品なのだ。

宮澤賢治　あるサラリーマンの生と死

佐藤竜一

宮澤賢治。詩を紡ぎ、物語を織り、純粋な生を貫いたひと。それゆえの苦悩、そして夭折。

生前ほとんど無名だった人物について、ここまでさまざまな研究、考察がなされている例は、珍しいのではないだろうか。

文学、科学、思想、宗教など、その行跡の多彩さもさることながら、さまざまな形で伝えられる人物像が、時を超えて世人の感興をそそるのだろう。

今週の一冊は、年俸６００円（現物支給）、営業マンとして奔走した賢治最晩年の知られざる姿を掘り起こしたもの。遺された膨大な数の書簡から、賢治の「心象」や行動を検証する。

学生時代のエピソードや進路についての悩み、交友。まずは若者・賢治の輪郭をなぞりつつ、章立てが進んでゆく。
つきまとう健康の不安、質屋という家業への嫌悪と、東京への憧憬。農学校教師として天職を得たかに見えるもつかの間、安定を捨て、ユートピア建設（羅須地人協会）へと身を投じる……。

多様な文体、調子、楽観と悲観、気負い。親兄弟や恩師、友人に充てて書かれた手紙を通読することで浮かび上がる、等身大の人間・賢治の姿。

賢治が東北砕石工場を知り、土壌改良という新たな目標を見いだすのは1931年、35歳のこと。嘱託として、万全ではない身体に鞭打ち、憑かれたように県内外を歩く。

かつて童話や詩の原稿で膨れたトランクには、セールス見本の化粧レンガが詰め込まれた。これを抱えて上京した賢治は、体力ついに尽き、異郷に倒れることになる。

理想と現実のはざまをさまよい続けた賢治の行動は、「ここではないどこか」を探し続ける旅だったようにも見えてくる。そしてその旅の果てに見たものは、「蜃気楼」（死の十日前の手紙より）に過ぎなかったのか。それとも。

それでも、日本人は「戦争」を選んだ

加藤陽子

この夏の出版以来、ハイペースで増刷されている本。年配の方の指名買いが多い。

普通のよき日本人が、世界最高の頭脳たちが、「もう戦争しかない」と思ったのはなぜか？

そんな惹句に、慰めを求めるのか。逆に、世紀の愚行として、そのメカニズムを探究せんとするのか。本書を手に取る動機も、さまざまだろう。タイトル「戦争」の2文字を今次（第2次）大戦ととらえ、何らかの形で当事者だったという思いを持たれている方も、少なくないかもしれない。

本書は、歴史学者である著者が、中・高校生に向けて5日間に渡っておこなった講義を記録したもの。

日清戦争。日露戦争。第一次世界大戦。満州事変と日中戦争。そして、太平洋戦争。日本人は明治から昭和前期にかけ、50年の間に五つの戦争を経験している。この「戦争の世紀」の経過や時代背景、国際情勢を解読しながら、講義は進められた。

参加した中高生17人、歴史研究部員だけあって、なかなかにスルドイ。著者からの問いかけに対する反応の豊かさには、読みつつ舌を巻いた。

講義を通して、国家と国家の関係において「戦争」を考える時、これがテレビドラマや映画、小説で一面的に描かれるような単純なものではない、ということが分かってくる。

膨大、広範な史料を駆使して解き明かされる、政治や経済、国同士の利害と思惑。そして、あるいは流され、あるいは決断して歴史を刻んでいった、民衆政治家軍人、「その時」を生きた人間たちの声と姿。

あの戦争は何だったのか、とやみくもに反問する前に、公平に史料を解釈し、的確に理解すること。現在を生き、未来を担う時、若い人々の中に「歴史」がどれだけ豊かに蓄積されているかが決定的に大事だと説く著者の思いに、共感を覚える。

古寺巡礼

和辻哲郎

機会があって、奈良の土を踏んできた。

まほろばの里。

「まほろば」とは、素晴らしい、住み良いことを意味する古語で、行軍の果て、異郷に倒れたヤマトタケルのいまわの際の望郷歌

倭《やまと》は／国のまほろば／たたなづく　青垣／山隠《やまこも》れる／倭しうるはし（古事記）

……で知られている。

滞在わずか4時間、何をする間もなく「まほろば」を体感することはかなわなかった。ただ、青い空をバックに仰いだ伽藍や柔らかい稜線は、北の地で望むそれとは印象を異にしていて、これが数少ない収穫と言えなくもない。

『古寺巡礼』は、著者20代の末年、仲間と連れ立って訪れた奈良の寺々の印象をつづったもの。

新緑の飛鳥の里。数日をかけて名だたる名刹を巡り、そのたたずまいや所蔵されている仏像を鑑賞していく。造形の美についての論評はもとより、往事の人々の思いを推し量り、はるか大陸文化を望んだり、その思索はとどまらない。

後年、哲学者として名を成した著者だが、1200年の時を経て巡り合った宝物の数々を前に、感動もあらわに記したのが、1919年に刊行された「初版」の体裁。

その後、文の調子を抑えて「改訂版」とした（現在読むことができるのは、こちらの方）が、個人的には改訂前の「若さ」に親近感を覚える（巻末、谷川徹三による解説文中で、その一部に触れることができる）。

当時は現代のようなガイドブックなどなく、本書が奈良の寺巡り必携の一冊だったという。

戦時下、出征する兵士たちの中には、生還を期さず、せめて故国を忍ぶよすがに、と本書を求める声もあったそうだ。

冒頭で触れたヤマトタケルの歌が、外地に赴く兵士たちの間で愛唱されたこととオーバーラップする。

ロスト・トレイン

中村　弦

鉄道の発生、普及とほぼ時を重ねて、趣味としてこれを愛好、研究する人々がいる。

国内、数千とも数万とも言われる鉄道マニア。近年、かれらを総称して、「テツ」と呼ぶ。

とにかく乗りまくる「乗りテツ」、撮影専門の「撮りテツ」。「音録《と》りテツ」は、音声蒐集に情熱を注ぐとか。

テツ、の中には、架空の鉄道を敷設して、路線図を引いたり時刻表を作ったり模型化する人もいて、それを行為ぐるみ、架鉄（架空鉄道）、と呼ぶらしい。

今週の一冊は、幻の廃線を訪ねる男女の冒険を描いたファンタジック・ミステリー。……実は、先週刊行されたばかりのこの小説のクライマックスは、岩手の地で展開されるのだ。

以下、あらすじをほどほどに。

東京郊外の廃線跡巡りを趣味としていた主人公・牧村は、ふとしたことから同好の士・平間と出会う。年長ながら篤実な人柄にひかれて語らううち、その生い立ちと鉄道との因縁めいた挿話を聞く牧村。そして、異変は起きた。

「鉄子（女性マニア）」菜月との出会い。人を訪ね歩いて希望に沸き、あるいは無情をかみしめながら、２人の「旅」が始まる。やがてたどり着いたのは、岩手北部の山中に痕跡をとどめる廃線跡と、そこにまつわる事件の残像だった。

実名で登場する「ＩＧＲいわて銀河鉄道」。盛岡駅１番線０７３１発八戸行き、４５２３Ｍ。作者は県内に取材し、疾走する７０００系電車を、窓外を、描写する。これら実景に、作者自らが架けた幻の鉄道「草笛線」が交錯する。

封印された歴史。主人公たちの心の奥底に沈殿するものへ、語りかけられるメッセージ。

現実と幻想の交差する境界地として、岩手の風情は、ファンタジーノベル界期待の新星の感興を大いにそそったようだ。

豆腐屋の四季　ある青春の記録

松下竜一

　ある秋、作者は思い立つ。自分と、結婚まもない若い妻と、老いた父。姉弟や身の回りのこと、そして5年前から作り始めた、短歌。これらを1年かけて編んで、1冊の本にしよう、と。

　ありふれた毎日と、平凡なひとびと。広く読まれることもないだろう。書き続けることさえ、かなわないかもしれない。それでも、生涯ただ一度の青春を書き留めようと、彼は心に決める。

　1967年、九州の小都市で父の代からの豆腐屋を営む作者、30歳。妻、19歳。つつましく、傷つきやすく、けれどかたくなな生。感動の記録が、つづられていく。

　作者の言葉を借りれば、平凡という。けれど、その生い立ちは、かなしくつらい道のりであったことが、読み進むだに明かされていく。

　誕生まもなくの大病。運命づけられた、隻眼の虚弱児としての生涯。休学を乗り越えた高校卒業直前の、最愛の母の急死。進学の断念。4人の弟のための家業を継ぐ決意もむなしく、過酷な労働は、容赦なく彼の身体を蝕む。弟たちは荒み、故郷を棄てていく……。

　それでも、彼には励みがあった。新聞に投稿する短歌が、何度となく入選する。天は、鋭敏な感性と、詩のこころを彼に与えたのだ。

　深夜の孤独な作業に、早暁の配達に、家族のかなしみ、よろこびに。日常の微細な起伏はとらえられ、三十一文字は刻まれていった。

　　真夜独り心おのずと優しくてくどの小蟻ら逃がして点火す

　そして、5年をかけて愛情をはぐくみ迎えた妻の存在は、彼を支え続ける。

我がつくる豆腐も歌も我が愛もつたなかりされど
真剣なり

「人を愛したい」がため、自分の日々を誠実に生きること。後年、地域や弱者のために身命を賭して活動することになる作者の原点が、ここにある。

深夜食堂

安倍夜郎

健全な生活を送る少年少女諸君にはまだ縁のない話だけれど、街には、昼の貌と、夜の貌がある。不景気とはいえ、今宵も盛り場には煌々と灯が点る。

一日のウサ晴らしを夜の街に求める人、かれらをお客に働く人。

ここに、一軒の食堂がある。

開店は0時、閉店は朝の7時（ころ。要するに、テキトー）。のれんには「めしや」の三文字。屋号、なし。

誰とはなしに付いた呼び名は、「深夜食堂」。

壁の品書きには、豚汁定食、ビール、日本酒、焼酎、これだけ。

「あとは勝手に注文してくれりゃあ、できるもんなら作るよ」

とは、店主の言。短髪、細面に口ひげ、向こう傷。一見コワモテ、口を開けば気さく。でも、絶対にワケアリ。

そんな店主のもとに、毎夜毎夜、集うひとびと。皆、「ワケ」があり、「事情」を抱えている。でも、共通しているのは、老若男女ことごとく、純なのだ。

真っ赤なタコウインナー炒め。昨日のカレー。猫まんま。ソース焼きそば。タマゴサンド。らっきょうの甘酢漬け。うなぎのタレ丼。きんぴらごぼう。……

素朴な、そして懐かしい味を求めて、毎夜、メニューにはないオーダーがかかる。そして、事もなげにはいよ、と供される一品。

うまそうなんだ、これが。

そして、それぞれの味には、ドラマがある。親子、恋人、友情、勝負。人生の岐路の過ち、後悔、失った時間。甘さよりはほろ苦い思い出の方が多いし、必ずしも現在が恵まれているというわけでもない。

けれど、店は入れ替わり立ち替わり現れる常連たちで明るく、にぎやか。かなしみを抱えた人ほど、明るく生きることの大切さを知り、優しくなれるのだ。

笑いと涙で、盛り場の夜は更け、そして明けてゆく。このマンガで、温かい年の瀬をどうぞ。

2010年

奇跡の湯　玉川温泉の整体師
余命と向きあう人たちにささげる笑顔の一時間

小川哲男

湯の国、岩手。その気になれば温泉に日参できる環境に暮らしていること、これぜいたくの極みなんである。

さて県境をまたいだ八幡平の秋田側に、知る人ぞ知る「玉川温泉」はある。残念ながら訪ねたことはないので、以下、聞きかじり。

毎分9千リットル(日本一の湧出量とのこと)の湯がこんこんとわき出る温泉場で、冬季は雪上車に送迎を頼るほどの秘境だ。

そしてその名をとどろかせているのは、Ph1・2という強酸性、かつては下流の田畑や生態系にまで影響を及ぼしたという泉質、別名「玉川毒水」。古人はこれを湯治に活用し、その効能が評判を呼んで、全国から湯治客を集めるまでになったとのこと。

本書の著者は、ここに勤務する整体師(平泉在住)。湯治に訪れるのは、物見遊山というよりは、深刻な症状を抱え、治療の一環として長期滞在をする人々だ。余命について宣告された人も、少なくないという。

人々は、少しでも楽に、わずかでも苦痛を和らげようと湯に漬かり、著者の施術に身体を委ねる。

単なる技術の提供だけでなく、病に苦しむ人が生きる力、気力を取り戻すために何ができるかを自問しつつ患者と向き合う著者。つづられるのは、「生」について問う、23のエピソードだ。

患者の力になれることもあれば、逆に叱咤、励まされることもあるという。再会を約して別れ、果たす人。施術の甲斐なく、果たせない人もある。

そんな出会いと別れは、一温泉場のドラマを超えて、この世知辛い世の中を生きるぼくたちが出会う一場面一場面で、欠けているもの、忘れていることを指し示しているかのようだ。ひたむきに生を求めて、初めて気付く感謝、謙虚、思いやり。

そう、これは心の芯をもみほぐし温める、読む温泉なのだ。

ジャングル大帝 漫画少年版
手塚治虫

マンガの神様・手塚治虫(1928〜89年)。この欄でも直接間接を問わず、その名は何度となく挙げてきた。手塚なくして、現在のマンガはあり得ない、と言っていい。

その初期の代表作が「ジャングル大帝」だ。50年から月刊誌「漫画少年」に連載された、全42話。2冊の単行本にまとめられている。

現代の感覚では、マンガは数十巻に及ぶことも珍しくない。しかし、足掛け5年にわたって描かれた本作は、当時としては大長編。そしてその内容、質は、現代の冗長な作品など足元にも及ばないレベルなのだ。

冒険、アクション、科学など、いくつもの切り口。パンジャ、レオ、ルネ、自然と文明のはざまを生きた、獅子の親子3代のドラマ。発表から60年、アニメ化、6度。

これは作品自体の奥行きの深さ、展開の可能性の広さを物語っている。

さて、文庫サイズでの「手塚治虫全集」(全４００巻)刊行が始まり、実は本作も、安価で入手できる。ではなぜ、「漫画少年版」か。

手塚治虫という漫画家は、同一の作品を描き直すことで知られている。とくに本作では、初稿が紛失するという事故もあって、大幅な描き直しと再構成がおこなわれているのだ。

「知っている」つもりの物語が、実は、違っていたらしい。……これは、マニアならずとも気になるところ。それが、当時の単行本からのコピーによる復刻という形で、再現されたのだ。

一読、なるほど、違うのだ。おなじみだったあのシーン、このコマが、微妙に、時には大胆に、手を加えられていることがわかる。そして、大団円に向けての盛り上がりは着実に積み重ねられていくのだ。手塚マンガの奥深さを、思い知るばかりだ。

お年玉のまだ残っている人、ぜひ。

谷は眠っていた　富良野塾の記録

倉本　聰

北海道、富良野。初夏はラベンダーが咲き乱れ、冬はみっしりと雪が積もる、ともかくも自然に恵まれた土地。

この町を一躍有名にしたのは、脚本家・倉本聰氏によるテレビドラマ「北の国から」。東京から、電気も通わぬ谷あいに移り住んだ家族の自然との格闘が、テーマのひとつになっていた。

その格闘を、実践した若者たちがいた。

倉本氏主宰の私塾、富良野塾。

「今日だけを生きている若者がいる」

84年に氏の私財を投じて開かれた脚本家と俳優の養成施設で、塾生は2年間の合宿生活を、富良野で過ごす。

「叱られたことのない若者がいる」

受講料は無料だが、塾生は、まず自活をしなければならない。

「やさしさを誤解した若者がいる」

春から秋は、農作業。この間、1年分の生活費を稼ぐ。講義とレッスンは、夜間、そして冬に集中しておこなわれる。

「目的を持たない若者がいる」

塾生の最初の仕事は、自分たちの住む小屋を建てることだった。建築、農業はおろか、集団生活さえ知らない若い男女、17人。

理想と現実のギャップ、肉体的なつらさ、精神的なキツさ、人間関係、脱落者。若者たちは、文字通り汗と泥と苦悩にまみれた。

「そんな若者の／せめて何人かに／今この俺の／してやれることは何か」

塾草創期の記録である本書には、随所に、倉本氏の警世のメッセージが織り込まれる。いや、まっとうに生きようとすればするほど、世の中の仕組みとは逆へと舵が切られてしまうのだ。

けれど、ドラマを作り、人を感動させるために必要なのは、生きるための厳しさを知ること、そこから生まれた優しさを知ることなのだということが、伝わってくる。今春、25年の時を経て、塾は閉じられる。刻を受け継いだ塾生たちの記念公演が、岩手でも行われる。

日本の放浪芸　オリジナル版

小沢昭一

俳優、小沢昭一（1929〜）。

舞台、映画、ドラマと、幾多の出演歴を持つ、名バイプレーヤー。夕方のラジオで「アシタノココロだーっ」と叫んでいる、あのおじさんだ。

中学のころから演劇を志し、寄席通いにも精を出した。

わが国初の「落研《オチケン》」（早大）創設者のひとりでもある。

その志向が、本書を生んだ。

発端は、氏が全国の大道芸、門付け、演芸の類を、レコードに収めようと思い立ったこと。

大道芸はわかるけど、カドヅケって？

集落の家々を訪ね歩き、祝い事を唱えて回る商売。正月の獅子舞や、漫才の原型として語られる「三河万歳」が代表的。

その他、浪花節、香具師（「寅さん」の口上のアレ）、見世物、琵琶法師、紙芝居、スタスタ坊主、阿呆陀羅経、辻説法、流し……。

各所をさすらい、軒先、門口に佇ち、一芸をもって収入を得る。

日本には、古来、こうした放浪芸が、無数にあったという。すべてが口伝。それぞれが地域に根差し、あるいはきらびやかに、あるいは細々と、時には猥雑に、さらには差別の対象となりながらも、伝承されてきた。

ところが時代は、地域の生活や風習を変えた。こうした伝統芸は、例外なく衰退の一途をたどることになる。

小沢氏は、70年代から、これら放浪芸の伝承者を訪ね歩き、録音し、あるいは即席の弟子入りをし、演技者として、実践を試みた。

その記録が、レコード「日本の放浪芸」シリーズ（現在はCD化されている）として数々の賞を受けることになる。解説書を再構成した本書もまた、いまや貴重な資料となったわけだ。

文化ってなんだろう？　伝統とは？

現代では希薄になった人間本来の「臭み」を、堪能させてくれる一冊。

聞き書き　知られざる東北の技

野添憲治

20人の職人に取材し、その肉声を綴った、今は消えつつある20の仕事。

実は本書については、すでに本紙はじめ県内はもちろん全国紙の書評で紹介がされている。

アットーテキ不利な状況下、なお当欄で取り上げるのは、若い君たちにぜひ手に取ってもらいたい一心からだ。

船大工、菅笠、馬具、海女、川漁師、桶樽、闘牛、石切……、現代の生活では、むしろなじみの薄い製品職業の数々。

どれもが、かつてはそれぞれの地域で重要な産業であり、生活に密着した必需品であり、それを支えた技術だった。それが、効率、均質、安価、大量生産といった経済の論理、時代の要求に押され、流され、消えつつある。

需要がないから。原料が、そろわないから。環境が、変わったから。重労働だから。

職人たちのほとんどが、70代、80代。後継者、なし。消えゆくことも、やむなし。すでに「産業」としての形を、ほとんどのものが成していない。

だから、若い君たちが読んでも試験には出ないし、シューカツにも役立たない。しかし。

これら20の仕事に人生を費やし尽くし、黙々と時を刻んだひとびとの肉声を、聴いてほしい。無数の皺や硬くなった掌《てのひら》に、何かを感じてほしい。昔の人はタイヘンだったとか、エライとか、そんな事ではない。もっと根源の、人が生きるということ、時を重ねることの重みが、本書からは伝わってくるのだ。

ここに登場するじいちゃん、ばあちゃんは、電車の隣に居合わせても気づくことのない、「知られざる」ひとびとだ。転じて、ぼくらの周囲にも無数の人生があり、さらに、ぼくら自身も参加者のひとりなのだということへと、思いは広がる。

巻末、「人間が好き」と記す著者の、フィールドワークへのこだわりに、感銘を受ける。

実に著者自身が、21人目の職人なのだ。

第一阿房列車

内田百閒

百閒内田栄造（1889〜1971年）、夏目漱石門下。別号、百鬼園。

表紙を見るだに、きかん気、「明治」を体現したようなオジサンである。軍や大学で教官を務め、筆を執ってはベストセラーをものし、悠々自適かと思えば赤貧に甘んじる。世評、無愛想、頑固、わがまま。

言ってしまえば、クエナイ人なのだ。

ところが百閒センセイ、鉄道を愛すること、この上ない。鉄道マニアの分類上「ひたすら乗る」ことに情熱を傾ける「乗りテツ」の魁なんである。ただし、これが愛嬌かわいげとなるかと言えば、さにあらず。

「なんにも用事がないけれど、汽車に乗つて大阪へ行つて来やうと思ふ。」

自ら「アホウ」と名付けた無目的の長旅は、借金をしてまで「一等（車）でなければ乗らない」という東海道本線から始まった。齢60を超えた師の介添え役として全行程に同道する弟子兼鉄道マン「ヒマラヤ山系（本名ヒラヤマ）」氏とどこかかみ合わない会話を交わしつつ、以下、北は青森から南は鹿児島まで、足かけ5年、のべ15路線（盛岡滞在記も本編に収録）を走破することになる。

早起きしてまで、乗りたくない。終点に着いたら、そのまま帰ってくる。名所は見ない。歓迎、歓待、お断りの天邪鬼ぶり。

追求するのは、ひたすら快適な旅程のみ。ほぼ手放すことのない酒杯、さかなは世上の陋習、掛け合い、珍問答。ご意見無用・ガイドブック不要の痛快旅日記は、ブレない人生の指南書でもあるのだ。

読みつつ、むかし衝動的に飛び乗った、大みそかの夜行列車の車窓を思い出していた。とうに忘れていた、センイシュンの1ページ。百閒師、ぶつくさ言いながらも永遠の青年ぶりを発揮しているあたり、脱帽、なんである。

春は、近い。新しい旅立ちを迎える「青春広場」読者の皆さんへ、はなむけの1冊。

にあんちゃん

安本末子

1953（昭和28）年。大戦終結から8年、「高度成長期」前夜の気運も高まりつつあったころ。テレビの本放送が始まったこの年は、電化元年、とも言われた。

「黒ダイヤ」と呼ばれ、それまでエネルギーの主役だった石炭は、徐々に石油に取って代わられてゆく。いっときは活気に満ちていた炭鉱町にも、減産、人員整理と、暗い影が差す。

佐賀県、杵島炭鉱。そのふもと、入野村。ここに、ひとつの家族があった。

20歳の喜一を頭に、吉子、高一《たかいち》、末子《すえこ》の4人兄妹は、早くに母を亡くし、今度は急の病で父を喪う。

本書は、亡父の四十九日から始まる、小学3年生の末子の日記を中心に編まれた実話だ。

大黒柱たる長兄は、朝鮮人であるがゆえの臨時雇い。学校をやめて働く姉の稼ぎも、わずかなもの。小学生の弟妹も、教科書代はおろか毎日の弁当にすら事欠く生活を強いられる。

かなしい、切ない日々が、切々と綴られる。親のいない寂しさ、貧しさゆえの情けなさ。育ち盛りに食べることもままならず、ついには住まいさえ失って、兄妹は離散の危機に直面する。地上の「悲惨」がすべて、この家族に降り注いでいるかのようだ。

しかし、幼い末子の筆致はどこか凛として、それでいて優しく、あたたかい。次兄（「にあんちゃん」とは彼を指す）ともども、ひねくれたりイジケたりすることなく、むしろひたむきに、まっすぐに、毎日を生きようとする。

家族を気遣い、友を愛し、素直な気持ちを綴り続けた末子の日記は、2年の間に、格段に充実していく。自己の内面を謙虚に見つめる日々が、彼女を鍛え、成長させたのだ。その過程は、読者をして「がんばれ、末子」とつぶやかせるほど真に迫り、感動的だ。

「日本版アンネの日記」とも呼ばれ、ベストセラーとなった名作の、待望の復刊だ。

竜馬がゆく

司馬遼太郎

幕末の英雄というよりは、日本史上ナンバーワンの人気者、坂本龍馬。

自由奔放、合理主義、無邪気、博愛、行動力、剣豪。……テレビやマンガで一様に表現される現在の龍馬のイメージは、本作によって形作られ、定着したものだ。

司馬によって描かれた「竜馬」(実在の龍馬とは一線を画する意味で「竜」の字を用いたと言われる)像は、日本人好みの人物の典型として、愛されてきた訳だ。


竜馬33年の生涯は、旅であった、と言える。土佐から京大坂、江戸の往復はもとより、長崎、薩摩、長州、越前。志を抱いてからのちは、まさしく席の温まる暇《いとま》もない。

竜馬はじめての旅は、19の春。剣術修行のため、故郷土佐から海を渡り、ひと月をかけて、江戸へ。

当時、旅とは、自分の足だけが頼りだ。通信も情報も、そのありようは現代とは比較にならない。そんな中、希望に満ちた歩みを進める青年の見るもの、聞くものは、すべてが新鮮だったろう。

そして行き着いた江戸で、竜馬は「黒船」と遭遇する。時代の転換点に立ち会ったことが、運命を決めた。

この国はこのままではいけないという思いは、起点としては、当時輩出したあまたの志士たちと、変わらない。しかし歴史は、回天の使命を竜馬に託した。

その名の通り天を駆け、地を駆けるがごとき活躍と、そのための舞台が待っていた。主義主張を超えて人と会い、人に学び、ついにはかれらをして動かしてしまう。

竜馬の行動を追うことで、幕末のオールスター・キャストが登場するのも、本作の魅力の一つだ。

そして、作中、竜馬は、よく笑い、泣く。殺伐とした時勢に身を投じた人間が失いがちな感性、みずみずしさを、かれは終生忘れることは無かったのだ。

作中人物のみならず読者をもトリコにしてしまう竜馬像の成功によって、司馬小説の代表作として不動の人気を誇る作品だ。

ちょっとピンぼけ

ロバート・キャパ／川添浩史・井上清一訳

地上に尽きない大小の争乱、戦乱。つい先日も、タイで反政府派のデモを取材中の日本人ジャーナリストが命を落とした。

実は今回、1970年、カンボジア戦線に散ったカメラマン沢田教一の生涯を追ったノンフィクション「ライカでグッドバイ」を紹介しようと準備していたんだけれど、なぜか版が途切れていて、入手困難であることが判った。

報道という使命を帯び、戦場の土を踏んだ日本人を描いた本は、評伝・自著を問わず、何冊かを挙げることができる。しかし今回は迷ったあげく、戦場カメラマンのカリスマ、ロバート・キャパ（1913～54年）の自伝を紹介することにした。

ロバート・キャパ。実は、本名ではない。この名は、ハンガリー出身の駆け出しフリーカメラマンだったフリードマン・F・エルネーが、自らを売り出し、売り込むため、当時のパートナーと合作した架空のカメラマンの名前なのだ（後にこれが本名となる）。

第二次大戦後にまとめられた本書は、映画化を前提として第二次大戦のヨーロッパ戦線従軍記として綴られたもので、スタイリッシュな文体、随所に挿入される恋のエピソード、ユーモアセンスなど、「商品価値」が多分に意識されている。ハードボイルドタッチの冒険小説を手に取るがごとくの読み心地なのだ。

キャパは、パラシュート部隊に同行して決死のダイブを敢行するかと思えば上陸用舟艇に乗り「史上最大の作戦」に参加し、激戦の陸海空を東奔西走する。

死と背中合わせ、恐怖による手の震えをそのままに、シャッターを切る。写真としては「使えない」代物(本書の表紙写真)だが、それは歴史の証言者として後世に残ったのだ。

キャパを、そして彼の後を追うように、カメラマンたちを凄惨な戦場へと誘うものの正体は、いったい何か。

そこに戦場がある限り、彼らが前進を止めることはない。それだけは、確かなのだ。

青葉繁れる

井上ひさし

井上ひさしさんが、亡くなった。この喪失感は、いったい何だろう。

かつて小学生の必読書だった「ブンとフン」、氏の代名詞とも言える人形劇「ひょっこりひょうたん島」、アニメ「ひみつのアッコちゃん」主題歌なんてところでも「お世話になった世代」としては、自分をかたちづくっているいくらかの要素が抜け落ちてしまったかのような心持ちなのだ。

明るい作風、徹底したナンセンス、はたまたシリアス、社会派、そして傑出した「ことば」のセンス。小説家、劇作家、発言者として常に最前線にあり、縦横の活躍を見せた氏のような存在は、もう現れないだろう。

今回紹介するのは、氏が高校生活を送った「仙台一高」での体験を元に描かれた、自伝的小説のひとつ。幼い日を孤児院で過ごした氏の作品には悲惨なエピソードを織り込んだものもいくつかあるのだが、本作は、その真逆をいく。

県下随一の秀才校にありながら、落ちこぼれグループに名を連ねる5人組。映画マニアの主人公を中心に、額に「ヘディングだこ」の盛り上がったサッカー部員、ドイツ語かぶれの山岳部の猛者、分厚い人体解剖図（使用目的は不純）を持ち歩く医者の息子、外見だけは「できそう」な謎の転校生。いずれ劣らぬ、トラブルメーカーたちだ。

冒頭から「いかにして女の子と付き合うか」についての妄想をめぐらし、……、ついに最後まで、ソッチむきのドタバタだけで物語は突進する。

生徒も先生も、美人も不美人も、全編仙台弁のユーモラスな響きをまとい、きっと今時ならダイモンダイになってしまいそうな騒動を、地域ぐるみ、くるっと包み込んでしまうようなおおらかさが、物語を貫く。

奔放な若者たちが存分に発散できて、それを受け止めるゆとりが、世の中にもあった時代。

今となっては、これもファンタジーの一編なのかもしれない。

上京花日　花田貫太郎の単身赴任・東京

いわしげ孝

いわく、本がなくなる。書店がツブれる。グーテンベルク以来の出版文化に一大転機。云々。

このところの新型タブレット型コンピューターなるものをめぐる、新しもの好きの国民性に根ざしたお祭り騒ぎって、どうよ？「ボジョレヌーボー」「エリマキトカゲ」「支持率70ン％ソーリ」などなど、「次」さえ見つかればとにかく乗っかっちゃう軽さ。

書店、本屋という稼業、実はしょっちゅうそのコンカンにかかわる大波小波にさらされている商売なんだが、さて今回はどうなるか。

ここに、ひとりの書店員がいる。

花田貫太郎、46歳。全国チェーン「ブックスサンフラワー」鹿児島店店長。

花の東京、新規オープンの「南多摩店」に単身赴任、応援スタッフとしてやってきたこの男、口を開けばオヤジギャグ、動けばあわやセクハラのウザイおじさんだ。

一本気で猪突猛進、昨今のマニュアル方式からはかけ離れた接客。若手中心のスタッフたちから冷ややかな視線を浴びつつ、貫太郎の奮闘が始まった。やりすぎ？ 脱線？ 店内で起きる大小の事件、出版社とのかけひき、そしてお客さんとの触れあいなど、さまざまな場面で「貫太郎流」がさく裂する。

万引をした少年をバイトとして雇い、棚を任せる。一冊の本のために、雨の中バイクを走らせる。わずかな手がかりを元に、誰もがあきらめかけた本を捜し当てる。

はじめドン引きだったスタッフたちの間に、いつしか「貫太郎ファン」が生まれ、それがプロ意識へと変わっていく。

作者は、かなり綿密に書店の現場を取材している。エピソードの相当の部分を実話が占めているであろう事は、想像に難くない。絶滅危惧種・たたき上げのホンヤたちの思いやエッセンスが、この作品にはギュギュッと詰まっているのだ。

大丈夫、紙の本も、本屋も、なくならない。

水木しげるの遠野物語

柳田國男原作／**水木しげる**

1910（明治43）年6月、内閣書記官室記録課長兼任を拝命することになる法制局参事官柳田國男は、岩手県上閉伊郡土淵出身の新進作家、鏡石こと佐々木喜善からの聞き取りをまとめ、一冊の本を上梓した。

遠野物語。古くから遠野周辺に伝わる民話伝承を

119のエピソードにまとめたもの。

当初は自費で350部出版されたが、大半は柳田自身が買い取って知人に寄贈したと言われている。このささやかな出版が、やがて各方面から称賛され、増刷されて、のちに日本民俗学の夜明けと位置づけられる記念碑的名著とまで呼ばれるようになった。

刊行当時は若き日の芥川竜之介や南方熊楠らに、くだって現代では宮崎駿アニメの世界観に影響を与えたとも言われているけれど、エピソードに多く登場する怪異、妖異譚となればこのひと、水木しげるサンを忘れる訳にはいかない。

2008~09年に発表された本作は、「鬼太郎」を始めとする本邦妖怪マンガの「オーソリチー」であるところの水木サンが、いわば元祖、総本山であるところの遠野物語に挑んだことで、刊行100周年に花を添えた、と話題になっている。

原作の構成を尊重しつつ、試みられる水木流解釈とのコラボレーション。

「水木風」妖怪が、各方面への露出が盛んな分、古来の妖怪像を変質させてしまっているとの批判が、以前からない訳ではない。

語りとして伝承されてきた挿話たちの、聴き手の内に増幅されるべき感興や畏れが、個性的な画風によってイメージが固定されてしまう危険についても、「取扱注意」であることに変わりはない。

しかし、おん歳86(執筆当時)、ますます盛んな水木サンは遠野の実地検分を敢行、原作者に代わって作中に登場し、ストーリーテラーとして活躍する入れ込みようだ。そのフットワークとサービス精神は、墨ベタのその暗がりに「ホントに何かいる」と言わせる水木ワールドともども、健在なのだ。

オン・ザ・ロード

J・ケルアック／青山南訳

映画に「ロード・ムービー」というジャンルがある。古くはフェリーニの「道」、人気どころでは「スタンド・バイ・ミー」（個人的には「パリ、テキサス」がスキ）。登場人物たちが、旅を通じてぶつかる事件や出会い、別れを糧に何物かを得る、ビルドゥングス・ロマン（成長物語）の典型と言っていいだろう。

さて、旧訳では「路上」と呼ばれていたこの作品が発表されたのが1957年。当時のアメリカ文壇を席巻した「ビート・ジェネレーション」のシンボル的存在だ。

そのタイトルから「悩める若者たちが旅に出て、あちこちで騒動を巻き起こしながら成長する、笑いあり涙ありロマンスありの人情劇」……を期待すると、マチガイのもと。

「ビート・ジェネレーション＝打ちのめされたやつら」……、本作をひたすらに覆い尽くすのは、無気力、無目的、そしてアンモラル。

主人公と、彼を取り巻く「仲間」たちの無軌道な交流が、アメリカ横断の道中を舞台に延々と描かれる。

ある日突然に故郷を旅立つ主人公の、主たる動機は語られない。気がつけば、彼は路上にいる。ポケットに突っ込んだ旅費が瞬く間に尽きれば、後はひたすらにヒッチ・ハイク。

出会いや別れに感慨が差し挟まれる余地は、無い。酒と、行きずりの異性と、クレイジーなストレンジャーたちが織りなす人間模様は、何も生み出さず、ひたすらに移動といさかいを繰り返すだけだ。

だがしかし、出所不明のエネルギーとほとばしるリズム感、ノリのよさは、刊行以来50年の長きにわたって、若者の心を捉えてきた。

何事もカタにはめられ、はまらなければ生きてゆけないシステムが完成してしまったかに見えるこのごろ、とにかくも自分の意志で決め、動く、彼らの気概は、青春の特権として刻まれるのだろう。本作あり、そして支持される限り、若者の「熱」は冷めない。と、期待したい。

MM9

山本　弘

異変が、起きている。

この梅雨の、雨の降り方はどうだろう。晴れていたかと思うと、天の底が抜けたかのような豪雨。その合間の、うだるような暑さ。

地球温暖化と、それに連なる異常気象、生態系の変化。そう、自然界のバランスが崩れると、出現するもの。

この物語は、台風や地震などとならぶ自然災害として、「怪獣」が存在するという世界で展開するのだ。

ことにわが日本は「怪獣大国」で、有史以来、怪獣の出現率が高い（妙にナットク）。

それを予測、出現すれば分析して市民への広報を担当、さらに自衛隊と連携して対処する組織が、気象庁（！）に設けられている。

気象庁特異生物対策部。略称、気特対。

キトクタイ、科学者や技術者を擁したスペシャル・チームだが、身分はあくまで、気象庁職員。

「怪獣3号は午後七時現在、小笠原沖、北緯二六度東経一三九度の海中を時速四〇キロで北上しており、明日夜には関東から中部にかけての太平洋岸に――」

台風のように、まずは「号」で呼ばれる怪獣は、調査分析に基づいて命名され、その規模によって1～9のランク（MM＝モンスター・マグニチュード）がつけられる。タイトル「MM9」は、体重5千トンクラス、最大級の怪獣を表す。

モノが壊れる、だけじゃない。現代社会では、道路1本封鎖するだけで、経済被害がクローズアップされたりもする。

そしてこれを倒す、いやさ駆除するのに、超兵器もスーパーヒーローも、登場しない。最前線で「勤務」するのは、公休日はデートにいそしみ、緊急出動時にはテレビドラマの録画を心配し、予算に縛られ、予報がハズレれば世間の非難に晒される、公務員たち。

徹底して描かれた等身大のリアリティーと、非日常である怪獣の存在証明が、ギリギリのバランスでクロスする。

「ウルトラ」世代のみならず、本格SF〈怪獣〉小説として、楽しめる一冊だ。

いまも、君を想う

川本三郎

文芸評、映画評、そして街歩きの名手として多くの著作がある川本氏。その文体には独特の滋味というか温かみがあって、ぼくにとっては「読み終わるのがもったいない」――そう、本は「速く、たくさん読めばイイ」というワケではないのだ――作家のひとりだ。

その川本氏が、35年連れ添った夫人・恵子さんを、2008年6月、がんで亡くされた。7歳年下、最愛のパートナーに先立たれることなど夢想だにしていなかった氏のかなしみは、計り知れないほど深い。

足かけ3年の闘病。その後に訪れる、虚脱。

そして、残された人は、生きなければならない。60代の氏（中高生諸君から見ればおじいさんの世代か）にとって、それまで任せきりだった生活のこと、家計のこと、すべてが戸惑い。そして、亡き人の思い出。

朝起きて食事をし、着るものを選び、ネコの世話を焼き、時には旅をする。そのたびに、恵子さんと歩んだ歳月が、さりげないひと言や他愛のない諍いが、昨日のことのように思い起こされる。落ち穂拾いのように、氏は、それを文章に起こし、紡ぎ合わせた。

生い立ちの異なるふたりの人間が、出会い、道行きを同じくするということ。好みや価値観のズレや、時には意見の対立も、それぐるみ認めあい、敬いあって、ささやかな生活を維持していくということ。

亡くなって後、人づてに知る、妻の意外な一面。充実の人生であったことが、遅れて届いた手紙のように、氏の元に伝わる。

あの時、もっと大切にしていればと、もっと寄り添っていられればと、いたるところで後悔が立つこともある。そして、同じだけあったはずの、幸福。——すべては思い出となって初めて、ひとり空を仰ぐことで、気づく。

エピソードのひとつひとつが、愛惜に満ち、読む者の胸に迫る。

これから幾多の出会いと、同じだけの別れを重ねることになる、「青春広場」のみなさんにも、ぜひ読んで欲しい。

野火

大岡昇平

戦後小説界の重鎮、また仏文学者として名高い作者の、自らの従軍体験をもとに生み出された作品だ。

第二次大戦、太平洋では点在する島々を舞台に、日米血みどろの戦いが繰り広げられた。中でもフィリピン・レイテ島での戦闘は、一説に日本軍の生還率3％という凄惨なものだったという。

一兵士として戦場の土を踏み、さらに捕虜となった経験を持つ作者は、復員後、この体験をいくつかの小説にまとめた。「俘虜記」（1949年）、「野火」（52年）、「レイテ戦記」（72年）の各編だ。

捕虜としての実体験を多く含む「俘虜記」、戦友たちへの鎮魂を込め、膨大な史料と取材をもとに著した「レイテ戦記」に挟まって、本作「野火」もまた、一文学として高い評価を得た作品だ。

大戦終盤、太平洋戦線の帰結はすでに決定的となった情勢下、「決戦場」と位置づけられたレイテ島に配属された、「私」こと田村一等兵。

圧倒的戦力差によって日本軍の大半はすでに壊滅し、わずかに残った将兵は、散り散り、最後の希望である集結地を目指す。結核を病み戦力外となっていた「私」は、隊を追放され、数本の野生芋を手に、明日無き一歩を踏み出すことになる。

主人公ならずとも、弾薬尽き、飢え、病んだ日本軍の歩みは、すでに組織としての統制無く、「行軍」と呼べるものなどではなかった。

道を避け、物音におびえつつ敗走する中、兵たちの間に、生への執着から戦友への猜疑心が芽生え、エゴがぶつかる。読み進むほどに、これは「戦記」ではなく、極限での人間の葛藤を描く心理劇だと、気づかされる。

前半、仲間からはぐれ、単身ジャングルをさまよう主人公の心理描写は、分け入るごとに、希望や絶望を超えた虚無感に満ちてくる。

現地人を手にかけ、罪悪感に責めさいなまれながら、ついには人肉を喰らう瀬戸際にまで追い込まれる後半では、生きるために冒す人間の「原罪」が問われる。

随所で「突き抜け」たかに見えながら惑い続け、ついに至る結末。読者は息をのみつつ、立ち会うことになるのだ。

ボクの手塚治虫せんせい

古谷三敏

このコーナーで幾度となく話題にしてきたマンガ家、手塚治虫。終戦直後のプロデビューから1989年に亡くなるまで、常にマンガ界の最前線で700近い作品を生み出した「マンガの神様」だ。

その60年の生涯は、多忙、の一言に尽きる。

本作の著者・古谷氏は、23歳の春から4年半、アシスタントとして手塚のもとで学び、全盛期の手塚作品にかかわった一人。

のちに「ダメおやじ」で売れっ子となり、現在も長期連載「BARレモン・ハート」などで人気の氏の画風には、ギャグマンガの開祖・赤塚不二夫のブレーンを永く務めたことで「アカツカ色」が色濃く反映されている。しかし、氏を本格的にマンガの世界へ導いたのは、「フジオ・プロ」以前、手塚のアシスタント修業だったのだ。

当時の手塚治虫は、いちどきに何本ものかけもちをこなす超過密スケジュールを抱えていた。それを陰で支えたのが、マンガに夢見てはせ参じた、氏を始めとする若者たちだ。

あこがれの人のもとで、若い仲間が集まっての共同作業。締め切りに追われながら過ごした日々が、9編のマンガとエッセーで追想される。身近で毎日を共にした若者たちの目に映った、「神様」の姿とは。

旅館にカンヅメになって一晩で描きあげた、読み切り32ページ。仕事場に流れるBGMでわかる、ストーリーの結末。遅刻で破談になった、お見合い話。原稿を取り立てに来る編集者から逃げ回る有名なエピソードも、アシスタントたちの連係プレイ頼みだったことが明かされる。「神様」手塚も、決して聖人君子などではなかったのだ。

こっぴどくしかられもしたし、お小遣いをもらったりもした。プロとして仕事の上での妥協は許さないが、根底には、父のような愛情。一流の映画を観なさい。一流の小説を読みなさい。一流の音楽を聴きなさい。

科学や技術に夢を託しながらも、その行き過ぎを危ぶんだ手塚の、奥底にある思いの丈が聴こえてくるような気がする。

怪獣人生　元祖ゴジラ俳優・中島春雄

中島春雄

また怪獣か、と言わず、まぁお付き合いを。

いまや映画は「SFX」万能。SF、ファンタジーはもとより、歴史・現代劇を問わず、CGを駆使して、できない表現は無い。

昔なら莫大な予算と場所と手間をかけて作っていたセットや大道具などを、実に簡単低予算効率的に可視化できるようになった。技術の進歩、革新。不可能が可能になり、日進月歩でクオリティーは向上する。しかし。

かつて映画作りに青春を賭け、礎を築いた多くの人々のこと、忘れてはならないのだ。

本作の著者・中島氏は軍隊あがり、戦後の混乱期に職を転々とした後に俳優となるが、役者志望だった訳ではなかったと回想する。

敗戦を経て、再建途上だった当時の日本のエネルギーが、たとえ「食べるため」であったとしても、若者に未知の可能性を求めさせたのだろう。

名のある役に就くことの無い「大部屋俳優」として、「その他大勢」を黙々とこなしていた氏の転機は、1954年。恵まれた体格と、危険な役にも怖じけずに挑む姿勢が呼び込んだのは、重さ100キロ超のゴムの着ぐるみを身にまとう役。「ゴジラ」、記念すべき第1作である。

初物尽くしの「ゴジラ」では、その演技にも手本は無い。氏は動物園に通い、巨大生物の演技を研究した。そのかいもあって、映画は大ヒットする。氏は以来28年、延べ50匹近い怪獣を演じ、100本近い映画に出演することになる。

多少の危険は承知でも、着ぐるみごと広大なプールに単身沈められたり、土に埋められたりと苦労話には事欠かない。そしてそれらをたんたんとこなし「春ちゃんでなければ」と言われるまでには、不断の努力とプロ根性があった。

オヤジと敬愛する円谷英二監督はじめ、くせ者ぞろいの役者仲間や、職人かたぎの技術スタッフとの共同作業。かくて、CGには表せない「記憶に残る」名作が産みだされた。

ここにつづられた思い出は、そのまま昭和の日本映画黄金期グラフィティでもあるのだ。

イーハトーブ農学校の賢治先生

魚戸おさむ／佐藤　成原案・監修

宮澤賢治が学校の先生だった時期があったことは、岩手の人ならまずご存じのこと。

１９２１（大正10）年12月から、26（同15）年3月までの52カ月間。稗貫農学校改メ県立花巻農学校（現・花巻農業高校）で教壇に立ち、３００人近い生徒が、その薫陶を受けた。

では「教師・宮澤賢治」とは、どんな人だったんだろう？

本作は、かつての教え子たちに取材した労作「証言宮澤賢治先生　イーハトーブ農学校の１５８０日」などをベースに、その姿を漫画化したもの。

宮澤賢治という人を通り一遍の事象だけで語ろうとすることの難しさについては、皆さんもご承知の通り。

しかし、その生涯を通じて、もっとも長く（表面的には）安定した日々を過ごしたころの日常を描くことで、不思議な人・賢治の一面が、現実感を伴って見えてくる。

数学、化学、英語、農業各科に加え実習を担当し、水稲耕作も行う多才ぶり。思い立ったら夜を徹してでも野山を踏破する行動力。作業服のまま泳いだり、生徒と羽目をはずして騒いだりの無邪気さ。余るほどの周囲への気遣いと、教え子への心配り。

ほかにも数多くのエピソードが盛り込まれている。賢治は、今や懐かしい「熱血教師」のハシリだったのかもしれない。

これが単なる評伝と違うのは、おおぜいの証言者によって積み上げられた賢治像であるところだ。純情な若者たちの目を通して語られたその姿は、身近で親しみやすい「リアル宮澤先生」なのだ。

その内面には、確かに懊悩はあっただろう。しかし、突然の退職に際して別れを惜しむ生徒たちに残した言葉は、次のようなものだった。

「この四ヶ年が／わたくしにどんなに楽しかったか(略)誓って云ふが／わたしはこの仕事で／疲れをおぼえたことはない」

この時期に生まれたとされる多くの詩や童話の数々が、確かに、人間・賢治にとっても充実の時であったことを物語っているのだ。

空が青いから白をえらんだのです
奈良少年刑務所詩集

受刑者詩／**寮美千子**編

遷都1300年にわく奈良市内に、壮麗なれんが造りの建築物がある。明治期、政府の威信を賭けて建造された奈良監獄署。現在の奈良少年刑務所だ。


ここに収監されている青少年の犯した罪は、強盗や殺人も含め、軽重さまざまという。そして、かれらが罪を犯すに至った理由も、さまざまなのだろう。

かれらの過ちは、かれら自身によって償われなければならないのは当然のこと。しかし、罪を犯すまで追い込まれるには、どんな心の軌跡があったのか。

本書に収められたのは、刑務所で行われる情操教育の一環として、受刑者たちがつづった詩の数々だ。

いきなり書けと言われて、詩は、書けるものではないだろう。心を閉ざし、社会にあらがい、どこかがねじれてしまった少年たちにとって、「詩を書く」などという意志を持つことすら容易ではなかったはずだ。

それが、好きな色について、というテーマを与えられ、訥々と吐き出された詞《ことば》の中に、読み手の心に響くものが込められていたりする。本書のタイトルにもなったフレーズ……

空が青いから白を選んだのです

亡くした母親の、最期のことばから生まれた一編。たった一行の素朴な思いが、「彼」への共感を同室の受刑者たちに芽生えさせ、ついには強く揺さぶったという。

ほかにも、希望を詠む者、悔いをぶつける者、誓いを立てる者……詩を書くことで、それまで目をそらし、甘やかし逃げ回って来た「自分」と向き合うことをなし遂げた証しとも言うべき作品が、次々と紹介されてゆく。

かれらを導く教官たちの環境づくりや、規律ある生活から生まれる、前向きな心の芽。償いがたい罪を犯した者の奥底にも、詩をはぐくむ心は息づいていて、それはかれら自身の再生へとつながっているはずなのだ。

技巧に走ることのない、不器用で切実な心情だからこそ、読む者の心に響くのだろう。

原節子　あるがままに生きて

貴田　庄

映画スター、という言葉は、過去のものとなった。いまやかれらはテレビドラマが主たる活躍の場となり、時には番宣と称してバラエティー番組にも出演し、とにかく「売る」ことに汲々としなければならない。

映画界そのものが斜陽産業と呼ばれ、テレビに従属したメディアとなってしまった今、映像俳優はいつしかプライバシーをも売り物に「タレント」という安っぽい言葉でくくられて、映画だけを活躍の場とすることは、もはやできなくなってしまったのだ。

かつて文字通りきら星のごとく瞬いていた、銀幕のスターたち。その中でも、永遠の処女、マドンナとうたわれたのが原節子（1920年～）だ。運命の偶然から14歳で映画界に入り、第2次世界大戦を挟み、短い全盛期を経て、映画界を去ったのが42歳（62年）。

日本映画の名作と名高い「東京物語」（53年・小津安二郎監督）などで、原は今も多くの映画ファンを魅了してやまない。日本人離れした美ぼうとにじみ出る気品、そして引退後、世間とはいっさいの連絡を絶った後半生。そんな生き方が、彼女を伝説の女優と呼ばせることになる。

俳優としては長くない、むしろ短かったその軌跡を、映画評論家である著者が、資料を基にエッセーとしてつづったのが本書だ。

家庭の経済的事情から女学校通学を断念した少女。そのくっきりした目鼻立ちから、親族の縁で映画界に入ったものの、演技について学んだことも無い素人娘にすぎなかった彼女が、いかにして日本を代表するトップスターに登り詰め、そしてなぜ、引退しなければならなかったのか。

山中貞夫、黒澤明、成瀬巳喜男ら名監督との出会いや、作品を通じて女優として目覚め、成長してゆく過程が平明な文章で紹介される一方、当時のインタビューや数少ない手記から原本人の貴重な肉声が集められて、その素顔を浮き彫りにする試みがなされてゆく。

個人的には、30年前に引退、これも「伝説」となった歌手・山口百恵との対比を、興味深く読んだ。

どこかで誰かが見ていてくれる

日本一の斬られ役・福本清三

福本清三／小田豊二聞き書き

発端は、妻の一言だった。

「あ、センセイ、また出てる」

センセイ？　誰それ。

妻は、つけるともなしにつけていたテレビの時代劇を眺めていたのだった。あるでしょ、平日の昼間とか夕方にやってる再放送。

クライマックスの大立ち回り。悪代官の「出合え、出合えー！」を合図に、単身乗り込んだ主人公を取り囲む配下の浪人、ならず者。

「斬れ、斬り捨てぃ（必ずリフレイン）！」

号令一下、襲いかかるが、バッタバッタと返り討ち。この時。

不特定多数の時代劇の「その他大勢」の敵役の中に、「おなじみの顔」があることに気づく。熱心な時代劇ファンでなくてもその容ぼう、斬られっぷりが意識下にインプットされてしまうのだ。妻の言う「センセイ」は、悪代官の雇われ用心棒あたりが印象にあったものと思われる。

この日を境に、ブラウン管にセンセイの姿を捜す妙な時代劇ウォッチングが、わが家に定着してしまった。

センセイこと、福本清三。テレビや映画で、ひたすら斬られ役を演じて五十余年。代表作、なし。本作は、不器用ながら一途な役者人生を貫き続ける男の半生を、インタビューでまとめたもの。

15歳での映画界入り。俳優を目指していた訳ではなかった。……前回紹介した銀幕のスター、原節子と同じ出発点。短い歳月に光芒を放ち、すっぱり身を引いた原に対し、家族を食わすため、クレジットすらされない汚れ役に執念を燃やす福本。その人生は好対照だ。

その容ぼうからは想像もつかない純朴でシャイ、愛嬌と謙虚さが入り交じった人柄は、好感度大。そして映画会社の契約社員という不安定な生活ながら、一つと決めた道に突き進む執念と根性には、頭が下がる。

全盛期から一転、衰退をたどった映画界への愛惜。そして今後の時代劇を憂う気持ちのずしりとした重み。

本書はその定年直前にまとめられたものだが、めでたや、センセイは現役で、今日も元気に斬られている。

漂流巌流島

高井　忍

テレビ局の薄汚い食堂の片隅で、やりとりは始まった。

「僕」は駆け出しのシナリオ・ライター。唐突に監督から持ちかけられたのは、日本史上有名な事件を取り上げた30分の低予算オムニバスドラマの企画。仕事のえり好みなどかなうはずもなく、巻き込まれるようにハナシは進んでいく。

実は「僕」は、ちょっとした歴史オタク。昨今ハヤリの上っ滑りなものではなく、文献をきっちり読み込み、頭の中のヒキダシに整然と整理しておく、いわば学究肌。そこを監督に見込まれた訳だ。

武蔵VS小次郎、巌流島の決闘。歌舞伎の大定番、忠臣蔵。新選組決死の斬り込み、池田屋事件。荒木又右衛門、鍵屋の辻の仇討ち。

どれもおなじみ、悪く言えば手アカのついたコテコテのエピソードばかり。しかもこれらを、それぞれ30分で料理するという無理難題。アクションからお色気モノまで何でもござれ、海千山千のクセモノ監督に、史実のレクチャーをするはずだった歴史談義が思いもかけない解釈を呼ぶ。

「遅いぞ武蔵！」「小次郎、敗れたり！」否、武蔵は決闘に遅刻などしていなかった？　そして「小次郎」って、いったい誰？

そもそも、事件の発端は？　そして、その結末は？　誰もが知っているはずの忠臣蔵の真実とは？　4対28、絶対的不利な斬り込みを決行した近藤勇の胸の内とは？　替え玉説浮上!?　鍵屋の辻の大立ち回り、36人斬りの顚末。

「おい、ちょっと待てよ」

歴史にはシロウトでも、世間の荒波を丁々発止でくぐり抜けて来た監督の混ぜっ返しで、「僕」の歴史観はグラグラと揺らぐ。

歴史には、後世に語り継がれるうちに色がつき、あるいは削がれて伝わる宿命がある。そして、あまたの史料の読み方にも、思わぬ落とし穴が……。知らず、都合のいい解釈や「定説」で、歴史を見る目は曇ってはいないか？

「そうそう、そうなんだよ！」とひざを打ちっぱなしの、痛快歴史ミステリーだ。新進気鋭の作者に、期待大。

砂の剣

比嘉慂

昨年から今年にかけて、沖縄の問題がクローズアップされた。

第二次大戦で戦場となり、その後長期にわたってアメリカに占領統治された結果、徴発(公式には「アメリカ合衆国は、――中略――使用することを許される」とある)されたままの「基地」問題。その行方が政争の具となったためだ。

沖縄のひとびとの置かれている複雑な状況と、この百数十年来、民族として抱き続けてきた思いについて、よそ者がどこまで親身になって寄り添うことができるのか、また理解することができるのか、はなはだ自信がない。

その沖縄に、比嘉慂という漫画家がいる。氏の生まれた1953年と言えば、本土では「戦後」8年を経過しているが、かの地はいまだ占領下。氏は、ベトナム戦争など東西冷戦構造のはざまで準戦時下に置かれていたオキナワを、身をもって知っている世代なのだ。

土地柄、緊密な地縁血縁のつてで、生々しい戦争の話を聴くことも多かっただろうことは、想像に難くない(ただし、氏は「父母の沖縄戦体験談は手短だった」と語っている)。

この作品集は、氏が収集した資料を基に、戦時下、極限状態の沖縄で起きたことを描いた短編を紡いだもの。文化庁主催のメディア芸術祭でマンガ部門の大賞を受賞しながら現在品切れとなっている作品集「カジムヌガタイ」同様に入手困難だったものが、出版元を変えて復刻されたものだ。

国家の名の下に島の防衛と称し乗り込んできた日本軍の暴虐と、相対する現地のひとびとの行動が描かれる。

教科書などでは軍民合わせて二十数万の戦没者、と一言で済まされているものの、実際には死なずに済んだはずの民間人が多くあったことは、近年の研究や証言で明らかになっている通り。六つのエピソードで、その一端が描かれている。

個性的な画風は、悲惨な戦闘をからりと描きながらも、読む者の心に深く刻み込まれ、独特な余韻を残す。

基地の周辺に生きるひとびとの現在を描いた作品集「マブイ」も、続いて刊行された。沖縄を知る手がかりとなる、貴重な作品群だ。

オレゴンの旅
ラスカル／L・ジョス絵／山田兼士訳

アメリカは東部、ピッツバーグ。サーカスで道化を勤める「ぼく」。

非日常を売り物にした毎日の中で、自分の本当の顔さえも忘れてしまっていた「ぼく」は、一頭のクマと仲良くなった。そのクマ＝オレゴンからある日、唐突に提案されたのは、かれを大きな森に連れて行くことだった。

一瞬の躊躇のあと、「ぼく」は気づいた。オレゴンは森の奥で仲間たちといるべきであり、もしかすると、「ぼく」も……。

「ぼく」とオレゴンの、旅のはじまり。

煤けた街を抜け出し、有り金をはたいてバスに乗り、安宿に泊まる。まだ見ぬ森は、はるか大陸のはて。ヒッチハイクで車を乗り継ぎ、雹を冒し、原野を渡って、「ぼく」たちの旅は続く。

なぜ「ぼく」は、オレゴンに選ばれたのか。目指す森は、どこにあるのか。道化のメーキャップを落とせないままの「ぼく」に、旅の終わりはどのように訪れるのか。


この絵本には「やがて大人になる子供たちと／かつて子供だった大人たちのための／自分さがしの旅」というキャッチコピーが付されている。自分さがし、という言葉が、まだ手あかにまみれていなかったころに刊行された作品なのだ。

自由と孤独が表裏一体の大陸をゆくこの壮大な物語は、本屋として何冊もの絵本に出逢ってきた自分にとって、五指に入る名作として刻まれていた。

油断していた。

これが、絶版となっていたのだ。そして不覚にも、手元に置いていなかった。つてを頼って慌てて購入した。

名作、必ずしもベストセラーにあらず。読書という行為が本来極私的なものであり、「数を売っていくら」の世界とは対極にあると信じるぼくにとって、それはむしろ当然のことだったはずなのだ。

今年出版業界を騒がせた「電子書籍（&そのイレモノ）」が標ぼうする「絶版なし」もまた商売である以上、うのみにはできない。

もちろん図書館には蔵書されているだろうから、手にすることはできる。でも、なにより、好きな本はやはり手元に置いて、ふと思った時に開くことができなければ。ね。

2011年

つづきの図書館

柏葉幸子／山本容子絵

ひとつの物語があるとする。

ぼくたちがその物語と接する時、いかに登場人物に感情移入できるかが、大げさに言えば読書の成否にかかってくる。

一冊と添い遂げた充実感と、ぼくたちが物語の中の「かれら」から遊離して、ため息と共に現実に立ち返る瞬間の、かすかな切なさ。

そんな出逢いと別れを重ねたくて、ぼくたちは、本を読むのかもしれない。

盛岡市在住の作家・柏葉幸子さんは、これまでに多くの出逢いと別れをコーディネイトしてきた、ストーリーテリングの名手。今週の一冊は、本と人との出逢いの場・図書館を舞台に展開される物語だ。

主人公、山神桃さん。

結婚生活に破れ、仕事にも恵まれないけれど、その日その日を一生懸命に生きてきた。そんな彼女が三十数年ぶりに生まれ故郷の田舎町に帰ってきたのは、たった一人の身寄り・杏《あんず》おばさんのお見舞いのためだった。

万事控えめで、人付き合いも苦手な桃さん。町の図書館で司書として働くことになったのも、病人ながら強引な杏おばさんの計らいだった。初めは気後れがあったものの、こどものころから本好きだった桃さんは、かつてこの図書館に通い詰めていたこともあって、なんとか手応えを感じつつあった。その時。

「続きが知りたい」

と声を掛けられた。

片田舎での、平々凡々なはずの桃さんの生活が、一変する！

一章ごとに加わるユニークな登場人物たちは、それぞれに「読者のその後」を追い求めて、絵本の中から現れる。桃さんは驚かされおびやかされ世話を焼かされの連続ながら、かれらとともに町を縦横に走り回ることに……。

柏葉ファンタジーでは、しばしば「いいおとな」が主人公に選ばれることがある。そこでは、いくつもの出逢いと別れを体験した人物の背負ったものが、読者の共感を呼ぶ。そして「成長する」ことが、必ずしも少年少女だけのものではないということを、あらためて教えてくれるのだ。

巧みに編まれた構成が結末の感動を呼ぶ。

特撮　円谷組　ゴジラと、東宝特撮にかけた青春

東宝ゴジラ会

県民会館で開催中の「ウルトラマン・アート！」。特撮ヒーローものの金字塔「ウルトラマン」テレビ放映45周年を記念して企画された催しだ。

重要なのは、展示の中心「ウルトラマン」「ウルトラ

セブン」といった初期シリーズの監修者が円谷英二監督（1901～70年）であるということ。「日本映画にツブラヤあり」とうたわれた特撮の神様の薫陶を受けた若者たちが黎明期のテレビ界で積み上げた苦労の軌跡が、見どころなのだ。

円谷門下生には、ふたつの流れがある。ひとつは、来るべきテレビ時代を予見して設立された「円谷特技プロダクション」（今回の催しは、かれらの仕事の回顧展）。そしてもうひとつは、今週の一冊を著した「東宝ゴジラ会」メンバーを生んだ、戦前から連なる東宝映画特技課の流れだ。年季から言えば、映画がアニキ、テレビが弟分。

本書は、往時から半世紀を経た「円谷組」（映画界では、監督を頂点に、スタッフを総称して「組」と呼ぶ）の面々による証言集。「ゴジラ」などの特撮映画だけでなく、現代劇や時代劇を問わず、視覚効果のために挿入された微細な特殊効果をかれらは担った。

撮影、合成、美術に大別されたスタッフは、さらに照明や編集、現像、繰演（ワイヤーワーク）、模型、電飾など、細かな担当に分かれる。根っからの映画職人もいれば、畑違いの世界からスカウトされて来た者、アルバイトからのたたき上げなど、来歴や個性も百人百様だ。

現在ではキーを一つたたけばできてしまうような作業も、当時はすべて手作り。時間も予算も機材も限られた中、求められたのは柔軟な発想と決断力、実行力。そして共通する証言は「オヤジ（円谷監督）のカミナリ」。

こと仕事に関しては一切の妥協を許さなかった円谷だが、現場を離れれば皆の父親のような存在だったという。

苦労も喜びも分かち合った家族のようなつながりから生まれた仕事のひとつひとつが、格段の進歩を遂げたはずの現代の作品と比べても褪せることのない存在感を放ち続けているのだ。

GIANT KILLING

ツジトモ／綱本将也原案

サッカーアジアカップ。いやー、毎夜毎夜、テレビの前で「どあー!!」「だはー!!」「ぐあー!!」と絶叫していた皆さん、お疲れさまでした。優勝したことはもちろん喜ばしい限りだけれど、熱くなったりハラハラしたり、筋書きのないドラマを堪能させてもらいましたな。

とにもかくにも、世界に肩を並べた、と言えそうなレベルまで、ニッポンサッカーは到達しつつあると言っていい。

さて今週の紹介は、そんな土壌から生まれたマンガ作品。タイトルを訳せば「番狂わせ」「上位食い」。弱小プロサッカークラブを舞台に、型破りな監督を主人公に据え、選手、ファン、フロント、スタッフそれぞれの目線でサッカーを見詰めた人気作だ。

スポーツマンガにありがちな「実況中継風ナレーション」に陥ることなく、描写はあくまでリアルでスピーディー、なおかつシリアス、そして時々コミカル。

東京下町に本拠を構えるクラブ、イースト・トーキョー・ユナイテッド＝ETU。この数年、2部降格も含め、低迷を続けてどん底の状態。そこへ監督として就任したのが、達海猛《たつみたけし》、35歳。

本場イングランドでアマチュアチームを率い辣腕を振るっていた達海は、かつてETUのスター選手として大活躍をしていた。

チーム再建の切り札として呼び戻されたかれは、どんな方法で「負け癖」の染みついた古巣を変えていくのか？

選手の個性を掌握し生かさなければ、戦いを勝ち抜くことはできない。奔放な達海が放つのは、一見奇策、実はデータに裏打ちされ理にかなった作戦。そして、選手の心を射貫く熱いメッセージ。

「そのまま行け。何度でもしくじれ。その代わり……お前ん中のジャイアント・キリングを起こせ」

はじめは戸惑い、反抗までした選手たちの意識に、少しずつ革命が起きてゆく。
チームのありかた、リーダーのありかたを問いかける痛快作だ。

南海ホークスがあったころ
野球ファンとパ・リーグの文化史

永井良和／橋爪紳也

立春よりも早く、春はやって来る。2月1日、球春。プロ野球のキャンプ・インだ。

今年は大物ルーキーの動向が話題になっていて、スポーツニュースはほぼ「佑ちゃん」一色。これは裏を返せば、プロ野球全体としての盛り上がり不足、衰退の一現象ではないかと思えてしまう。

そう、プロ野球、かなりマズイ。

技術的には高いものを誇りながら、経営や運営面で問題を抱え、プロ・スポーツとしての商品価値は薄れる一方。ユニホームのズボンのすそ、だらしなく引きずってる場合じゃないんだがな。あれ、何とかならんのか。

昭和初期、野球の中心は学生野球。その盛り上がりが社会人、企業へと広がっていく。

専用のスタジアムを造り、それを中心に住宅地を造成し、地域の開発につなげようという発想は、広大な土地を持つ鉄道会社から生まれた。阪急、阪神、南海…関西圏の野球文化は、こうして育っていくことになる。

本書は、プロ野球の成り立ちと、それを支えたファンを形成し育てた過程、さらに「社会的使命を終えて」衰えていく姿を文化の歴史として捉え、今は無き南海という球団を通じて描いた労作。

大阪の私鉄・南海が、昭和初期に描いた壮大な都市計画。ホークスを発足させ、育て、強大なライバル・ジャイアンツとの対決を通して成立したセ・パのバランス。徐々に陰ってゆく人気、必死で模索する回復策。そして時勢に抗しえず、巨額の赤字を抱えての身売りまでが、淡々と描かれる。

時代の移り変わりは企業の体力や性質を変え、最後には長年チームをはぐくんだ土地や、少数ながら懸命に応援し続けたファンをも捨てさせる。

ホークスは2度の身売りを経験し、現在は福岡ソフトバンクホークスとして奇跡とも言える再建を果たした。

時代の流れは、前にも増して速く、激しくなるだろう。くれぐれも、チームを愛し続けたファンが企業の論理に翻弄されることの繰り返しだけは、ご勘弁を願いたい。

流れる星は生きている

藤原てい

終戦間もない1949年に刊行され、ベストセラーになった作品。作者の実体験に基づいて描かれている。

作者は、本連載でも「劒岳・点の記」を紹介した作家新田次郎氏の妻。近年「国家の品格」が評判となった数学者藤原正彦氏の母でもある。

ロマンチックなタイトルは、主人公が心の中で口ずさみ続けたという、故郷と愛する人を思った無名の戦没兵士による歌から採られている。しかし、この物語は悲惨、壮絶という表現以外に形容する言葉がみつからない。

第二次大戦の帰趨が決した1945年8月9日、ソ連軍は国境を越えて満州（中国東北部）へとなだれ込んだ。帝国日本から入植していた150万を超える在留邦人は、支配者から一転、すべてを失って逃げ惑うこととなる。

観象（気象）台に勤務する夫に従って満州に暮らしていた一家は、突然の呼集に深夜の駅頭に立つ。6歳を頭に3歳、それに生後1カ月の乳飲み子を抱え、身の回りのものも満足に持ち出せぬまま、あてどない逃避行が始まる。

頼るべき夫は、現地に残らなければならない。戸惑い泣きわめく間も許されず、覚せいした「母」としての本能だけで、作者は貨物列車に身を委ねる。

急ごしらえの疎開団が踏み出した逃避行は、苦難を極める。安全の保証も、日本に帰れるあても無い。乏しい食料、劣悪な衛生環境。力尽き、相次ぐ脱落者。

幼い子どもを抱えた母親の存在は、足手まといにされ、さげすまれさえする。終着点の見えない旅は、同胞たちをして、わが身のみを守らんがためのエゴの集団と変えてしまったのだ。

歩き通しのはだしには石が食い込み、化膿し、飢えと疲労で意識が混濁する。くじけそうになるわが身を叱咤し、瀕死のわが子に活を入れ、河を渡る。一歩でも前に進まなければ、背後には、死が、確実に迫っているのだ。

極限に直面した、鬼気迫る母の執念。そして絶望を乗り越えようとする人間の底力が、全編を貫く。

ひとたび開いたページは閉じずに、読み通すことをお薦めしたい。

ある小さなスズメの記録

C・キップス／梨木香歩訳

出会いは、第二次大戦下、毎晩のように空襲の続くイギリスはロンドン郊外。ピアニストのキップス夫人は、疎開先の玄関に放り出されたかのようにうずくまる、1羽のひな鳥を拾い上げる。

「生まれたばかりの赤ん坊が玄関先に置き去りにされていたら、見捨てるわけにはいかないだろう」

夫人は丸裸のひな鳥を懸命に介抱し、それでも蘇生など望むべくもないとあきらめていたが、翌朝、奇跡は起きていた。

12年に及ぶ、スズメとの日々の始まりだ。

大きな口を開けて餌をねだり飲み込むだけの肉塊から、目が開き、羽毛が生えそろって鳥の体を成してくると、夫人を親と慕って追い、襟元にもぐって庇護を求める。生物学に言う「すりこみ」だ。

しかし、クラレンスと名付けられた彼の一挙手一投足は、単なる現象を超えて感情に満ち、知性や芸術性さえ漂わせた。

人々は、相次ぐ空襲の緊張と、その合間の虚脱の繰り返しに、疲労を深めていた。翼と脚にハンディを抱えながらも、ピアノに合わせて歌い、一人前の自己主張もするクレランスに、夫人は思い立って芸を教える。

スズメの習性を利用したいくつかの技は、喝さいを浴びた。すべてを失った人々は、少なくともしばらくの間は、不幸を忘れることができたのだという。愛嬌いっぱいに振る舞う人気者クレランスは、戦時下の人々の渇いた心に、ささやかな憩いの時を演出したのだ。

そして夫人は、観察の冷静さを保ちつつも、母親さながらの愛情こもった視線で、彼の姿をつづり続けた。

12歳という長寿は、さまざまな危険と隣り合わせの野生動物としては稀有な例だろう。そしてそれ故に、彼は病魔と闘うことにもなった。

懸命の治療で小康を得て過ごすつかの間の穏やかな晩年の描写は、やがて訪れる別れを予感させ、悲しく切ない。けれど、天から遣わされた小さな命が、人々の胸に温かい物を残し、同じだけ愛された記録は、時を経て出会った者の感動をも呼び起こし、読み継がれている。

地図で読む戦争の時代
描かれた日本、描かれなかった日本

今尾恵介

地図といえば、使う人を目的地に導くのが使命。正確無比、過不足は許されず、あらゆる偏向は排除される、と思われがちだ。

明治期、精密な地図作製作業をおこなったのは、陸軍参謀本部に連なる「陸地測量部」(現・国土地理院)。つまり、精密な地図を作ることは、軍事目的として大きな意味を持っていたのだ。

当時、国家間の争いは「近代戦」と呼ばれ、その根幹には「情報戦」があった。地図は、守るも攻めるも、重要兵器に等しい存在となる。

本書の著者は、膨大な資料を基に、一枚の地図からその地域の来し方行く末を考える「地図読みのプロ」。次々と検証されてゆくのは、戦時における地図「受難」の数々。

軍事上重要、と判断された地域や施設は「無かったこと」になったり、必要以上にぼかされたりする。ある地図では等高線が消え、島を浮かべた海面が真っ白になり、海岸線の形状すら変わる。

同じ地域の改訂前の地図を見れば一目瞭然だし、現地の人には分かりきったことでも、時の権力は、とにかく、憑かれたように塗りつぶし、改ざんを重ねてゆく。

地図の正確さと信頼を逆手に取った、と言えば聞こえはいいが、権力の意図は、こっけいなまでに透けて見えたりもする。

地図には、その土地の歴史も織り込まれている。地名の変遷をたどることで、支配者の意向が見える。領土紛争の現場を、彼我両国の地図を比べることで、双方の主張が見える。使用後は焼却せよ、との「命令」が刷り込まれた地図に、戦時の緊迫を読み取る。

そしてひとたび戦争が終われば、あまたの軍事施設は転用され、壊され、埋もれてゆく。その風化の過程さえも、地図は無言のうちに訴え続けている。

著者は、ゆがめられた地図を利用して愚行が繰り返された歴史を告発し、本当の地図の読み方を知ることで、状況を落ち着いて判断できる社会の到来を訴える。今なお地上のどこかで続く争いに、視線を投げかけながら。

どうらく息子

尾瀬あきら

1988年のヒット作「夏子の酒」以来、社会派作品を描き続ける漫画家・尾瀬あきら。調べてみると、ちょうど40年前のデビュー当時はSFロボットアニメや仮面ライダーのコミカライズ（漫画化）を手がけるなど、下積みの長かった苦労人。

その尾瀬氏がいま連載しているのが、落語家に弟子入りした青年を主人公に描く本作。

主人公・翔太は、叔母の経営する保育園でアルバイトをしながら、保育士を目指す26歳。ただ、それは、さほどの熱意や使命感からではない。こどもたちの喜ぶ顔を見るのは好きだけれど。……

ところが。

あるきっかけで連れて行かれた寄席で、翔太が体験したもの。それは、単身、舞台装置ひとつ無い高座の上、演者の語りひとつで観客を物語の世界へ引っ張り込むという、芸の世界だった。翔太は、一夜にして落語という話芸の虜になってしまったのだ。

落語という話芸は、同じ演目を、何人もの落語家が演じる。だから、巧拙はもちろん、演じ手と聴き手との相性のようなもので好き嫌いが分かれることもあるという、実は繊細なもの。この晩の翔太が幸運だったのは、その芸が円熟期に入った正統派ベテラン・惜春亭銅楽の高座に接したこと。

それまで、自身の将来についてハッキリした意思も持たず、むしろ他人任せだった翔太の胸に、灯がともった。いや、燃え上がってしまった。

「あの人の弟子になる」

直情径行、猪突猛進。翔太の「あこがれの人・銅楽師匠」へのアタックが始まる。

第1巻では、翔太の落語との出会い、そして弟子入り志願のてんまつ。第2巻では、前途多難な下積み生活のスタートが描かれる。人物の設定、心理描写に定評のある（何より落語を愛する）作者の筆先が、さえ渡っている。

ストーリーにちりばめられた、噺の数々。積み上げた取材から醸し出される、楽屋裏の人間模様。芸の厳しさ、修行のつらさは「今風」の若者に何を見せ、何を教えるのか。

落語初心者からマニアまで、それぞれの読み方ができる作品。

ペチカはぼうぼう　猫はまんまる

やえがしなおこ／篠崎三朗絵

9月23日、葛巻町で開かれた「えほんフェスティバル」に参加した。台風一過とは言え、増水した川や目まぐるしく変わる空模様にハラハラしながらも、澄んだ空気とつややかな緑、さわやかなスタッフの方々に囲まれて久々の佳き日となった。

童話作家として活躍されている、やえがしなおこさん（北上市在住）とご一緒できたのも、大きな収穫。

もしや物語を編む人ってさぞかし厳格で気むずかしい方なのでは……、などという心配をしていたんだけれど、それは杞憂。逆になんだか気を遣っていただいたりして恐縮しながら帰ってきた次第で。

やえがしさんは椋鳩十、新美南吉という名匠の名を冠した文学賞を受賞した、児童文学界期待の逸材。デビュー作「雪の林」は賢治童話の世界をほうふつとさせる作風で評判となったが、本作はロシアの昔話のスタイルでつづられた短編集。

ペチカはぼうぼう／猫はまんまる／おなべの豆は、ぱちんとはじけた

長い冬の夜の炉端を思わせる合言葉。読者はこの呪文に導かれて時空を超え、物語の世界へと入ってゆく。

幻の泉を探して旅をする猫と犬と馬の話。

謎の若者に恋をした機織りの娘の話。

自らの腕を試すため魂を賭けて悪魔と対決した若い大工の話。

海から遣わされた娘と漁師のはかない恋の話。

個性も生き方も三人三様の兄弟と、それぞれの旅の話。

素朴で骨太な設定、登場人物が翻弄され、立ち向かう不思議な運命が、読者が幼い日に接した昔話の懐かしさをたたえて、鮮やかに立ち上がってくる。

それぞれの土地に根付き語り継がれた民話は、何十年

何百年の間に洗練されてゆくもの。反して、作者の分身たる創作には、ともすると思い入れの余りウェットに陥りがちという欠点を伴うことがある。

やえがしさんは、自作との程よい距離、絶妙の湿度を保ちつつ、繊細に、時に大胆に、オリジナルの物語を構築し、それらを醸成させるという離れ業をやってのける。ベッドサイドの一冊が増えるしあわせを、皆さんもどうぞ。

昭和歌謡（勝手に）ベストテン

宝泉　薫編著

本とはいつだって一緒だが、歌とも、いつだって一緒だった。ただし、過去形である。

歌は世につれ、世は歌につれ。

半世紀ちょっとの「自分史」で言えば、小学校高学年から高校にかけてが、そんな季節だった。いわゆる「タカン」なころ、ちまたに流れる歌の数々は、そのまま当時の記憶や出来事に直結していて、特別入れ込んだ歌手や曲でなくても「一般常識」的に口ずさむことができたものだ。

それが今や、本屋という仕事柄「同世代のおじさんに比べれば」現役アイドルの顔と名前くらいはなんとかなっても、歌となればサッパリである。……だがしかし、これ、歌そのものにも要因がありはしないか？

本書は、歌謡曲全盛の昭和後期に一世を風靡した名曲からイッパツで消えていった珍曲まで５００曲以上を網羅し、ベストテン形式で32のテーマに分類した「大」労作。

ショッパナから「松任谷由実ＶＳ中島みゆき代理戦争」と、きた。ツボだ。以下「ジャニーズＶＳ非ジャニーズ」「化粧品ＣＭソング」「卒業ソング」「セリフ歌謡」「外国人風名前入り歌謡」などなど、万人納得の「あるある」ネタや独断でくくられた歌の数々。

全部とはいかないまでも、半分くらいならなんとか口ずさめそうな気がしてくる。圏外となった曲も含め、付されたコメントにも共感でき、小気味よい。

本書を通して、日本的ショー・ビジネスの持つある種のうさんくささは、今も昔も本質的には変わっていないことをうかがい知ることができる。

さりながら、世代を超えて共感を呼ぶ作品の不在、加速する「消費」感覚など、「歌」に対する聴き手の期待や共感度が、昨今、希薄になっているのではないかという思いも、募る。

かつての歌たちには、うさんくささをはらみつつ、送り手にも聴き手にも、ある種のきまじめさ（純情、と言ってもいい）があったのだ。

同級生のマセたやつらがストーンズとかツェッペリンとかワケ知り顔でカタるのを横目に、若干の焦りとハニカミを感じつつ、それでもモモエちゃんに入れ込んでいた、あのころ。

若い諸君の「今」はどうなんだろうか？

2012年
ぼくは本屋のおやじさん

早川義夫

わたくし事で恐縮ですが、書店員という仕事に就いて、30年という時間がたった。

メモリアル、どころではない。

太宰ではないが、恥の多い人生を送ってきました、というところだろうか。たくさんの人にお世話になり、時にはすれ違い、そして、いまだ天命のなんたるかを知らない。

ただ、この業界には、好んで入った（紆余曲折もあったけれど）。希望に燃え、その分コワイモノも知らずレイセツもわきまえていなかったあのころ、ぼくは、この本と出会った。

早川書店（注・ミステリの出版元ではない）店主、早川義夫。神奈川県川崎市の商店街にあった、小さな書店の経営者だ。

早川氏の異色たるは、その前歴だ。今や伝説として語られるロックバンド、「ジャックス」（1966〜69年）のリーダー兼ボーカリストだったのだ。

後世の評価こそ獲得したが、ジャックスは、当時は「いまひとつ売れず」解散した。その早川氏が音楽活動をリタイアし、若干の研修を経て書店を開業したのが1972年。

品ぞろえを音楽に特化した個性派書店、などではない。ごく、ごく普通の「街の本屋さん」。

はた目にどう映るかはわからないけれど、この商売、決して簡単なものではない（どんな仕事だって、そうだ）。「楽そうだから」と始めてしまった早川氏も、相当の後悔と、相応の苦労をなめ尽くすことになる。思うようにいかない仕入れ、お客さんとの関係、経営の苦労についてが、切々と、綿々と語られる。

刊行当時は書店の現場の実情について書かれた本が少なく、親しみやすい文章と「あるある」ネタ（驚くべきは、そのほとんどが現在も通用してしまうこと！）に強いシンパシーを感じ、手元に置いた。

後年、後輩たちにも勧めたのは、読み返すうちに、単なるグチが連ねられているのではなく、人として仕事に臨むある種の真摯さが、静かに伝わってくることに気づいたからだ。

94年に音楽活動を再開した早川氏は、店を閉じる（手塩にかけた店が、今度は「伝説」となった）。兼業、として延命を図らなかった潔さに、好感。

わが青春のバイブルの、一冊だ。

武士道シックスティーン

誉田哲也著

剣道に打ち込むふたりの女子高校生を描いた、青春小説だ。

このホンダテツヤという作者、出身はホラー小説であり、出世作は「ジウ」「ストロベリーナイト」など、テレビドラマにもなったサスペンス小説。

巧みな構成とリアリティーに富んだ描写が高い評価を受ける一方で、登場人物の死亡率が高いことでも「定評」があり、本作の執筆にあたっては、取材先の某高校剣道部員たちから「私たちは殺さないでくださいね」……と言われたとか、言われなかったとか。

本作では、死人は出ない。

幼いころから剣道漬け、剣豪・宮本武蔵を心の師とあがめる、磯山香織。もともとは日本舞踊、ふとしたことから剣道部に入部して3年、西荻早苗。

ひたすら勝負にこだわり、対戦相手は「叩っ斬る」対象に過ぎないと考える香織と「勝ち負けよりも、楽しく」がモットーの早苗が出会ったのは、中学最後の市民大会だ。

全国中学生大会準優勝、「勝って当然」のはずだった香織から、早苗がよもやの一本を奪ってしまったことから、物語は始まる。

ひたすら復仇を企てんがため、カタキと同じ高校へと進学した、香織。まぐれで勝ってしまった相手の名前すら忘れていた、早苗。

短気者とのんき者のちぐはぐを描いた「長短」という落語があるが、「ウエから」を通り越して粗暴凶暴の香織の立ち居振る舞いと、柳に風と受け流す早苗との掛け合いは、まさにソレ。

しかし、自分より強い者を許せない香織のかたくなさは、自身も気づかないもろさでもあった。そして、早苗にだって、実は悩みがある。

痛々しいまでに、真っすぐ。ぶつかり、悩み、吹き飛ばす。少女たちの日常は、ノンストップ。そしてページのこちら側のオジサンも、共に熱くなり、笑い、ハラハラし、しんみりさせられながら、過ぎ去りしセイシュンを追体験していたことに、気づかされる。

映画化もマンガ化もされているけれど、まずは続編「武士道セブンティーン」「～エイティーン」まで、イッキ読み！

ドリトル先生アフリカゆき

H・ロフティング／井伏鱒二訳

「ドリトル先生」の名は世界一有名な獣医として知れ渡っているけれど、全12部のこのシリーズ物語を読み通した人は、相当なドリトル・ファン（かく言う自分も、全編は読破していないのです）。

原著は1920年、第一次世界大戦に従軍したイギリス人・ロフティング氏によって著された。「ピーター・ラビット」や「くまのプーさん」「ちびくろサンボ」など往年の名作童話には、父や母がわが子のために書いたプライベートなお話が基になっているものが目につくけれど、本作もその部類に入る。

戦争には、犬や馬など、動物も動員される。無意味な死を強いられた彼らの姿に心を痛めたロフティング氏の体験を発端に、ドリトル先生は造形されたと言われている。

イギリスの片田舎に住む、人情家で世渡り下手で貧乏な町医者（元々は「獣医」ではない！）、ジョン・ドリトル先生。稼業の方はさっぱりだが、余技としての家畜の診察が動物たちの間で評判を呼ぶ。先生、動物の言葉を解し、だけでなく話すことができるのだ。

そして、その評判は、本人も知らぬ間に渡り鳥を介して世界中の動物たちに知れ渡っていたというから、インターネットそこのけ、動物界のネットワーク、恐るべしだ。サルに蔓延した奇病の対策にと、アフリカに招かれた先生。夜逃げ同然、同居の動物たちをお伴に、大冒険の幕が上がる。

物語の魅力は、山あり谷ありのジェットコースター型展開と、それぞれ個性的で頼もしい、仲間の動物たち。大西洋をまたぎ、ジャングルに分け入って、現地人や海賊たちとの追いつ追われつの活劇や、未知の動物との出会いは、ページをめくる楽しみを請け合ってくれる。

利口で機転の利く相棒たちと、昼あんどんを決め込んだ先生との掛け合いも見逃せない。「山椒魚」の文豪・

井伏鱒二による翻訳は、50年の時を経てなお、作品の格調と世界観の形成に重要な働きを示しているのだ。

ちなみに、エディ・マーフィーの映画「ドクター・ドリトル」は別物です、念のため。

冒険者たち　ガンバと15ひきの仲間

斎藤惇夫作／薮内正幸画

叱咤激励の掛け声、定番は「ファイト!」。いつのころからか「ガンバ!」というのがこれに加わっているんだけれど、出典は、本作。とある町に暮らす、一匹のドブネズミの名前に由来するのだ。

このネズミは、かつて1匹のシマリスとの冒険で名を馳せたことがあり（その時の物語は「グリックの冒険」にくわしい）、その持ち前の勇気、義侠心とリーダーシップで、前作の脇役から主人公へと昇格（ただし時系列で言えば本作が先）したという経歴の持ち主。もっとも、「ヌスット」「ゴウトウ」などという物騒なあだ名も候補だったらしく、「ガンバリヤ（＝ガンバ）」とは、よほど好意的なネーミングだったのかもしれない。

それまでは安閑と暮らしていたガンバの運命は、ふとしたことから出かけた港町で出会った個性豊かな仲間たちと、ただならぬ助けの要請で、大きく変わることになる。

海を隔てて浮かぶ、「夢見が島」。かつてはネズミたちの楽園だったその島が、突然現れた外敵のために蹂躙され、仲間が全滅の危機に瀕しているというのだ。

外敵＝イタチ。ネズミから見れば巨大、獰猛な肉食獣だ。作者は、旅先の離島で、かつて「害獣駆除」の目的で島外から持ち込まれたイタチの繁殖ぶりを目の当たりにして、この物語の着想を得たという。

ガンバと、それに続く15匹の仲間たちは、海を渡る。そもそもが、無謀としか言いようのない決死行であることは、皆が分かっていた。その行く手には、想像を絶する闘いが待っている……。

随所に挿入されたイラストは、「毛の一本一本まで描く」ことを信条とする動物画家の草分け、故・藪内正幸氏によるもの。動物たちの生態をそのままに、かつ、ストーリーを克明に追う手腕は、高密度の物語をしっかりと支え、時には映画を観ているかのように、読者をリードする。

一人一人は小さく、弱くとも。仲間と、海という大きな舞台を得て、勇気と知恵を携えて繰り広げられる、果敢な冒険。アニメ化、舞台化も繰り返される、国内児童文学の傑作だ。

戦後少女マンガ史

米沢嘉博

調べ物の必要から読み始めたら、ハマッてしまった。今でこそ多くの作家がいろいろなタイプの作品を掲げてにぎやかな少女マンガ界だが、その成立には、多くの紆余曲折があった。その過程を、豊富な図版と解説でたどるのが本書だ。

少女マンガの原点ともいえるのは、明治から大正にかけて続々と創刊された「少女界」「少女の友」「少女倶楽部」などに掲載された文芸作品（川端康成や菊池寛、西条八十など錚々たる顔ぶれ）の挿絵だ。竹久夢二、中原淳一など、現在では「アート」として枚挙される画家たちのイラストに、その萌芽をさぐる。

くだって昭和初期にはコマ漫画が出現するものの、まだまだ添え物に過ぎなかったマンガに「ストーリー」を持ち込み革命をもたらしたのは、第二次大戦後、闇市の「赤本」や「貸本」の世界からいち早く飛び込んだ新進気鋭のマンガ家、手塚治虫なのだ。そのいくつかの習作は、やがて名作「リボンの騎士」へと連なっていくことになる。

食料事情の厳しい世相を反映した「あんみつ姫」を筆頭に「キナコちゃん」「おすしどん」なんてタイトルの作品。女性の地位向上を反映した「おてんば」「元気」な主人公の登場。やがて短編ばかりの滑稽・ゆかい路線から、長編ファンタジー、「こわいマンガ」「悲しいマンガ」の登場など、少女マンガは変わってゆく。

貧困、生き別れ、病気、犯罪などの不幸にこれでもかと翻弄される少女の涙、片やゴージャス、金髪・カタカナ名の無国籍少女の乱舞！　そんな中から、池田理代子、一条ゆかり、萩尾望都、竹宮恵子など第二第三の世代が育ってゆく。

さらに、石森（当時）章太郎、赤塚不二夫、つのだじろう、ちばてつや、横山光輝、松本あきら（零士）など、その後少年マンガで活躍する作家たちが、少女マンガに発表の場を持っていたことも注目だ。年表にかれらの名を探すのも、楽しい。

情報は豊富で技術も進歩し、価値観も多様化した現代にあって、マンガの好みや楽しみ方も、変わった。けれど、先人たちの業績をたどって、ちょっと深読みをする愉しみを加えてみるのも、いいものだ。

山口百恵　赤と青とイミテイション・ゴールドと

中川右介

山口百恵。歌手、女優。1973年4月、デビュー。1980年10月、引退。

活動歴わずか7年余、21歳で姿を消したひとりの芸能人が、伝説となり、30年を経てなお、語られ、論じられている。

もちろん、それは当時を知る人々によってであり、あるいは商売上の「企画」として取り上げられる側面も否定しない。実際、「アラフォー」世代でやっと記憶の端に残っているくらいだろうから、断片的な映像や文章だけでは、現代の人たちには「あの頃」の空気は伝わりきらない。

でも、スゴかったのだ。

レコードセールスやヒットチャートで圧倒的な強さを見せたわけでは、ない。レコード大賞では有力候補となりながらも、ついに受賞することはなかった。動員数では強さを見せた13本の主演映画、高視聴率のドラマ群も、作品自体の評価が抜群だったわけではない。

では、いったい何が「スゴかった」のか。

その活動歴の後半期は、確かに「アーティスト」だったとの確信は、ある(当時の中学の仲間うちで、音楽は陽水か拓郎か、はたまたツェッペリンかパープルかという時代に、「いや、オレはモモエちゃん」と宣言するにはかなりのリスクを覚悟しなければならなかったが)。

ある時期を境に、俄然、向上した歌唱(表現)力。詞・阿木燿子、曲・宇崎竜童による後半期の楽曲は、彼女の潜在力を十全に引き出し、曲と歌い手とのシンクロ率を飛躍的に高めた。そして、運命の人・三浦友和との出会い。周囲は、早熟で加速度を伴ったひとりの女性の成長を、リアルタイムで付き合うという形で目撃することになる。

本書は、典型的アイドルとしてデビューし、国民的歌手として引退した「山口百恵」という稀有な存在について、本人のインタビュー記事や周辺の証言、各種データなどの膨大な文献、そしてショウ・ビジネスの内幕を交えて、時代ぐるみの検証を試みる。

デビュー直後の「付き人」生活、プロダクションとの確執など、当時の中高生では追い切れなかった秘話や彼女の肉声、「今なら理解できる」心情が明かされ、興味深い。

地雷を踏んだらサヨウナラ

一ノ瀬泰造

去る8月20日、中東シリアの内戦を取材していたジャーナリスト・山本美香さんが銃撃され、亡くなった。今でこそ、うわべは平和な現代ニッポンだが、世界へと目を転じれば、常に、どこかで、争いが続いている。

そして、そこには、自ら戦地を求め、身を投じるジャーナリストたちの姿がある。

その長期化と凄惨さから、泥沼と言われたベトナム戦争（1960～75年）。何人もの記者、カメラマンが、戦場に分け入った。

一ノ瀬泰造。新聞社やテレビ局などの後ろ盾を持たない、フリーのカメラマン。

72年3月、彼は単身、ベトナムの戦火が飛び火した隣国・カンボジアに入る。目指すは、数百年の歴史を誇る壮麗な大伽藍、アンコール・ワット。今や世界遺産となり、テレビでは格安ツアーのCMさえ流れる観光地だが、当時は一方の武装勢力がたてこもる要塞と化していた。

一ノ瀬がアンコール・ワットに魅入られた経緯は、本書では詳しくは語られていない。海を隔てた平和の国から、戦火にさらされる寺院群に、何を感じていたのだろうか。

本書は、身ひとつで戦地に飛び込んだ24歳の一ノ瀬青年が、遠く離れた故郷の両親や恩師、友人と交わした手紙と、生命と引き換えに撮った数十葉の写真で構成されている。

多くの民間人を巻き込んで続いたこの戦争では、誰にも分け隔てなく、死の影がつきまとう。こどもたちの遊びの輪の中に、家族の束の間の憩いの場に、容赦なくロケット弾が降り注ぐ。極限の日々を、それでも、人々は生きてゆく。

民家に居候しながら取材を続ける一ノ瀬も、よく食べ、飲み、カワイコちゃんとも付き合い、そして次の瞬間には愛機のファインダーに取り付く。

ユーモラスに綴られた故郷への手紙（本作のタイトルも友人への最後の手紙から）は、彼の天性もあろうが、絶望の大地で、自ら選んで「そこ」で生き抜いていくための覚悟を滲ませているようにも見える。そして、それに応える故郷の母の返信には、胸に迫るものがある。

彼は、憧れの地を目前に、ついにそこに達することはなかった。視線の先に拡がっていたはずのその青空を、どんな気持ちで見たのだろうか。

戦争を取材する
子どもたちは何を体験したのか

山本美香

去る8月20日、内戦の続くシリアで銃撃され亡くなった筆者による、貴重なメッセージ。

その最期の時。彼女が手にしていたビデオカメラには、直前まで市街戦の中での生活を余儀なくされた一般市民の姿が記録されていた。

ジャーナリストとして世界の紛争地帯を飛び回りながら、日本の若者たちに現地のひとびとの苦しみを伝えようと、精力的に講演をこなし、執筆も手がけていた。伝えることで、平和な世界が広がることを信じて。

本書では、小・中学生に向けられた平明で親しみやすい語り口で、テレビのニュースでは伝えきれない戦争の実態が、6つのパートに分けて報告されている。

まず、読者に「戦争」についてのリアリティを持ってもらうための1章。無差別、容赦なしに降り注ぐ砲弾の恐怖。それが日常と背中合わせであること。映画（虚構）と現実との決定的な違いについて。

続いて、兵器の中でも残忍な発想で開発された「地雷」と、その被害に苦しむひとびとの姿。そして地雷除去のために動員される犬たちの物語。

故郷からさらわれ、兵士として人を殺めることを強制されているこどもの数は、全世界に30万人（盛岡市の人口に匹敵）と言われる。かれらの苦しみに、続くページが割かれる。

家族や友達を目の前で殺されたこどもたちが負った、深い心の傷。

戦争という無益な争いをめぐる、国家の論理と、矛盾について。

故郷の村を追われ、国を失い、明日をも知れない日々を過ごすひとびとの悲しみは、読む者の心に刺さる。

*　*

「みんなはどんなとき、どんな理由で友達とケンカしますか」

『『なんか気に入らない』。そんなささいなことで、クラスメートを仲間はずれにしていませんか?』

「本当はいやだけど、だれかに合わせて、いっしょになって仲間はずれにしていませんか?」

他人の気持ちを考えること。心の距離を縮めるために何ができるかを考えることを呼びかけ、山本さんは最後に結ぶ。

「さあ、みんなの出番です」

旅猫リポート

有川 浩

新作が発表されるたびに、その引き出しの多さと奥行きに、感嘆させられる。器用、という域ではない。変な例えで恐縮だが「有川浩」という総合出版社があって、SF部門、ライトノベル部門、社会派部門、人情部門といったふうに、連立した部署から着々と、整然と作品が産み出されているのではないかと思いたくなるほどだ。

ひとつひとつが、それぞれに異なった持ち味を発揮し、例外なくかなりのアベレージでその心の内に留まる幸福な作品たちであろうことは想像に難くない。最新作である本作は、そんな意味で個人的に「やられた」一冊。

生まれながらの一匹の野良猫が、一人の青年とおもむく、四つの旅。「ナナ」と名付けられたその猫は「家につく」の言い習わしに反して、住み慣れた街を離れるという、非日常に身を委ねる。物語は、旅の空からナナが発するリポートの形を借りて進んでゆく。

銀色のワゴンカーを駆って訪ねるのは、青年・サトルの三組の旧友たち。小学校から高校、大学にかけて、いくつかの土地を渡り歩いてきた彼の、これまでの人生をたどるかのような旅だ。

しかし、この旅は、5年の時をかけて今やかけがえのないパートナーとなったかれらにとって、重大な意味を持つものだった……。

物語のもうひとつの軸は、訪問先の旧友たちのモノローグだ。かれらの少年時代の思い出語りから、サトルの人となりが浮き彫りになってゆく(さきに「個人的にやられた」と書いたのは、本作を、その昔転校続きだった我が身の半生と重ねて読むことになったからだ)。

たくさんの笑いと、ふいに襲う悲しみと、数え切れないフガイなさと。少年たちの記憶は、そのまま「いま」に連なり、単なる思い出ではない。人は、別れ、忘れるために出会うのでもない。まっすぐに生きた証しは、時を共有した人々の中に、きっと何らかの鼓動を遺すはずなのだ。かれらの旅を見届けた後に湧く感情は、それに近いものなのだろう。

2013年

10分あれば書店に行きなさい

齋藤　孝

いいタイトルだなぁ(笑)。

今回は手前味噌で恐縮だが、もっと本屋に通いなさい！　と訴える本。

著者は、教育、身体論を専門とする教育学者。……と言えばカタく聞こえるけれど、かつてベストセラー「声に出して読みたい日本語」で一世を風靡し、こども向けテレビ番組「にほんごであそぼ」の監修を務めるあの人、と言えば、あぁ、と親近感がわく方もおいででは？

書店の店頭にいると、この人の多作ぶりに驚く。こども向けの勉強法からおとな向けの自己啓発、読書論、翻訳など、300冊を超える著作を書架のそこかしこに見る事ができる。

大学教授として日々の研究や講義にいそしみつつ、これだけの本を書くなんて、と思うだろうか？　確かに、頭脳は明晰であるに違いはないし、回転だって速いだろう。しかし、決め手となるのは、情報の収集力と処理の要領ではないだろうかと愚考する次第なのだ。

そして、情報の元となるのは、インターネットだけではなく、本。古今東西の知の集積を、気軽に手にすることができる。そして、その出会いの場が、書店。

インターネット通販で、目的の本をピンポイントでゲット！　では、いけない。書店に足を運び、棚を眺め、手に取っては較べ、迷うことや、たまには失敗も含めて、これが大切で必要なことなのだ、と著者は言う。

寸暇を惜しんで書店に通い、興味のあるジャンルはもちろん、普段は縁がなかったり敬遠していたジャンルの棚の前に立ってみる事。それが刺激となり、脳を鍛え、モチベーションを上げる原動力になるのだ。卑近な例でまたまた恐縮だが、なるほど、書店で働いていればこそ、50過ぎたオジサンでもＡＫＢのメンバーの5、6人くらいならワカッたりするのだ（モチベーションとは関係ないが）。書店とは、世の中の最先端の情報が集まり、そして発信されていくパワースポットなのだ。

立ち読みの効能、書店員とのコミュニケーション、ハシゴの勧めなど賢い書店の活用法や、上手な本とのつきあい方の秘訣など、ふんふんなるほどと読みながら、よし、明日から本を読むぞっ！　と、ポジティヴな気持ちになれる一冊だ。

藪の奥　眠る義経秘宝

平谷美樹

時は、幕末。激動の時流に乗って発展を遂げた開港場・ヨコハマに、一人のドイツ人が上陸した。ハインリッヒ・Ｌ・シュリーマン。後年、幻といわれたトロイア遺跡を発掘し、世界の言語に精通した考古学者として名を残した人物だ。その半生を顧みた『古代への情熱』は名著と謳われ、現代も読み継がれている……。

ただし、その功績に関しては、異論がある。

自著による事実の粉飾や歪曲、発掘現場の損傷、発掘品の私物化などなど、後世の文化財保護の観点からすると相当荒っぽい所業があったようだ。もともと一代で財を成したやり手の商人であるかれを「考古学者」と呼ぶよりはむしろ、財宝を求めて世界を旅する「トレジャ・ハンター」とするのが妥当なのかも知れない。

今回の紹介は、そんなシュリーマン氏の胡散臭さを逆手に取って技ありのキャラクター造形を実現した、歴史冒険小説だ。

シュリーマンの来日は、慶応元年（1865）。その3ヶ月間の滞在については『シュリーマン旅行記 清国・日本』（講談社学術文庫）に詳しい。かれは、貿易商としての仕事を整理してまで実現した世界一周の船旅の寄港地として、未開の地・ニッポンを選んだのだ。と、ここまでは、史実。

その訪日には「それなり」の動機が、あった。偶然手にした、財宝の伝説。黄金郷・平泉に七百年眠る、奥州藤原氏の遺産だ。

異国人の行動に厳しい制限があった当時、奥州までの旅が許される訳もない。ましてや、財宝の発（盗）掘など、望むべくもない。一計を案じたかれは、横浜には留守居の身代わりを仕立て、自らは蝦夷の装束で、奥州への出立を決行する。同道は通訳と道案内役の武士、それに用心棒兼任の水主の一行だ。

かれらの行く手に待ち受けるものは、何か。そして、最後に明かされる財宝の真実とは。

読み進むうち、最初はあつかましいガイジンとして描かれていたはずのシュリーマンが、いつしか冒険譚の主人公として読者の共感を受け止め得る存在に「成長」している事に気づかされる。

虚実を巧みに配して郷土史に挑む、作者の技量に感服の一冊だ。著者は金ケ崎町在住。

一冊の本をあなたに

3・11絵本プロジェクトいわての物語

歌代幸子

サブタイトルに「3・11絵本プロジェクトいわての物語」と謳われたこの本は、さきの震災で被災した地域とこどもたちに向けて絵本を届け続けている、盛岡を中心とするボランティア活動のひとびとに取材したものだ。

このプロジェクトを立ち上げ、中心となって働いたのが、末盛千枝子さん。県出身の芸術家、故・舟越保武氏の長女として生まれ出版社を設立して、心に染みいる多くの絵本を世に送り出してきた。

震災が起きたのは、末盛さんが長年暮らした東京を引き払い、父の故郷・岩手に居を移した直後だった。

余震の続く中、彼女を中心にネットワークが構築されるのに、さほどの時間はかからなかった。それは国内外を問わず、長年にわたって培われた交流のたまものだ。

被災地のこどもたちのため、何ができるか。未曾有の災害に直面して、家族を、住まいを、故郷を失い、うちひしがれた多くの人々。そのかなしみや喪失感の大きさや深さは量ることができない。そして、こどもたちの心のケアは大きな課題だ。

やがて公民館、技術者、編集者、そしてボランティアの人々が結集して、被災地に絵本を届ける活動が始まる。全国に呼びかけ、絵本を集めてはこどもたちの手元へ。工夫を凝らした「えほんカー」を駆って、盛岡を中継地点に続々と絵本が届けられる。やがて全国から寄せられた善意は、十万冊を超える。……かつて絵本の店でこどもたちと接していて感じたのは、数あるメディアの中で唯一、緩やかさと奥深さを兼ね備えたその力だった。

幼い日に出会ったお気に入りの一冊が、一生の一冊になる。本書で幾度となく紹介される、絵本を手にしたこどもたちの描写にも、それが表れている（かれらの多くは、未知の本よりも「おなじみの本」を手に取ったようだ）。読んでもらった本、好きだった本に籠められた思いは、こどもたちにとってかけがえのないものなのだ。

　絵本には、理不尽な力に翻弄された幼い心を、静かに癒やしていく力があると思いたい。決して還らないものも数多くあるが、少しでも埋めることの補いになる限り、絵本たちの「旅」は続くのだ。

ゴジラ誕生物語

山口　理

　小学校高学年向けに出版されたノンフィクションシリーズの一冊。「ゴジラ世代の責務」として、小学生のわが子に読ませようと手渡したが、父の熱い（または迷惑な）目論見は、今のところ達せられていない。

　そりゃそうだ。

　来年（２０１４年）、怪獣王・ゴジラは誕生から60年を迎える。

　この間、幾度かのリニューアルを経て命脈を保ってはきたものの、映画産業の衰退もあって、ゴジラの名は過去のものとなっている感は否めない。小学生相手に「ほら、ゴジラだ、すごいだろう！」と力んだところで、「は？　ＣＧでしょ？」と片付けられてしまうのが関の山なのだ。ここで、父はゴジラの名誉にかけて、重ねて力説する。

　おい、いいか、よく聞け。ゴジラはＣＧなんかじゃあないんだ。

　そう、ここなんである。

　第二次世界大戦の傷跡も癒えきらぬ昭和29年、科学の光と影を問い、平和への祈りを込めて製作され、世界中にブームを巻き起こした、ゴジラ。その舞台裏には、大勢の人が工夫を凝らして手作りで成し遂げた、数々の「仕事」がある。

　本書は、プロデューサーや監督、俳優はもちろん、末端のスタッフのエピソードも交え、日本を代表する一本の映画ができるまでを描いた労作だ。

ページを繰り始めると、おっと、これは興味のある小学生でも苦労するか、と思えるほど、当時の映画作りの様子が事細かに描かれているではないか。解説が平明な分だけ、大人向けの入門書としても楽しむことができる。

伝わってくるのは、発想も技術も前例のない初めて尽くしの中で、ひとつの世界を作り上げるという目標に向かって動くチームについてまわる、数々の苦労。さらに、そこに携わる人間ひとりひとりの背負うドラマが、サイドストーリーとして作品に伴走しているかに感じられるところ。

最後に、ゴジラ生みの親のひとり、円谷英二の言葉を引こう。

『『できますか？』と聞かれたら、とりあえず『できます』と答えちゃうんだよ。その後で頭が痛くなるくらい考え抜けば、大抵のことはできてしまうものなんだ」

歴史の愉しみ方　忍者・合戦・幕末史に学ぶ　磯田道史

「チャンバラシーンの無い時代劇」と話題になった映画「武士の家計簿」の原作者であり、テレビの歴史番組でコメンテーターとしても活躍する著者は、まさにその名が体を表す、気鋭の歴史学者だ。

温和な風貌と柔らかい語り口が人気の……だけではない。予測される南海トラフ地震に備えて、その予知に寄与すべく、現地に伝わる古文書を読み解こうと勤務地を自ら静岡県に移してしまう硬骨漢でもある。

本書は、氏が雑誌やミニコミ誌などに寄せた文章を、5つのテーマに構成して刊行されたもの。

たとえば、忍者。外国人にも認知されたニホンゴではあるけれど、それでは、そのニンジャなるものについて、どれほどの研究がなされているのか？

隠密行動を大前提としたかれらについて、そもそも史料文献が遺っていること自体が、あり得ないのだ。氏は、持ち前の探究心とフットワークと執念でそれを探り、発掘し、調べ上げる。

古道具市でめぐり合った1枚の色紙から浮かび上がる、孤高の政治家の秘話。夫人とのやりとりから生まれた疑問「殿様は冬の朝、洗面にお湯を使ったか?」についての考察。

漫画家・手塚治虫の祖先の、日本の医学への貢献度。坂本龍馬暗殺の真相の鍵となる、当時の政治状況。

歴史に埋もれた真実を追っての東奔西走を苦労話の羅列にせず、肩の凝らないエッセイとして、時には軽妙なオチも交えて、それぞれ3ページほどの文章にまとめあげてある。

そして、『愉しみ』とはとてもいえない1章」として、「震災の歴史に学ぶ」という章がつづられる。過去の史実から日本列島が地震の活動期に入ったことを悟り、「歴史学が国民の人命にかかわる」と思い至った氏がとった行動は、さきに紹介した通り。

「学者は専門研究を超えて啓蒙にかかわる時、覚悟を必要とする」という先輩の忠告を肝に銘じつつなお、研究者としての使命を全うしようとする姿勢には、頭が下がる。

巻末、新幹線で関ケ原を通過するときの「作法」について、マジメに論じて歴史ファンをニヤリとさせて、読後感もさわやか。

14歳の君へ　どう考えどう生きるか

池田晶子

この本は、サブタイトルにあるように、若い人たちが「自ら考える力に目覚める」ことを願って書かれている。

その序文にいわく、「じつは世界中の大人たちもみんな困っているんだ。どうすればいいのかわからなくてね」「どうやって生きてゆけばいいのかわからない大人たちで、この世界は混乱しきっている」。うーむ。

いまや「大人」と呼ばれている人の多くが、幸福を願いながら不本意な人生を送らざるを得ないという現実がある、と著者は指摘する。

いや、いつの世も、人生思い通りになんかなるもんか、という論もあるだろう。しかし、世の中がだんだん、希望していなかったはずの方向にズレて行ってしまっているのではないかという不安は、多くの大人が感じているのではないだろうか。

けれど、著者は、こう続けるのだ。「たとえどんなに不幸な時代であっても、幸福な人が不幸になることだけは決してない」

幸福？　では、幸福って、なんだろう？

14歳。「夢の中」と例えられた幼少期はもはや遠く、中学生となった君たちはやがて量られ、比べられながら、いや応なく社会との接点を持つことになる。自分の内なる変化に戸惑うこともあるだろう。

時に身を守り、そして充実した時間を過ごすため、「考える」ということについての、ウォーミングアップ。始めておいて、損はない。

哲学者である著者によるこの本の目次には「君は『誰』なのだろう?・」なんてタイトルも並んでいたりするけれど、異性との接し方や意見を持つこと、勉強についてなど、身近な事柄から「考える」ことの練習を始め、社会、戦争、自然といった大きなテーマを経て、幸福について、そして人生について思索を深めていく。――終始、親しみやすい語り口調でつづられているので、読み始めればどんどん引き込まれていくはずだ。

第1章「ほんとうの自分　ほんとうの友達」を読んで、ガツン、と来る人、「そう、そうだよ」とひざを打つ人は多いんじゃないだろうか。

２００７年に病没した著者がその前年に出版したこの本は、若い君たちへの置き手紙と言える。受け取ってみてはどうだろうか。

ママ、ごはんまだ？

一青　妙

歯科医、女優として活躍の著者（歌手である妹君の活躍は言うまでもない）、2冊目のエッセー集。

著者23歳の年に早世した母が遺したレシピ帳と、多くの手紙、手記。著者は十数年の時を経て偶然にその存在を知り、母の人生をたどる事になる。

おふくろの味、ソウル・フード。誰にでも、幼い日の記憶と結びつく、懐かしい味、匂いがあるはずだ。東京育ちの母・かづ枝さん（妙・窈姉妹が日本で名乗る「一青」姓は、古くから石川県にあった地名に由来する）と台湾の名家出身の父（著者14歳の時に死去）が築いた家庭は、海を隔てた彼の地での数年間を経て、多くの異文化を吸収しつつ培われたと言える。

所変われば、「味」も変わる。

たとえば日本国内でも「台湾料理」の看板を掲げる料理店は数あるが、当然、日本人の好みに合わせたアレンジはされるだろうし、食べる側も、そうそう「冒険」をするわけでもないだろう。ところが、遺されたレシピの多くは、著者自身が後日、その正式な名を知るような料理も含め、素材、組み合わせ、調理法が、日本のそれとはかけ離れているのだ。

かづ枝さんは、それらをコツコツと学び、「家の味」にまでしてみせた。

若くして単身異国に嫁ぎ、言葉や風俗習慣の壁を眼前にしたひとりの女性の、奮闘、推して知るべしの一言ではかたづくものではない。当然あったであろう苦労は、その手記には、声高には語られてはいない。こどもたちの目にはあくまで明るく、強い母であったことは、本書で語られる通りなのだ。しかし、後日、人づてに「いつも泣いていた印象しかない」母の姿を知り、著者は愕然とする。

著者には、母の早すぎる晩年に、ちょっとした言葉の行き違いからわだかまりを作ってしまった後悔があったという。毎日の食卓を賑わした数々のレシピから、ひと手間ひと手間、家族に注がれた愛情を感じるにつけ、著者の、母への思いはあらためて深まってゆく。

いつの日か娘たちに引き継ぐことを念じた母の思いがこもった懐かしい味は、家族の歴史とともに、しっかりと手渡されたのだ。

銀の匙　Silver Spoon

荒川　弘

かつて冒険ファンタジー「鋼の錬金術師」で人気を誇った作者が、一転、北海道の農業高校を舞台に描く、学園マンガ。北海道の農家で生まれ育ち、実際に農業高校出身である作者の実体験が、ふんだんに盛り込まれている。

札幌のエリート進学校での生活に疲れ、逃げるように全寮制の「エゾノー」こと大蝦夷農業高校に進学した主人公・八軒《はちけん》勇吾。

彼をしてエゾノーを選ばせた理由は、競争からのリタイアもさることながら、「家に帰らなくていいから」と言わせるほどの、家族との関係にあるらしい。

物語は、それまでの常識や価値観が通用しない環境に身を置きながら奮闘する、彼の姿を描いてゆく。果たして、八軒《ハチ》の憂鬱は、解決されるのか？

＊　＊

個性的な仲間たちに囲まれたエゾノーでの共同生活は、なかなかに刺激的だ。クラスメートや先生、地元農家のひとびとが漂わせる、北海道ならではの大陸性。都会からやってきた八軒とのコントラストが絶妙だ。

八軒が驚かされたのは、自分と同年代＝15、16歳の仲間たちが、将来の目標を持っているということ（それらが「夢」と呼べるものばかりではないという現実が、やがてわかってくる）。

さらに。エゾノー生活でのパートナーは、人間だけではない。実習のために飼育されている動物たちとの出会いと別れに、八軒は一喜一憂することになる。これらのエピソードは、通り一遍の取材では語れない、農家での実体験を積んだ作者ならではのものだろう。

「生命」に相対するということ、「経済」の視点で考え、行動しなければならない場面、そして農家の置かれた現実。ともすれば辛口、深刻になってしまう素材を扱いながら、今風のギャグをちりばめた作者の筆致は、決して暗くはならない。そして、次々と現れる壁にぶつかり、悩み、思いやり、お人よしと言われても仲間のために行動してしまう主人公の優しさが、セイシュンのほろ苦さを感じさせてくれるのだ。

悩み多き好漢・八軒と、その仲間たちの、青春のゆくえは?

今夏のアニメ化を経て、来年には実写映画化も予定されている、話題作だ。

自選　谷川俊太郎詩集

谷川俊太郎

日本を代表する詩人の一人である作者(1931〜)の作品集。

作品の多さ、こどもからおとなまでを引き受ける幅広さにかけては、随一ではないだろうか。その活躍は詩にとどまらず、翻訳(「あしながおじさん」「マザー・グースのうた」「スイミー」「スヌーピー」)、絵本(「もこもこもこ」「これはのみのぴこ」「クレーの絵本」)、演劇、映画(「東京オリンピック」)、詩に曲を付けた童謡や合唱曲、アニメ主題歌(「鉄腕アトム」)・校歌の作詞(岩手でも何校かを手がけている!)などなど、枚挙にいとまがない。意識するとしないとにかかわらず、何らかの形でその作品に接した事の無い人は、おそらくいないのではないだろうか。

年譜によれば16、17のころから始めたという詩作、そこから編まれた作品集は数あるが、本作は「自選」という趣向。「まえがき」によれば、作品のチョイスに関しては「色んな思惑が渦巻いた」ものの、「ほとんど即興的に選んでしまった」とのことで、処女詩集「二十億光年の孤独」から２００９年の近作「詩の本」までの中から、１７３編が年代順に並べられた。定型詩、自由詩、ことばあそび。詩人・谷川俊太郎の集大成といっていい。

ことばを選びぬき、研ぎ澄まして編まれた「詩」という作品について、喋々することの難しさ（無意味さ？）を思えば、それらをあげつらってヘタな先入観を植え付けるの愚は避けたい。まずはご一読を、と言上して退席するのがイチバンなのかもしれないけれど、そうもいかない。

ひとつだけ。

日常使い慣れた平明なことばを選びながらも、そこに込められた、深み。重み。生と死、若い日の気負いや迷い、老境を迎えての達観、そしていまなお静かにたぎる何か。さまざまな喜怒哀楽が作者の五感を通して集められ、静かに、力強く、時には軽やかに、散じられてゆく。

作品と向き合い、そのうちのどれか一つでも共鳴するものを感じたとき、読者は、ことばの奥にある深さを知り、あるいは自分の意外な一面を知ることになるかもしれない。「青春広場」読者のみなさん、持てる感受性をふるって、ぜひ挑戦を。

サエズリ図書館のワルツさん

紅玉いづき

文芸のジャンルにおいて「ライトノベル」という呼称は、いまや定着しつつある、と言っていいようだ。かつて児童書と一般向け文芸書との中間で「ヤングアダルト」と呼ばれていた少年少女向けの読み物が「ライトノベル」と呼ばれ始めて、広まってきた（ただし、伝統的な「児童文学」とは趣を異にする）。

平明な文体と「萌え」系のイラストが添えられることが、必須。読者層は、コミックスから派生した中高生がメーン。最近では「ラノベ」ことライトノベル育ちの読者がそのまま一般文芸書の読者層とリンクしてきて、イラストをちりばめた「読みやすい」作品が出版社によって意図的に用意される傾向がある。

さて、そんなラノベ事情を踏まえての今回の紹介は、図書館を舞台にした作品（本文イラストは章の扉絵のみに抑えられている）。

ライトノベル作家としてコンスタントに作品を発表する作者は、幼い日に図書館に通い詰めた経験を持つとのこと。

とある地方都市にある私設図書館に集うひとびと。それぞれが抱える物語を穏やかな語り口でたどりながら、章が重ねられてゆく。

ところが。作者には、たくらみがある。

巻間ありがちなホノボノ系の作品かと思いきや、作品の世界観が少しずつ明らかになってゆくにつれ、次の章への気がかりが増してゆくのだ。図書館のオーナーでもある司書（作中では「特別探索司書」と呼ばれている）・ワルツさんは、楚々とした中に強い使命感を持つ、シリーズのヒロイン。彼女の生い立ちと、図書館の成り立ちをめぐる秘密が、このシリーズの縦糸だ。

そして、「紙の本」がとても貴重なものとされている時代背景が横糸となって、物語が紡がれてゆく。

人と本との出合い。本と過ごす時間の貴さ。そして、「紙の本」でなければならない理由。

一話で1人、2巻までで、ワルツさんを含め、6人。ここまでは短編連作としての色合いが濃いものの、登場人物が調い、物語が出そろって収束される展開を、作者は、どのタイミングで放つのか？

年一冊ペースで書き下ろされる、このシリーズ。続刊は、果たして？

2014年

ヒトに問う

倉本　聰

「倉本さんが、怒っている。」という出だしで、氏の著作「失われた森厳」を紹介したのは、2007年4月。この連載が始まって間もないころのことだ。

現代社会がはらむ、かずかずの矛盾、欺瞞、ご都合主義。そしてそれに迎合し、あるいはならされてしまった現代人への嘆き。当代一のシナリオライターとして人と世の中を見つめてきた氏の放つ一語一語は、厳しくも真摯な響きで迫ってきた。

11年、東日本を襲った震災は、単なる自然災害ではなく、原子力発電所からの放射能飛散という、現在の技術では制御しえない災いをもたらした。原発を作り、「神の火」をもてあそんだ人類は、解決の糸口さえ見い出すことができず、今なお途方に暮れている。4年前の氏の懸念は、過酷な現実となって突き付けられている。

今回の1冊は、倉本氏が北海道は富良野で主宰する「富良野自然塾」の機関誌に連載されている文章をまとめたもの。

悲惨な原発災害を踏まえ、氏は切り出す。

原発に頼り、経済優先、便利な社会を望む道。原発に頼らない代わり、現在享受している便利さを捨て、多少「不便」な過去へと戻る道。どちらを選ぶか。

ある地方での講演会場で、氏は800人の聴衆に問うた。1階席は一般市民、2階席が高校生。1階の聴衆は、9割が「過去へ戻る」を選んだそうだ。次に2階席の高校生に問うと、その7割が「今の便利」を捨てられない、と答えたという(無理からぬこと、と氏は同情するが)。

被災地を歩き、取材するうち、氏は、さまざまな現実と遭遇し、考える。都市圏の過剰な「便利」のために犠牲を強いられる、地方。経済のために浪費されるエネルギー。未解決の問題を残したまま、核物質を操ろうとした科学者。自らの保身と利害に左右される政治家。そしてそれを結果的に後押しする国民。

些細な私欲やわずかな金銭欲が、ひいては世界を脅かす事態を引き起こす。

……地球上のあまたの命の中のひとつである「ヒト」の一人として真剣に考えてほしい、との願いを込め、氏は、さまざまな例をひき、問う。そして、それらについて考え、答えるのは、若い世代の責務なのではないだろうか。

はじまりのはる

端野洋子

福島県在住の作者による、連作マンガ。第1作「ミルク・ボーイ」が発表されたのが、2010年の春。無為に日々を過ごしていたひとりの高校生が、酪農家との出会いを通して人生を見つめ、目標を見いだす姿を描いて、好評を博した。

この時点で、次回作の予定があったのか、どうか。作者に設定を変更してまで物語を描き継がせたのは、翌年発生した東日本大震災だ。

地震、津波という自然災害だけではなく、地域は原子力発電所の破壊による放射能禍に見舞われた。作者は、主人公の設定を福島県南の農業科の高校生たちにあらため、かれらを厳しい運命に直面させる。

拡散した放射性物質のために、地域の農業は大きな打撃を受けた。

前作で舞台となった酪農家では、100頭の乳牛たちを外に出してやることもできず、牧草を与えることもできない。出口の見えない不安に、呆然とする者、心が折れそうになる者。そんな中で、新たな目標を見つけて走り出す者の姿もあった(「はじまりのはる」＝第1巻)。

避難のため故郷からの退去を余儀なくされ、散り散りになった家族、そして仲間たち。毎年恒例の駅伝大会への出場を励みに、支えあう陸上部員たち(「故郷」＝第1巻)。

致命的な被害を受けた、家業のシイタケ栽培。家族のため、地域のために研究を志し、果敢な一歩を踏み出す少年(「チェーンソー・ラプソディー」=第2巻)。

それぞれのエピソードで描かれるのは、主人公となる高校生たちの試行錯誤はもちろん、その家族の苦悩や地域が晒された、さまざまな問題だ。風評被害の実態や、行政に対する歯がゆさ、怒り、そして農業に携わる人々の誇りと悲しみ、引き裂かれた家族の叫びなど、後付けや通り一遍の取材では表せない「肉声」が、コマを通してビシビシと伝わってくる。

事故発生当時から現在に至るまで、原発についての論議は、決して十分ではない。「だれかの利害」のためではなく、今なお虐げられている人々のため、真摯な議論と実践がなされなければならないことは、多くの人が認識しているはずだ。この作品には、この状況に投じる「一石」としての価値と力があると思うが、どうだろう。

地震と独身

酒井順子

震災から3年を迎えようとするタイミングで出版された本作は、女性を中心に人気のエッセイストによるもの。エッセーというよりはルポルタージュに近い印象を受けるのは、その大部分がインタビューで構成されていることによる。

震災から1年を経た時、報道される「家族」をめぐる話題に触れつつ、著者が思ったのは、「独身(著者がこれまでにテーマとしてきた『適齢期』を迎えて未婚でいる)」の人たちが、あの時に何を思い、その後、何をしていたのか、ということだった。

東京に住んでいる著者は、今更ながら気づかされる。大都会は、単身者が暮らすためにさまざまな施設がととのい、「お金さえあれば」むしろ快適な毎日が過ごせる。ところが、一朝事あれば、それがいかにもろいシステムの上に成り立っていたか。

震災に際しての、著者の周辺の独身者についての話題から、被災地で仕事と家族の二者択一を迫られた既婚者の直面したジレンマ、それに対して身一つで動くことのできた単身者の奮闘の紹介へと、焦点が絞られてゆく。

作中登場するだけで、50人を超える男女。3年前のあの日、居合わせた場所も、置かれていた境遇もさまざまなかれらから、同数のドラマが語られる。

病院や鉄道、マスコミでの勤めに携わっていたことが、自らを現場へと駆り立てた例。東京から故郷に戻り、家業を継ぐ話。無縁だった東北の地でのボランティア活動に身を投じる人々。避難に際して、故郷を出ることについての、葛藤。故郷を離れてのち、めぐる思い……。

震災を契機に結婚をした人、逆に別れを余儀なくされた例も、いくつか紹介されている。

震災は、いや応なく多くのひとびとの人生を翻弄したが、自分や人生を見つめなおす契機となった側面も含んでいることも否めないのかもしれない。集団で避難生活を送っていた独身女性が感じた連帯感とささやかな幸福感が「災害ユートピア」と呼ばれるものである、というくだりには、考えさせられた。

強固だった地縁や血縁が崩壊してしまった被災地で、奉仕の力となった独身者の働き。これからの日本が抱えるであろう問題への希望の灯火を見出した著者の思いが、最後に語られる。

どんな小さなものでもみつめていると宇宙につながっている

詩人まど・みちお100歳の言葉

まど・みちお

2月28日、まどさんが亡くなった。

104歳。天寿を全うし、静かに旅立たれた。童謡作家として、詩人として、画家として、その足跡の大きさは、計り知れない。

まどさんがいなくなった地上は、これからも変わることなく、陽が昇り、そして暮れてゆくだろう。でも、そこはまどさんのいない世界なのだ。その訃報に接した時の虚しさは、幼い日に組み込まれた自分のパーツの、どこか一つが抜け落ちてしまったかのような心地、としか言いようがない。

それまで何の感謝もせず、当たり前に存在していたものが、ある日忽然と喪われてしまった。そんな気持ちに苛まれつつ、この本を手に取った。

100歳を迎えたときにまとめられた本書には、人間まど・みちおの、飾ることを知らない、生のままのことばと、楚々とした日常を捉えた写真が、綴られている。

「一日として同じだと思う景色はないんです。」

「なんでも、どんなことでも、／興味を持たずにはいられません。」

まどさんは、その五感で感じることすべてに、素直に驚き、受け入れ、喜び、それをやさしく、素朴に表現した。

「言葉自身が遊びたがっているところが／あるように思えるんです。」

人間はおろか動植物だけでなく、石ころや元素のひとつひとつにまで、その存在の尊さを感じ、かつその「声」を聴こうとした。

「小さいものほど／大きな理由がある。」

「この世のものは／そこにいるだけ、あるだけで／尊いものなんです。」

そのまなざしは、目の前のアリから宇宙の果てまでを等しく眺め、面白がり、驚き、慈しんだ。そして、今ここに生かされてあることへの、感謝。

「なが〜い長いすえに、／やっとここまで来たようでもあるし、／つい昨日来たようでもある。」と語ったその境地は、余人の知りえないところ、なのかもしれない。

それでも、まどさんが育て、咲かせた花の種子は、私たちひとりひとりの心のどこかに、もう蒔かれてあるはずなのだ。それは、やがてその子へ、孫へと手渡されることだろう。

まどさんは、かけがえのない贈り物を遺してくれたのだ。

あのとき、この本

「この絵本が好き！」編集部編／**こうの史代**漫画

児童書の老舗出版社・福音館書店が発行している、「こどものとも」という月刊誌がある。この雑誌から、幾多の名作絵本が生まれた。「ぐりとぐら」「はじめてのおつかい」「おおきなかぶ」「ばばばあちゃん」……。ね？　幼い日に、一度は開いたであろう名作絵本たち。今週の紹介は、今も変わることなく作品を生み続ける「こどものとも」シリーズのうち、幼児向け月刊誌「こどものとも0・1・2」の付録として連載されていた、絵本好きの絵本語り。

絵本＆童話作家はもちろん、小説家、詩人、ミュージシャン、漫画家など、よくぞ集めたの71人。……、この人たちも、昔はコドモだったんだよね。

「だるまちゃんとてんぐちゃん」「ごろごろにゃーん」「こんとあき」「しろくまちゃんのほっとけーき」「みんなうんち」「かいじゅうたちのいるところ」「ちいさいおうち」「こねこのぴっち」「はせがわくんきらいや」など、など、など。

見開きで一人ずつ、思い出の絵本について、時に熱く、時に静かに、時にとりとめもなく、自由な語り口でコメントが披露される。

それらのエピソードは、きわめて個人的な思い出のはずなんだけれど、そのうちのいくつかには「ああ、そうそう」とこちら側でもニンマリすることもあり、そして、おそらくそれが読む人一人一人によって違っているんだろうな、と思えてきたりもする。それが、本、読書の魅力なんだろうな、と気づかせてくれたりも。

そして、各回のお題となった絵本につかず離れず、またはまったく無関係に（！）軽妙なセッションを奏でて見せるのが、漫画家・こうの史代さん。代表作「夕凪の

街　桜の国」で出身地広島の原爆禍を切々と描くかと思いきや、別作品ではほのぼのギャグで脱力系の笑いをとったりもする、分類困難？　な漫画家だ。

　後者に属するキャラクター、本、大好きの「ときこさん」と、変幻自在、ときこさんと会話を交わしてしまう「本」さんコンビが織りなす4コマ漫画「ときこの本（本書のタイトルが織り込んである）」が、絶妙の味付けで添えられている。

　本文から読むもよし、4コマから入るもよし。そして、これを機会に、なつかしの絵本たちを押し入れから出して開いてみては？

野川

長野まゆみ

　東京、と聞いて、どんな風景を思い浮かべるだろうか？

　林立するビル街、足早に行きかうビジネスマン、過密な人口、不人情……、ディズニーランド、スカイツリー？

　残念ながら、それらは、きわめて表面的か、あるいは誇張され意図的に流布された、一面にすぎないのだ。

　実際には、「東京都」の面積の半分は緑に恵まれ、暮らしよい街並みが続く市部が占めている。

　今回の紹介は、そんな東京郊外を流れる「野川」周辺を舞台にした、ある中学生の物語。

　両親の離婚、父親の失業と、環境の激変に直面した、14歳の主人公・音和《おとわ》。それまで住んでいた都心の高級マンションを引き払い、父とともに郊外の街へと移ってきた。

　衣食住、経済的には恵まれていた生活のすべてが変わった。慌ただしく過ぎ去った、中学2年の夏休み。そして新学期からは、未知の学校での、新しい生活が始まる。

　年齢《とし》の割に冷めたところのある音和だが、風変わりな教師や上級生に、いささか出鼻をくじかれる。この出会いが、やがて彼に自分でも予測のつかなかった一歩を踏み出させることになる。

そして、もうひとつ。小さな成長を共に歩むことになる出会いが、音和を待っている。これは、読んでのお楽しみ(個人的には、彼と父親との関係のくだりを掘り下げてほしかった気もするが)。

題名となった「野川」は、国分寺市に水源を発し、武蔵野の南の縁を西から東へと流れる一級河川だが、物語の冒頭にもあるように「大河」ではない。しかし、市街地では土手下を流れる小川、丘陵地帯では崖の間を縫う渓谷と、変化に富んだ貌を見せる、なかなかおもしろい川なのだ。

物語のかなりの部分が、この川を抱く武蔵野の地形についての説明に費やされる。地の文で、時に登場人物の台詞として連綿と続く地形描写には、正直、実際に現地を知らない読者には実感がつかみにくいかもしれない。だが、これらの描写は、ラストシーンへの布石として意味を持たされているフシがある。

かつて読書感想文コンクールの課題図書でもあった本作。皆の健闘を、祈ります。

空白の戦記

吉村　昭

旧日本海軍の艦艇を中心に、これらを美少女に擬したゲームが、人気だ。

巷には、にわかに「海軍通」があふれ、戦艦や航空母艦といった大型艦から駆逐艦などの小型艦にいたるまで、艦名はもちろん武装や戦歴など、あらゆるデータが諳んじられているようだ。

実は、その気持ち、よくわかる。

現在50代のおじさんたちが幼少のみぎりには、マンガやテレビに太平洋戦争を題材にした作品が数多くあったのだ。そしてクラスの男子の何人かは、艦名の由来である日本の旧国名や山、川、気象、植物、季語に通じ、旧仮名や旧漢字を操るまことにカワイクナイ小学生だったのだ。

ただ、現代のブームと状況が異なるのは、当時は兵士として戦争を体験された方が多く存命されていたこと。出版や放送の現場で「語り部」的意図を持って企画されたものもあったのだろうと思う。

そして、大きな愚挙であった戦争への反省と検証を意とする活動が活発だったことも、見過ごしてはならない。

吉村昭氏は、綿密な資料の収集と往時を知る関係者への丹念な取材で長編「戦艦武蔵」「陸奥爆沈」を著し、戦記文学の第一人者と呼ばれた。今回の一冊は、正史から抹消された戦争の裏面史を切り取った短編集。

台風を衝いて強行された洋上訓練で艦隊が遭遇した惨事「艦首切断」。

最新鋭艦を襲った想定外の事故「転覆」。

世界最大の戦艦建造時に発生した、設計図紛失事件の波紋「軍艦と少年」。

終戦の翌日に自ら特攻出撃した司令官の最期の日「最後の特攻機」。

苛烈をきわめた沖縄戦で捕虜となった若者のたどる運命「敵前逃亡」。

沖縄戦下、戦力として動員された住民の悲劇「太陽を見たい」。

これら六つの挿話の主役は軍艦でも飛行機でもない人間であり、その運命の変転＝戦場においては生と死＝が、冷静な記録者の筆致でたどられる。

言うまでもないことだが、戦争は、2次元上のシミュレーションゲームではない。多くの人命が奪われ、運命が狂わされたことを、決して忘れてはいけないのだ。

世代を隔てるごとに薄まりゆくリアリティーを補完する術を持たないおじさんの一人として、せめて本作を紹介させてもらう次第だ。

ダイホンヤ

とり・みき／田北鑑生

盛岡市内で5月いっぱい展開されていた、本を介して人と街との出逢いを演出するイベント「モリブロ」。連動企画として、店頭に「本屋さんの本」というコーナーを作った。本屋をテーマにした本は、フィクション・ノンフィクションを問わず数多く出ていて、まさに百花繚乱。

そんな中、コーナーに加えた本作は、93年に初版が発行された、ハードSF・パロディーギャグマンガ(！)で、権威あるSF文学賞「星雲賞」マンガ部門賞を受賞している。

原作者としてコンビを組む田北氏は、とり作品に欠かせないキャラクターでもあり、書店員でもある(らしい)。本作は、あえて田北・とり合作というスタイルで、「本屋もの」のリアリティーの追求に重きを置いた作品に仕上がっている(あくまでSFで、しかもギャグなんだけどね)。

タイトルは、かのアクション映画「ダイ・ハード」のモジリ。ハイテク超高層ビルを舞台に、ブルース・ウィリス演じた主人公とテロ組織との対決を描いた第1作の設定を借り、書店や出版界のあるあるネタを盛り込んだ。

とり作品の特徴として、自ら描いた表現そのものをパロディー化するというものがある。

雑踏の風景描写が2コマ続き、次のページで登場人物に「まちがいさがし」をさせる、「バラバラバラ」というヘリコプターの飛行音が次のコマでヘリがバラバラになって落ちていく擬音になっている、身分証を提示したと思いきや、次のコマではそれがポケットティッシュだった……などなど。いちいち説明するとまどろっこしいが、これ以外に絵遊びやパターンものも含めて、見開きに一つ以上のハイペースで、たわいのないギャグが放たれているのだ。

その一方で、紙資源の枯渇、書物の電子化、大資本の業界寡占化、書店の巨大化など、現代に通じるテーマを20年も前に取り上げる先見性は注目。さらにSFファン好みの設定を随所に散りばめ、それらがスタイリッシュな画風と相まって独特の持ち味を出している。

手塚治虫が用いた、特定のキャラクターに配役を設定する「スター・システム」。手塚に憧れてマンガ家になったとり氏の作品の読み方には、そんな楽しみもあるという事も、つけ加えておこう。

太宰治　新潮日本文学アルバム

もうだいぶ前のはなし。

とある小さな書店で、店番をしていた。この日、レジの手前に小皿を置き、その上に近所のスーパーで誂えたサクランボを載せ、「本日、桜桃忌。」と書いた札を皿の脇に添えておいた。

昼すぎ、小さい女の子を連れた女性が、これに目を留めた。

「あ。今日、桜桃忌……」

「おかあさん、なぁに?」

「……今日ね、お母さんが昔好きだったダザイさんの命日なの」

「?」

会話はそれで終わり、親子は店を出て行った。

6月19日、桜桃忌。無頼派作家・太宰治の命日(&誕生日)だ。

いわゆる「純文学」の場合、作者の人生や世界観が作品に色濃く反映される。太宰は、その典型だろう。

作品の評価もさることながら、破滅型の、決して潔いとは言えない、自意識にまみれた生涯が、なぜか人を惹きつけるようだ。

青森の大地主の家に生まれるが、実の親の愛情を知らずに育つ。地元で秀才と呼ばれながらも、茶屋遊びを覚え放蕩する。実家への反発から、社会主義運動にかかわり、挫折する。薬に溺れ、生活を破綻させ、繰り返す自殺未遂。そして、死後数十年を経て……、いまだにモテる。

今週の紹介は、そんな太宰の生涯を写真で綴る、「文学アルバム」シリーズの1冊。

明治末年の生まれながら、貴族院議員の家柄、遺された写真は豊富だ。幼少時から学生時代、眉根に含羞を含んだ修治（本名）少年の表情を見ることができる。長じて学生時代、顎に手をあてた「芥川のポーズ」（何枚もある！）には失笑させられ、成人しては肖像・静物など玄人はだしの画才に感嘆させられ、言い訳や恨み言を綿々と書き連ねた手紙にため息をつかせられながら、人間ダザイの39年をたどる。

愛児とともに写る父親の貌、かつての含羞からいささか演出気味の虚無へと変質した眼窩の翳、座興に撮ったと伝わる、有名な「バー・ルパン」での気取ったポーズ。いくつもの表情を、意図的にくるくると使い分けたのではと思いたくなるのは、読む側の先入観のなせる業なのだろうか？

死後出版されて代表作となった「人間失格」執筆のころと伝わる最晩年の一葉の、眼《まなこ》から力の抜けたかのようなショットに窺えるのは、達観か、それとも諦念か。

おおかみだってきをつけて

重森千佳

古今、童話の世界における「悪役」と言えば、オオカミ、キツネ、タヌキであること、論を俟たない。

腕力のオオカミ、悪知恵のキツネ、ドジなタヌキ、ところだろうか？ 家畜を襲い、作物を荒らす害獣としての位置づけが、役どころを決めているようだ（なぜかネズミやシカの行状が問われることは、まず無い。イメージって大事だね）。

さて、オオカミが登場する物語を三つ、挙げてみよう。「おおかみと七ひきのこやぎ」「赤ずきん」「三匹のこぶた」……、はい、ここまでいいですか？

どの物語も、途中まではオオカミの思い通り。ところが、どの物語も、最後には逆転をくらってオオカミは悲惨な最期を迎えることになる。いわく、腹を裂かれて石を詰め込まれ、井戸に落ちる。腹を裂かれ、猟銃で狙い撃ち。煙突から煮えたぎった鍋に墜落。……。

閑話休題。

今週の一冊は、こんな出だしで始まる。

「……むかし、ばあちゃんにえほんをよんでもらった。（略）こわいのはおおかみじゃなくて、やつらのほうだ。」

「やつら」。オオカミのことではない。この独白の主は、絵本の主人公・ヤギや少女やコブタの活躍に感動、いや戦慄しているのだ！

独白の、主。彼、オオカミその人である。

……悪役悪役って言うけれど、オオカミって、素直でウラオモテが無くて、結構いいやつだと思うんだけどね。

さて、生きてゆくためには、食べなくちゃならない。オオカミくん、お約束のハラペコを抱えながら、今日も家を出る。胸には、代々語り継がれる警句。

「おおかみだって、きをつけて」

オオカミくん、さすがに故事を学び、用意も周到。道すがらコブタの兄弟に遭遇しても、むやみに襲いかかったりしない。

「……えほんとおんなじだ。ちびのこぶたはあぶないぞ。」

コブタをやり過ごして、留守番をするコヤギの家へと向かうオオカミくん。果たして、先祖代々の悲願は。リベンジは遂げられるのか？

ちょいまち。オオカミが学習しているということは、コブタやコヤギや赤ずきんの子孫も、……。

作者は、名作童話の挿絵などで活躍（なるほど！）の新鋭。

オオカミくんの運命や、いかに！

伊福部昭の音楽史

木部与巴仁

誕生・60周年、ゴジラ。

このたびアメリカで制作された新作「GODZILLA」は、散々のデキだった前作（1998）に比べれば、多少の改善が見られるようだ（油断は禁物）が、欠けているものがある。音楽だ。

生誕100年、作曲家・伊福部昭（1914〜2006）。ゴジラを語る時、円谷英二と並び、この名は外せない。怪獣王・ゴジラのイメージの半分は、氏の手になる音楽によると言っていい。

氏によって作曲された特撮映画の劇伴音楽は、「ゴジラ」（1954）「大魔神」（1966）など、30作に上る（手がけた映画音楽は総数300を超えるという）。あまた登場する怪獣たちの個性を解釈し、それぞれの主題として奏でられる重厚な楽曲（ちなみに「ゴジラの主題」と言うと「♪ドシラ、ドシラ、ドシラソラシドシラ」を連想される向きが多いけれど、あれは「ゴジラに立ち向かう人間の主題」ね）は、凄みやアクや愛嬌さえも伴って当時の怪獣少年たちの身体に染み込んだものだ（省みればゴキブリ退治の際に口を衝くのは「地球防衛軍マーチ」だし、気分がハイな時は頭の中で「怪獣大戦争マーチ」がリフレイン、など）。

氏の活躍は、それだけではない。

古代の豪族の家系に生まれ、北海道の原野で幼少〜青年期を過ごし、9歳でヴァイオリンを始め、大学の管弦楽部で活躍しつつ作曲に取り組み、21歳で海外の音楽賞に日本人初の受賞。林業試験場などで勤務しつつ数々の作曲をこなし、ついには東京音楽大学の学長まで務めた。

この間、ほぼ独学。独創的な曲調は異端とさえ言われた。まさに日本音楽界孤高の巨人、なのだ。

そのメロディーを耳にした者の心に刻み込まれる、または奥底に眠っていたものを呼び覚ます「何か」。本書は、氏に心酔する著者がその生涯をたどり、これらの

「音」を生み出した人間・伊福部昭に迫ろうという試みだ。

代表作「シンフォニア・タプカーラ」を始め多くの楽曲がCD化されているし、名作映画(「原爆の子」「女中ッ子」「ビルマの竪琴」「ちいさこべ」「無法松の一生」など枚挙に暇なし!)も、その気になりさえすれば鑑賞できる。

入門コースは観る→聴く→読む、で決まり。

侏儒の言葉

芥川龍之介

先月は、桜桃忌にちなんで太宰治についての紹介をさせていただいた。7月は「河童忌」、芥川龍之介(1892~1927)の命日(24日)である。

かつて店番を務めた書店の店先で一皿の胡瓜を供えた訳ではないけれど、本読みの端くれに連なる者として、芥川は避けて通れない。

明治の東京に生まれ、狂を発した生母の手を離れて親戚の養子となり、中学・高校を秀才として過ごし、東大へ。同人誌の発行、夏目漱石への入門、教職、新聞社勤務を経て、作家活動に専念。

天才と称される一方で、繊細、神経質というイメージがつきまとう。その生涯を自死という形で締めくくった際の遺書の一節「ぼんやりした不安」は、あまりにも有名だ。

「侏儒の言葉」は、その早すぎる晩年、雑誌「文芸春秋」創刊号から巻頭に連載された箴言集だ。

箴言、またはアフォリズム。人生における戒めや警句などを長短のフレーズで表したもの。

「軍人は小児にちかいものである。(略)喇叭や軍歌に鼓舞されれば、何の為に戦うかも問わず、欣然と敵に当ることである。」(「小児」)

「古典の作者の幸福なる所以は兎に角彼等の死んでいることである。」(「古典」)

「人生の悲劇の第一幕は親子となったことにはじまっている。」(「親子」)

「阿呆はいつも彼以外の人人を悉く阿呆と考えている。」(「阿呆」)

「彼は誰よりも単純だった。」(「或仕合せ者」)

芸術、社会、恋愛、そして生と死などについて、芥川ならではの解釈と諧謔(ユーモア)、皮肉を込めたメッセージが次々と発信される。

「河童」「或阿呆の一生」など精神的に追い詰められつつあった後期の作品には、教科書でおなじみの「蜘蛛の糸」「杜子春」など初期短編のような「寓話性」と言うよりは、後味の苦いものが目につく。同時期に著された本作にも、ある種の達観、諦念、あるいは居直りのような「黒」芥川が前面にあって、その巨きな眼《まなこ》を爛々と光らせながら語りかけてくるかのような気分にさせられる。

芥川自身も影響を受けたとされる警句集「悪魔の辞典」(A・ビアス、岩波文庫他)との併読を、おすすめ。

平和をわれらに! 漫画が語る戦争
水木しげる/手塚治虫/藤子・F・不二雄/石ノ森章太郎

69回目の、夏が来た。1945(昭和20)年に戦争が終わり、以来、この国は戦争に直接参加することなく、日本国内での「戦死者」は出ていない。

しかし、かつて戦争に動員され、有形無形の傷を負った人々の負う記憶は、決して消えることはない。

今回の1冊は、戦争のあった時代に生きたマンガ界の大御所たちによる、戦争の悲劇を描いた短編集。

水木しげる=1922(大正11)年生まれ。応召して配属された太平洋の最前線で負傷し、隻腕となったエピソードは有名だ。

水木サンと言えば、「鬼太郎」などの妖怪モノ以外にかなりの数の戦記ものが発表されている。実は凄惨な場面が多いのだが、飄々とした絵柄が救いになっている

（時に正反対の効果を生むことも）。激戦地での顚末を描いた「硫黄島の白い旗」など2編は、兵士たちの心情を読者にストレートに伝える。

手塚治虫＝１９２８（昭和3）年生まれ。旧制中学時代に軍需工場での過酷な勤労奉仕に従事し、空襲であわや爆弾直撃の経験を持つ。「非国民」呼ばわりされながらコツコツと描き続けたマンガ愛は、「マンガの神様」の面目躍如。この作品集に収められているのは、あの「ブラック・ジャック」からの「とざされた記憶」、ほか2編。

藤子・Ｆ・不二雄＝１９３３（昭和8）年生まれ。戦時中は小学生だが、郷里・富山は大空襲にさらされている。

ＳＦをベースに寓話やブラックユーモアを取り入れ、藤子ならではの味わいの4編が掲載されている。

石ノ森章太郎＝１９３８（昭和13）年生まれ。「藤子Ｆ」こと藤本より5歳年少。石ノ森にとって、戦争は文献や人づての知識によるものが主であったかもしれないが、幼時に接した当時の空気の記憶は、現代のぼくたちからは想像もつかないほど濃いものだったに違いない。旺盛な創作意欲による実験的作品「そして……だれもいなくなった」が印象的。

直接戦闘に加わった水木、「銃後」として戦争に参加した手塚、そして「戦中派」ながら、幼かった藤本、石ノ森。並べて味わうことで、4人の体験や人生観が透けて見えるようで興味深い。そして、戦場で地獄を見た水木ひとりが存命で、今なお筆を振るっていることに運命の不思議を感じる。

キシャツー

小路幸也

2学期が、始まった。

夏休み中は空いていた朝夕の電車も、通学の学生諸君で俄然活気づく。車内でも熱心に勉学にいそしむ姿、部活の大荷物を通路に並べて周囲のヒンシュクを買う者、大口を開けて泰平の眠りをむさぼる無防備な寝顔……。いや、毎日、ご苦労さま。

今回の紹介は、北海道の海辺の小さな町を舞台に、そこを走るローカル線（作中「電車」という表現があるけれど、これはリッパなディーゼルカー＝気動車＝キシャである）で通学《ツーガク》する高校生たちのひと夏を描いた物語だ。

作者は、テレビドラマにもなった「東京バンドワゴン」シリーズなど、若者や家族のつながりを等身大に描いて定評がある。その手法は、本作でも十全に生かされているようだ。

物語は、のどかな高校生活を送る男女のモノローグがそれぞれ1章となって構成されている。

天真爛漫・悩みなき女子のひとり語りから、その夏は始まる。

のどかな、特に何てことない毎日に一石が投じられる。通学の車窓から見える、海岸に張られた赤いテントの「発見」だ。

「なんであんなところに？」

天然娘のギモンは、ごく自然な成り行きで人の輪を拡げることとなる。同じキシャに乗り合わせる、幼なじみで冷静沈着な生徒会長と、その友人。女の子に憧れる百合系女子。憧れられる側の清楚系美人。

片田舎の風景のこと、「異変」があれば目立つ。実は、キシャツーの面々は、このテントの存在に気づいていた。そして、海辺の駅にたたずむ同世代の少年をテントの住人と見定めると、かれらは果敢にアタックを開始する。

実は、特に何てことない毎日、というのは、そうであって、そうでなかったりするものだ。

皆、それぞれに思いや事情を抱えていて、見かけの大小や深浅で他人が単純に測れるものではない。

キシャツーの面々もさることながら、テントの「彼」の場合、それが結構ドラマチックな事情だったりするのだが、若さの特権を発動したジモト高校生たちの無邪気な介入が、「彼」の背中を押し、その「ドラマ」を展開させていく。

キシャ特有の、船を思わせるダイナミックな振動に乗せて、若者たちの夏が、ゆく。

カボチャの冒険

五十嵐大介

現在公開中の映画「Little Forest夏・秋編」は、長期にわたる岩手ロケを敢行して丁寧に作られた自給自足のスローライフ物語。県内での上映館は限られている(地元なのに!)けれど、盛岡市内では唯一の上映館が入居するわが職場のビルでは、観終わってエスカレーターで降りてくる人々の、ほのぼのとした、あるいは充足した表情を見れば、作品の出来栄えは容易に察することができる。

原作は、かつて県南・衣川で農家を借り受けて自活していた経験を持つマンガ家・五十嵐大介氏の実体験に基づいた「リトル・フォレスト」(全2巻・講談社刊)。

さて、今回のおすすめは、五十嵐氏のイワテライフにぴったりと寄り添って過ごしていたネコ「カボチャ」(盛岡生まれ)の毎日を描いた、「リトル・フォレスト」姉妹編とも言える、日記風作品集。

「リトル〜」では、主人公は架空の少女「いち子」だったが、本作では作者自身が登場し、語り手となって「カボチャ」の日常をスケッチする。

自由で気まま、そして、ちゃっかり。大胆にして細心。時に甘えん坊。時に専横の支配者。ネコと暮らしている方なら「ホントにもう」と言いながら、でもソコがタマラナイんだよね、と目尻を下げる、その生態。五十嵐家の女王様「カボチャ」も、例外ではない。

農村での生活は、のどか、ばかりではないようだ。

木の上でのリスとの駆け引き、裏庭のキツネやヤマカガシとの睨みあい(「カボチャ三番勝負」)。早朝、壁穴から迷いこんだ小鳥は見事な体捌きで秒殺(「名手」)。かと思えばキュウリ栽培のネットに絡め捕られたり

（「キュウリ畑」）、屋根に上がって助けを呼ぶ＝ホントに降りられないのかどうかはギモン＝（「カボチャｖｓわたしパート2」）。盛岡時代の出会いのエピソードではほのぼのとさせられ（「拾った話」）、文字通りの一挙手一投足に翻弄される（「飼い主として」）。

ネコを相手に、いつしか「ニャー」と話しかけている作者の「子煩悩」ぶりが、ほほえましい。土を愛し、命あるものをいつくしむ作者の人柄が、作品から滲み出る。

映画を堪能したら、「リトル・フォレスト」原作版とともに「カボチャ」もよろしく！

赤毛のアン　L・M・モンゴメリ／村岡花子訳

若草物語。小公女。あしながおじさん。アルプスの少女ハイジ。

朝のドラマで人気再燃となった「赤毛のアン」は、そんな少女文学を数え上げる時、必ず挙がる作品だろう。

原題を「グリーンゲイブルズのアン」という本作は、1908年にカナダの作家ルーシー・モード・モンゴメリが発表し、世界中で翻訳され、熱烈な読者たちに愛されてきた。

日本語訳は、歴代なんと14人の手によってなされている。

今回は朝ドラの主人公であり、アンを日本で最初に紹介した村岡花子さんに敬意を表しつつ、「村岡版」を戴いて進めることにしよう。

緑豊かなカナダ・プリンス・エドワード島の農家に引き取られてきた、一人の孤児。本当は男の子のはずが、手違いでやって来たのは、決して器量よしとは言えない、赤毛の女の子だった。

感情が豊かで想像力に長け、並外れたおしゃべり好き。始めは困惑したものの、その家（カスバート家）の人々は、女の子〝アン〟を受け入れることになる。2ページ半にわたる台詞を一気にまくしたてたり、目に映るものにことごとく名前を付けてまわったりのアンに圧倒されるやら辟易させられるやら、いろいろあるのだけれど。

とにもかくにも、11歳の少女の人生は、両親を亡くしての孤児院での生活から一転、希望に満ち溢れたものになる。もちろん、幾多の試練が彼女を鍛えるのだが。

読み進むうち、これが「児童文学」ではないことに気づかされた。

調べてみれば、シェークスピアや聖書、欧米の名詩などからかなりの引用がなされていて、もともとはそれらに通じた"大人の"読者をうならせるような読み物であったらしい。とても現代の子供たちになじみやすいとは考えにくい、と考えがちだ。

しかし、未知の読み物に触れる時、多少なりとも眼にザラザラするくらいの方が刺激になっていいや、と思ったりもするのだ。

実は現在の版は、訳者の没後に手の加えられたもので、これについては賛否あるらしい。けれど、独特の調子を摑んだり、言い回しを味わったり、時代のにおいを感じ取ったりすることは不可能ではない。

豊富な副読本をのぞいてみたり、ドラマにちりばめられた台詞やエピソードを探したりしながら楽しむのも、一興。

私立霊界高校　RYOMA召喚

楠木誠一郎

児童書のコーナーで表紙を見かけて、坂本龍馬モノ、であることは判った。なになに、「霊界高校」？　はぁ、学園ものね。ん〜、「召喚」てことは、呼び寄せるんだ。龍馬をね。ふ〜ん、で？

と、気がついたら読み耽っていた。幕末史好きのサガである。

コシマキの帯の惹句にいわく「誰が俺を殺したが

か？」

　そう、日本史ミステリー幕末部門・最大の謎と言えば、「坂本龍馬暗殺犯は誰だ？」である。さて、この難題に、どう迫ろうというのか。

　いい加減な茶番なら、許さないよ？　フッフッフッ。

　作者はかつて、歴史雑誌の編集に携わっていたとのこと。作家としては、歴史を題材にしたいわゆる「謎本」を数多く手がけ、小説を編んでは鎌倉から大正昭和まで、実在架空を問わず登場人物を縦横に活躍させる業師ぶりを発揮している。

　歴史に興味を持ち始めた小学校高学年以上を対象にした創作も活発におこなっていて、本作も新シリーズ「霊界高校」の第2作。

　莫大な授業料を納めることのできるセレブの子弟のみが集う、私立霊界高校。さらに入学が許されるのは、霊感を持つ者だけに限られるというから、生徒数もごくわずか。この物語も、3人の生徒と担任教師1人、そして黒猫1匹で借り切った新幹線のグリーン車から始まる。

うーん、かなりチャラついた展開だが我慢、がまん。

　目的地は、京都。修学旅行ならぬ「体験ツアー」の道中なのだ。

　この学校では、先生も生徒も、「召喚術」の心得がある。前作では担任があろう事か織田信長（！）を召喚して大騒ぎになったようだ。

　今回も、恋の下心マンマンの女子（J）高校生（K）のスタンドプレイで、幕末のヒーロー・龍馬の運命が翻弄されること必至、なのである。

　それよりも！

　歴史ミステリーの解明は、どうなる⁉

　随所に散りばめられた京都観光案内と史実の小ネタにニヤつきつつ読み進むうち、いつしか推理劇は佳境に！

　当時の証言や状況証拠を合理的につなぎ合わせて、新説とまではいかないものの、従来の諸説のひとつに説得力を持たせたあたり、ほほう、と納得させられた。

　どれ、他の作品もチェックしてみようじゃないの、という読者は、既に作者の術中に？

ご先祖様はどちら様

高橋秀実

さて、みなさんは自身の「ご先祖様」について、どれだけ知って（遡れ）ますか？

ふとした事から青森は三内丸山遺跡に佇んだ著者（「私」）は、現代の自分と縄文人との時間的隔たりについて、考えた。計算すると、自分の115代前は縄文人だったことになる。

「意外に近い」と感じた「私」は、次に地元・神奈川県の遺跡を調べるうち、自宅が遺跡の上に建っていたことを知り「歓声をあげた」。

書物を漁り、図書館に通い、教育委員会を訪ねて話を聞く。あれやこれやと調べるうち、「私」の好奇心は自らの祖先へ。

現代の普通の家庭で、家系図を持っている家は珍しいだろう。「私」の家にも、家系図は無かった。両親の話を聞くことから始まって、役所に行き、戸籍を調べる。ところが、数々の障害が立ちはだかる。法律、慣習、そして歳月。「私」は、ご先祖様の導きか、全国で三番目に多いという「高橋」のルーツを訪ねて、東奔西走ならぬ右往左往の旅へと駆り出されることになる。

系図を遡って両親の先祖をたどるうち、当時の人口をオーバーしてしまい、全国民が親戚になってしまうかに思えてくる奇妙。源氏か？　平氏か？　落ち武者？　皇族？　そもそも、家系って、何？……「私」の旅の着地点は、さて、どこに。

フリーライターである著者は、元ボクサーという経歴を持つ。けれど、オトコ臭い&汗臭いルポルタージュを手がけるわけでなく、その語り口はむしろ対極、会話の引用を活かした軽妙なエッセイに近い。

「素晴らしきラジオ体操」「はい、泳げません」「趣味は何ですか？」などなど、タイトルで見ればほのぼの（脱力？）路線の仕事が並ぶ。さぞかしのほほんとした内容かと思いきや、テレビドラマにもなった『弱くても勝てます』開成高校野球部のセオリー」では、むやみな熱血ではなく、既成の概念を覆した「奇策」で勝利を目指す秀才高校生たちを描いて好評を得た。この作品で「スポーツ報道とスポーツ・ノンフィクションに関する優秀な作品」を対象とするミズノスポーツライター賞を、そして本作では「日本語表現豊かな評論・エッセイに贈られる」小林秀雄賞を受賞。実力を認められた書き手なのだ。

で、あなたのご先祖様は、どちら様?

街場の戦争論

内田　樹

当代きっての論客、思想家(ほかに大学教授、武道家など多くの貌を持つ)である著者の最新評論集。「まえがき」によれば、はじめは「街場の22世紀論」という仮題だったそうで、膨大な量の原稿に手を入れるうち、残ったのが『戦争の話』と『危機的状況を生き延びる話』だけに」なったとのこと。近未来に対する著者の懸念は、「戦争」なのだ。

「まえがき」で著者は、現在は「負けた戦争」と「これから起こる戦争」にはさまれた「戦争間期」にあたるのではないか、という。

振り返って20世紀、二つの世界大戦の間には、何があったのか。

ヨーロッパでは終戦の混乱からの復興につれて民主主義とともに大衆文化が花開くが、やがて大恐慌に見舞われ、ファシズムが台頭する。

日本でも、第1次大戦中の好景気と文化の爛熟期を享受するも束の間、反動のように不景気を迎え、関東大震災を挟んでさらなる世界恐慌に巻き込まれる。そして聞こえてくるのは、軍靴の響き……。

両大戦を隔てたのは、20年。そして第2次大戦終結から70年を経た現在、同様の歴史がなぞられているのではないかというのが、著者の懸念なのだ。

本文に入り、第1章「過去についての想像力」でまず語られるのは、第2次大戦に敗北した日本の、戦争責任の負い方。現在も続く戦勝国・アメリカとの関係についても考える。

何となくこういうものだ、と認識していた読者の歴史観を覆し、では、どうだったんだろう、とわれに返るような思いに駆られる。

そして、本来は禁じ手とされる「歴史に『もしも』を当てはめて考える」という試みへと続く。あの戦争がもしも3年早く終結していれば、死なずに済んだであろう多くの人材によって、その敗北を自ら検証するチャンスがあったのではないか、と著者は言う。

第2章「ほんとうの日本人」、第3章「株式会社化する日本政治」では、そうして成立してしまった戦後日本のはらむ問題点について。第4章「働くこと、学ぶこと」では、そんな状況に伍してゆくためのヒントを。第5章「インテリジェンスとは」では、来るべき「非常時」に対応するための能力について述べられる。

文学者や映画のエピソードなども織り込みながら「想像力を広く深く使う」レッスンへと読者を引き込む、話題の書だ。

あなたに褒められたくて

高倉　健

健さんが、逝ってしまった。訃報に接して、未熟者のぼくには、そのヒット曲「唐獅子牡丹」の歌詞のように、「背中《せな》で泣く」

などという芸当はできなかった。

健さん。映画俳優、高倉健。

ぼくは、健さんをスターにし、一世を風靡した任侠映画全盛期（昭和30〜40年代）には間に合っていない。映画で言えば「幸福《しあわせ》の黄色いハンカチ」（1977）以降のヒューマン路線の作品で、リアルタイムの健さんに接した世代。ちょうど親子といった距離感だ。

そんな自分が受けたショックと悲しみが絶大であったことからすると、健さんを「アニキ」と慕った世代のひとびとの悲しみは、いかばかりであったろう。

逆に、中高生の諸君にとっては、健さんは「おじいさん」の世代だ。マスコミがこぞって謳う「戦後最大のスター」「日本映画界の巨星」というキャッチは、むしろピンと来ない人の方が多いのではないだろうか。

寡黙。剛直。忍耐。誇り。礼節。そして、人情。

往時の日本人、とくに「男」の備えるべき美徳を、その一身をもって銀幕に表現し続けた健さん。映画一筋に徹するため、プライバシーを口外せず、それがために数々の伝説が生まれ、さらに独り歩きをした。

本作は、91年、還暦を迎えた健さんが初めて著したエッセー集。禁断の私生活が語られたとあって、刊行時には大きな話題となった。

当時の映画事情や、登場する俳優たちについてなど、予備知識が無いとシンドイかもしれない。けれど、人との向き合い方や、その人生でかなりの時間を占めた「旅」に臨む姿勢、そして意外中の意外、徹底した「イタズラ心」についてなど、自身の言葉で語られるエピソードの数々には、頷かされたり、ニヤニヤさせられたり。

そして、タイトルになっている「あなた」とは、誰か。最終章で待っているのは、健さんを支え続けた、ある人のエピソードだ。

最後に、206本の出演作から、個人的お薦めを、以下に。

「ジャコ万と鉄(東映版)」「網走番外地」「昭和残俠伝」「冬の華」「遥かなる山の呼び声」「駅STATION」「居酒屋兆治」「海へSee You」「鉄道員」「あなたへ」

健さん、ありがとうございました。

ドミトリーともきんす

高野文子

寡作で有名な高野さんのマンガ作品が12年ぶり（！）に刊行されたとあって、業界ではちょっとした話題になったものだ。

それにしても、このタイトルは、ナニ？ と思う方もあるだろう。

「ドミトリー」は、本来はユースホステルのような「相部屋の宿泊施設」という意味。本作では「学生寮」の意味合いで用いられている。

問題は、「ともきんす」の方。作中、欄外に注釈が出ているんだけれど、1940年にアメリカの高名な物理学者、G・ガモフが著したSF小説（と言っていいのか？）「不思議の国のトムキンス」の主人公・トムキンス氏から採られている。

科学を学ぶ学生相手の下宿屋を営む母娘《おやこ》「とも子」さんと「きん子」ちゃんを中心に、そこに寄宿する学生・トモナガ君、マキノ君、ナカヤ君、ユカワ君の日常を描いた、というと、ありがちなストーリーマンガのようだけれど、作者には別のたくらみがある。

4人の学生は、日本を代表する科学者の若き日の姿で登場しているのだ。

ノーベル物理学賞受賞の朝永振一郎、日本植物学の父と呼ばれた牧野富太郎、雪の結晶を「冬の華」に例える文才も備えた物理学者・中谷宇吉郎、そして日本初のノーベル賞受賞者である理論物理学者・湯川秀樹。かれらの著作から、そのエッセンスを抽出してマンガに仕立てるという、壮大な試み。

昼食のうどんを囲んでは物理法則談義に及び、床の間の正月飾りから植物への思いを語り、コタツに当たって連想するのは天地創造の噴火口の光景。

各話の最後には、元ネタとなった4人の著作が紹介され、科学への入り口を開放してくれる。

マンガとしては、それなりに描きこまれていた初期作品に較べて、もはや「記号」の一歩手前までに簡略化された画風が印象的。こうすることで、登場人物への無用の感情移入を防ぎ、読者を科学の世界に誘う効果があるのでは。

……という分析は、巻末に添えられた短編「Tさん（東京在住）は、この夏、盆踊りが、おどりたい。」を目にするに及んで、無用の勘ぐりであったことに気づかされるのでした（笑）。

2015年

なぜ時代劇は滅びるのか

春日太一

正月。テレビの前でダラダラと過ごせるようなご時世ではなくなったことも確かだけれど、大衆の「テレビ離れ」の要因のひとつに、良質のドラマが作られなくなったことが挙げられるのではないかと思うのだ。

中でも「時代劇」の衰退は、目を覆わんばかり。時代劇。古臭い人情劇。ワンパターン。皆さん、頼まれたって観ないでしょ？

今週の紹介は、地上波では今や早朝の再放送と日曜の大河ドラマのみとなり、息も絶え絶えの時代劇に向けて、辛口のコメントで愛の鞭をくれる、問題作だ。

かつて映画産業華やかなりしころ（1950年代）、時代劇映画は年間200本近くが制作され、それらは興行成績の上位を占め、多くの名優を生み出し、エンターテインメント産業の中心であった。

それが、作り手の慢心を呼んだ。粗製濫造を繰り返したあげく、時代劇は観客に飽きられてしまったのだ。そして追い打ちをかけるように、映画そのものが娯楽の王座から滑り落ちてゆく。

ただし、まだ救いはあった。映画に取って代わって大衆の人気を得たのは、テレビだった。始めのうちは「電気紙芝居」と蔑んでいた映画人たちは、徐々にテレビへと活躍の場を移し、60年代から70年代にかけて、時代劇は再び百花繚乱の時を迎えたのだ。
そこには、かつて映画で鍛え上げられた職人肌のスタッフと技術、たたき上げの俳優たちの、リベンジを期した活躍があった。

しかし。

毎週の量産と安定した成績を求められた結果、テレビ時代劇はド派手な演出とワンパターンの展開がお約束となり、さらに視聴者を生活サイクルの決まっている高齢者に絞った結果、再びマンネリという泥沼にはまってしまった。

さらに、伝統を受け継いできた撮影所の衰退とそこで育まれていた技術者の断絶、ご都合主義のプロデュース体制、不勉強の脚本、そして芸能プロダクション主導のキャスティングと深みに欠ける俳優陣が、時代劇からドラマ性や重みを奪ってゆく。著者は、実名を挙げつつ、もはや「死に体」となった時代劇界を縦横に斬りまくる。それは、死にきれずにいる時代劇を自ら「介錯」しようという著者なりの愛情表現なのだ。

この稿を手がけつつ、大河ドラマの予告を横目で見ていたら、「幕末ホームドラマ」だって。うーむ。

三人娘は笑うて暮らす

朝陽　昇

作者は前作「空想郵便局」（マッグガーデン刊）で注目された、盛岡出身の新鋭。

2006年に新人賞を受賞してデビュー以来2作目の単行本としてまとめられたのは、個性際立つ3姉妹を描いた連作短編集だ。

俗に「女3人寄れば、かしま（姦）しい」と言われる。辞書を紐解けば、「声が大きくてやかましい」とある。

「読んで字の如し」と解釈するかどうかについてはみなさんのご判断に任せるとして、この姉妹、顔を合わせればとにかくにぎやか。その名も「カシマシ」というカフェバーに、月イチの定例会と称して姉妹が集まると、お約束のように騒動が持ち上がる。

しっかり者の長女・朝香（30）は、所帯持ちということもあってか、きっての常識派。2人の妹の行状を時に諫め、時に嘆き、時に呆れる役回り。

次女・真昼（27）は行動派で酒飲み・豪快・オトコ前（彼氏ナシ）。事件の発端が彼女であることが多いのも自然の成り行きか？

そして大学院で怪しげな民俗学を学ぶ三女・小夜子（23）は、見てくれや世間体とは無縁の世界に暮らす、「超」マイペースタイプ（もちろん彼氏ナシ）。これまた、周囲とのズレが騒動のタネに。

そんな3姉妹の言動が、「カシマシ」のマスターの目を通して、絶妙な「間」で描かれていく。

身辺に起きるたわいのない出来事から、思いもかけない脱線話、そしてまさかのトラブル。展開の読めないスジ運びが、なんともスリリング。しまいには3姉妹の境遇にまつわるとんでもない設定に話は及び……。

兄弟姉妹って、その役割について、天の配剤とでも言うしかない「何か」があるのかもしれないと思える時がある（特に「姉妹」の結束って、強そうだ）。そしてそれは、しばしばトラブル発生の時に際立つのではないか？

助け合い、励ましあい、時には足を引っ張り合いながら、今日も一日は暮れてゆく。

絵本　いのちをいただく
みいちゃんがお肉になる日

坂本義喜原案／**内田美智子**作／**魚戸おさむとゆかいななかまたち**絵

命あるものは、その命をつなぐために、食べなければならない。

おいしいものに出会った時の、至福。空腹を抱えてさまよう時の、心細さ。飽食の時代と言われながらも、

「食べること」が日々の楽しみであるという人は、決して少なくはないはずだ。そして「楽しむ」という感情は、(おそらく)人間にだけ与えられたものだろう。その特性が、人類をして自然界の食物連鎖の頂点に立たせている大きな要因であるのかもしれない。

しかし、食べることは、その対象となる生物の生命を絶つことでもある。そして人間には、「食べる」という行為の片方で「愛する」「慈しむ」という感情も備わっている。

この物語に登場する坂本さんの職業は、食肉解体作業員。食品として出荷するために肉牛を解体する仕事だ。

坂本さんは、この仕事に就くことで、家族を養って(「食べさせて」)いる。

でも、坂本さんにとって、生き物の命を奪うその仕事は、つらいものだった(そしてこの仕事に対する社会の無理解や差別も少なからずあったことは歴史的に知られている)。

ある日、小学校の授業参観におもむいた坂本さんが見たものは、父親の職業に引け目を感じている3年生の息子の姿だった。苛まれる、坂本さんの心。

しかし、慈しみ育ててきた牛との別れを悲しむ女の子との出会いが、坂本さんの中に小さな変化をもたらし始める……。

この時の実体験を元に、坂本さんは学校などでの講演活動を始めることになる。そして、偶然その活動に触れた助産師の内田さんが、坂本さんの物語を本にまとめようと奔走して、1冊の絵本ができあがったという。

命の誕生に立ち会う者と、自らの手で命を「解く」(食肉解体に携わる人々が牛や豚を殺す事を謂う言葉)者の出会いが生んだ物語は静かなベストセラーとなった。次いで紙芝居が作られ、さらに映像化を経て、人間ドラマを描いては定評のあるマンガ家を起用して、今回紹介の再度の絵本刊行となった。

何げない「いただきます」に込められた意味を、いま一度、噛みしめてみませんか。

MAPS 新・世界図絵
A・ミジェリンスカ／D・ミジェリンスキ

37センチ×28センチ。この写真からは想像しにくいかもしれないけれど、ちょうど今、みなさんが手にしている新聞紙を二つ折りにしたのと同じくらいの、大型本だ。

ポーランド在住の夫婦（絵本作家とデザイナーのコンビでもある）によるこの作品は、世界中から42カ国をピックアップして、それぞれの自然、地形、動植物、史跡、民族衣装、産業、出身者（実在&架空）、代表的な名前、名産・名物、風俗・習慣などを4千以上のイラストで紹介した、地図帳絵本なのだ。

実は今、「空前絶後の」と書きかけて、手を止めた。サブタイトルにいわく「新・世界図絵」……、なになに？

調べてみると、17世紀、「世界図絵」という絵本があったという。チェコの教育者・コメニウスという人物の手になるその本は、なんと「こどものための世界最初の絵本」と言われているらしい（日本語版は現在品切れ）。

21世紀にその業績を継がんとした地図と旅行を愛する作者夫妻は、偉大な先人に敬意を表して、本作にこのサブタイトルをつけたものと思われる。

さて、ワクワクしつつ表紙を開いてみると、ヨーロッパ、アジア、アメリカなど大陸別にエリアが分けられ、さらに国ごとが大きなページ見開きいっぱいに描かれている。……「日本」を見てみると。

富士山、さんご礁、縄文杉、桜、もみじ、竹、タンチョウ、ヒグマ、カキ、柿、イチゴ、マグロ、ニホンザル、温泉、姫路城、大仏、金剛峯寺、金刀比羅宮、のり、東京タワー、自動車・バイク、電化製品、日本刀、忍者、歌舞伎役者、能面、田植え、石庭、野球、すもう、剣道、空手、柔道、合気道、書道、舞妓、女子高生（！）、カラオケ、マンガ、招き猫、茶道、新幹線、すし、ラーメン、みそ汁、豆腐……。膨大な情報が、キュートなイラストでちりばめられている（ソトから見たニッポン像を表してもいて興味深くもあり、誇るべき自然や伝統・文化があることも再認識)。

この地球上には、200以上の国や地域が存在しているというから、この本に載っているのは、ごくごく一部。ページを繰りつつ、世界の広さと、文化や風俗の多様性に関心も深まろうというもの(試しにと持参した小学校の図書室でも注目の的!)。関係各位、お見逃しなく。

14歳の子を持つ親たちへ

内田　樹/名越康文

陰惨な事件が、後を絶たない。少年、少女を巻き込んだものだけではない。年齢性別を問わず、世の中の「たが」が外れてしまったかのように、ふた昔前までは考えられなかったような頻度で、それらは起きているように感じられてならない。

今週の紹介は、昨年紹介した「街場の戦争論」の著者(肩書は「大学教授」「武道家」「思想家」など)と、テレビでもおなじみの精神科医との対談集。

以前、このコーナーで思想家・池田晶子さんの「14歳の君へ」を紹介した時、その中で池田さんは「どうやって生きてゆけばいいのかわからない大人たちで、この世界は混乱しきっている」と、読者として想定している若者たちに語っていた。

あらかじめ言っておくと、この本は「14歳の君へ」の「親版」ではないし、「迷えるわが子をどう導くか」というハウツー本でもない(だからここで紹介できるんだけど)。冒頭の2章(「道徳という『フィクション』を作り直そう」「病気なのは親の方?」)で問題提起と現実の点検を試みるものの、それ以降は社会のありようや身体論、文化論に比重を移して語られていて、最終章「親は役割である」で収拾されるに至っても、「ウチは今、大変なんです!」という家庭の悩みに直接答えることはない。

しかし2005年の刊行から10年を経て、エスカレートする一方の数々の事件や社会情勢のうわべの変化に惑わされずに問題の本質を見据えようとした時（たとえば今）、この本の価値が発揮されるように思えるのだ。

子どもを産む自信がない女性たちの、本当の理由。極限まで我慢して、最後に大爆発する日本人の気質。近代化の過程で疎んじられていった公共性の感覚＝「公」と「私」の境界。

結果として感情の貧しさを招く、言葉の貧しさ＝「かわいい」と「むかつく」。子どものコミュニケーション能力の芽を摘む、おとなの不用意な一言。

人格形成に重大な意味を持つ「前思春期」について。社会の階層化が進んだ結果、過度の「均質化」に至った学校社会と、その問題点。

教育現場から挙がった「義務教育は13歳まで」の声。……

この本のどの部分に、読者の抱える「問題」が感応するか。赤ペンを片手に読んでみては。

すてきな三にんぐみ

T・アンゲラー／いまえよしとも訳

私たちは、相次いで児童文学界の大切な人を見送ることとなった。2月、松谷みよ子さん。そして3月、今江祥智さん。

松谷さんは、赤ちゃん向け絵本の定番「いないいないばあ」を始め、「モモちゃん」シリーズや「龍の子太郎」などの童話を生み出し、「怪談レストラン」シリーズにも携わった。

そして今江さんは、「ぼんぼん」「優しさごっこ」などの創作を発表する傍ら、海外絵本の翻訳も数多く手がけた。「ぼちぼちいこか」「ごきげんなライオン」、ガブリエル・バンサンの作品群……。

そして何といっても、インパクトたっぷりのこの表紙。誰もが知ってる、絵本界のアンチ・ヒーローと言えば、この3人。

おさらいをしてみよう。

黒い帽子に黒マント、発するセリフひとつ無く、出自はおろか、3人の関係すらわからない。明かされているのはただ一つ、作中では「どろぼうさま」と呼ばれるものの、やってることは通りがかる馬車を襲って金品を強奪する「強盗」団なのだ。

遭遇しただけで卒倒してしまうくらい、その「恐ろしさ」が知れ渡っているこの3人、ところが、殺生はしていない。そして、奪った「金銀宝石、指輪にお金に首飾り」は、ただため込むばかりで、なんの目的も無かったらしい。

そして、3人の取ったその後の行動は、ひとりの女の子の言葉をきっかけに「お宝集め」から「身寄りのないこども集め」へと変わってゆく……。

巻末に収められている、今江さんの言葉を引いてみよう。

「……人間についてのシニカルな批評家という顔を見せるアンゲラーも、色や形さまざまな凧つくりに熱中するときは、少年のように無心な顔になります。」

「……彼の主人公は蛇、蛸、豚など、ふつう絵本では主人公になりにくい連中が多い」

一見ダーティ、実は無邪気な主人公は、作者の分身（または理想）のように思えてくる。そして今江さんは（泥棒が人助けにいそしむという事態を）「世のおえら方に対する皮肉をこめたあたり、いかにもアンゲラーらしい」と続け、自らの批評精神ものぞかせている。

楽しい中にも世の中への眼差しを養うための仕掛けが、作者と訳者、2人の手によって隠されているのだ。

君たちはどう生きるか

吉野源三郎

タイトルはとっつきにくい人生論のようだけれど、実際は中学生を主人公にその生活を描いた物語で、親しみも持て、とても読みやすい。

コペル君(このあだ名の由来は作中で語られる)は、明るく元気な15歳の中学生。

コペル君と仲間たちの日常に、友情や正義について考えてゆく、いくつかのエピソードが織り込まれながら、物語は進んでゆく。

ちいさな出来事から学校を騒がせる事件や深刻な悩みまで、真正面から受け止めて考え、時に悩むコペル君に、好感度大。

父親がいないコペル君のよき理解者であり、相談相手である叔父さんの存在も大きい。叔父さんはノートをつけていて、それはコペル君への手紙のような形で綴られている。

ところが、このノートをコペル君が読んでいるシーンは描かれていない。読者は、コペル君を陰から見守るかのように、ページをめくることになる。

作者(1899~1981)は、編集者として活躍し、言論界の一翼を担った人物。この物語は、1937年、『路傍の石』で知られる文学者・山本有三を中心に編まれた「日本少国民文庫」の一冊として企画されたもの。

当時の日本は、軍部が力を持ち、戦争への道をひた走ってゆく、まさにその時(本書の刊行直後に日中戦争が始まっている)。

不穏な情勢のもと、山本や作者は、弾圧され、狭められてゆく自由な考え方や平和への思いを、なんとか少年少女に伝えたいという一心で出版の企画を進めたという。国ぐるみで坂を転げ落ちてゆくかのような状況にあって、現代では想像もつかない苦労があったことと思われる。実際、戦争が本格化してからは、いっとき刊行ができなくなったという。

戦争が終わり、出版の自由を取り戻したのち、この物語は設定や語句に修正を施して再刊された。デパートが「デパートメント」、サッカーが「フットボール」と呼ばれているあたりに時代を感じさせるけれど、全体にとても読みやすいのは、時代に合わせて読み継がれるようにとの作者の思いと、幾多の苦心のたまものだろう。

そして、何より、友情や物事の真理は、時代が移り変わっても変わるものではない、ということ。いつまでも光を放ち続ける、名作だ。

心に太陽を持て

山本有三編著

前回ご紹介した「君たちはどう生きるか」を含む「日本少国民文庫」の第1回配本として、昭和10（1935）年に刊行されたもの。「君たちは〜」の作者・吉野源三郎のほか、石井桃子（「ノンちゃん雲に乗る」「くまのプーさん（翻訳）」）、吉田甲子太郎（「小公子（翻訳）」「子鹿物語（翻訳）」）ら気鋭の児童文学者をスタッフに迎え、その中心となって全16巻の編纂を手がけたのが、小説家・山本有三。

本作は、シリーズ全16巻の編纂に携わった同人たちによって紹介された世界中の逸話の中から山本が選んだ、長短21の物語集。

ドイツの詩人・フライシュレンの詩が冒頭に据えられて、そのまま本作のタイトルになっている。「心に太陽を、くちびるに歌を」というフレーズ、聞いたこと、ないかな？

歴史上の偉人から市井の人物まで、昭和初期にまとめられたエピソードたち。当時の小中学生向けに読みやすく配慮されてはいるが、「活劇調」とでもいうべき独特の調子でグイグイと引っ張っていく。

「たしかにゴーサルズには、不屈の意志がみなぎっていました。辛抱づよくて、きもが太くて。（略）／『よし、あの男にやらせよう。』／ルーズベルトは決心しました。」

「また、爆発。続いて、また、爆発。／ダイナマイトは大地を震動させながら、ぐんぐん山の形を変えてゆきました。／ぬま地の水はかいだされ、河の岸は堤防で固められました。原始林が切り払われて、コンクリートの道路が、黒々としげった森の中から、工事場の岩やまへ、まっすぐに続いて行きます。……」（「パナマ運河物語」より）

幾多の苦難にめげず、目標へと突き進む技師。南極点を目指した探検隊の悲劇。蔓延する感染症と戦った、主婦の生涯。頑なに農民の姿を描いた、孤高の画家。貧窮の身の上ながら探究心に燃え、ついには名声を得る科学者。

過半を占めるのは、いにしえの小学校の学級文庫を彷彿させる、コテコテの立志伝。さきの「パナマ運河〜」は見方を変えれば自然破壊描写のオンパレードだし、現代では受け入れられにくい視点や表現も随所に見られる。しかし、当時を生きた先人たちのひたむきさや熱さは、確かに、ひしひしと伝わってくるのだ。

怪獣博士！大伴昌司「大図解」画報
堀江あき子編

前回紹介の「心に太陽を持て」は、昭和はじめの少年たちに向けた文体で広く親しまれた。そのテンポは、いわゆる「活劇調」。当時の少年たちも親しんだ講談や落語などの話芸に多く見られる、時にリズミカル、時にスピーディに畳みかけて、聞き手の想像力を掻き立てるテクニックだ。

昭和も40年代ころまでは、まだこうした読み物が多く見られた。当時マンガ雑誌の発行部数でトップの座にあった「少年マガジン」の巻頭を毎週飾っていた特集記事も、例外ではない。

今や少年マンガ雑誌の巻頭はアイドルのグラビアで花盛り。しかし、戦前の昔から昭和の後期にいたるまで、少年誌の巻頭はマンガでもアイドルでもない、好奇心旺盛な少年たちの「教養」のために開放されていたのだ。そして、昭和30〜40年代、その仕掛け人として名を馳せたのが、大伴昌司（1936〜73年）、その人。

オールカラーでまとめられたこの本のタイトルにあるように「怪獣博士」と呼ばれた大伴の業績として真っ先に挙がるのは、怪獣好きなら一度はマネした「怪獣解剖図」の開祖であること。

テレビで暴れまわる怪獣の骨格や身長体重・能力や弱

点、ウルトラマンの秘密などを図解し、「科学的に」解説した。そして当時の男子たちはこれらをテレビの副読本よろしく、争って諳んじたものだ(後年、これらのかなりの部分が公式のものではなく、大伴のまさに空想の産物であったらしいことを知って、愕然となるのだが)。

ジャーナリストの両親を持ち、学生時代に幻想文学やSFにのめりこんで雑誌まで作ってしまう大伴の活躍は、「怪獣」に留まらない。

当時日進月歩の勢いだった科学技術や社会現象、流行などをいち早くキャッチし、小学生向けに構成、発信する。また、怪奇現象や冒険譚、未来予測、テレビや映画とのタイアップなど、読者の好奇心を狙い撃ちするセンスは、今なら「サブカル王」「スーパークリエイター」とでも呼ばれるところだろう。

緻密に練り上げられた大伴のアイデアは、彼とタッグを組んだ名だたる挿絵画家たちによって形となり、少年たちの話題をさらった。

本書は、まさに駆け抜けるようだったその短い生涯と功績を多くの資料と証言で綴った、労作なのだ。

ペロー童話集

天沢退二郎 訳

映画「シンデレラ」。

前回大ヒットとなったアニメーション「アナと雪の女王」から一転、豪華絢爛の実写としたあたり、ディズニーの戦略はさすが、と言わざるを得ない。

その評判に惹かれて、映画館に足を運んだ。

映画を観ながら、「なんとなく知っていたはず」のストーリーの検証をすることになった。

シンデレラのお父さんて、いじめられる実の娘をなぜ助けなかったのか?

シンデレラと王子との出会いって、どんなきっかけだったっけ?

不幸なシンデレラの前に現れたのは魔法使い？　妖精？　などなど。

こりゃいかん。原典を当たらねば。

遡れば紀元前のギリシャ、3世紀のエジプト、はたまた中国説や、日本にも10世紀に「落窪物語」というソックリな物語が存在するなど、どれが本当、というような次元のハナシではないようだ。

フランスの詩人、シャルル・ペロー（1628〜1703）は、ヨーロッパで伝承されてきた昔話を採集し、アレンジを加えて出版した。ドイツのグリム兄弟に先立つこと130年、「眠りの森の美女」「赤ずきん」「長靴をはいた猫」「おやゆび姫」などを含む作品群は、現代に伝わる「童話集」のさきがけ、と言っていいだろう。ただし。

アニメなどで甘くアレンジされた現代の童話たちから衣をはいでいくと、結構キツイ描写や展開、価値観にどきりとさせられる。

赤ずきんちゃんはオオカミにバクリと食べられておしまいだし、「世にもみにくい子」の誕生に嘆き悲しむ母親や身体のハンディを理由に家族から疎まれる子、亡くした妻の代わりに娘を求める父などが次々と登場し、読みつつ絶句させられることしきりなのだ。

訳者あとがきで、この物語集の出版が、もともとは王族に献呈されたものであることを知って、各話の最後に付属する「教訓」の効果を含め、「ああ、これくらい言わないとワカラナイのね」と妙な納得をしたりもするのだ。

シンデレラ。映画では、お父さんは旅先で病死。ペロー版シンデレラ「サンドリヨン」では、意地悪な後妻にまるめこまれてしまい、存在感なし。

映画では舞踏会の前に森で出会うシンデレラと王子。ペロー版では、いきなり舞踏会。

カボチャの馬車を出すのは、映画「魔法使い」、ペロー版「妖精」。

グリム版シンデレラ「灰かぶり」（「初版」と「第2版」でも大きく違う！）をまじえての読み比べが、また面白い。さあ、忙しくなりますぞ。

多読術

松岡正剛

著者の肩書は、編集者、著述家、日本文化研究者、とある。東京大学の客員教授の経歴も持つ、当代の論客だ。食えないオジサンである。

プロフィルによれば、団塊の世代に先んじて学生紛争の論客として名を売り、早稲田大学を中退後は編集者としての道を歩み、若くして稲垣足穂、寺山修二、唐十郎、土方巽（いずれも個性派、異端を極めた芸術家だ）らと親交を深めた、とある。その後も各界の有力者・著名人を交えて文化を語るサロンを主宰したり、自ら提唱する「編集術」を伝授する学校を興し、さらにそれをビジネスに結び付ける事業を興したりと多忙を極める中、その読書遍歴を披露するブログ「千夜千冊」を連日更新している。

今回の紹介は、これまたあまたある著作の中から、その膨大な読書量を背景に「多読」のコツを対談形式で披露したもの。

断っておくけれど、本は、タクサン読めばよい、という訳ではない。出会いのタイミングはもちろん、読者の内なるものとぶつかって受け入れ、あるいは擦れ違う、そんな中での化学反応が醍醐味であり、愉しみなのだ。そして、読者にはストライクゾーンというものがある。サイフの都合だってある。常に「いい出会い」があるとは限らない。

その点、数万冊の蔵書を有するという著者はどう考えているのか。

こんな記述があった。

「読書は、つねに未知の箱を開けるという楽しみ」「読書というのは、書いてあることと自分が感じることとが『まざる』ということ」「書物とわれわれの関係は、（中略）互いが互いの『抜き型の関係』にある」なるほど。

その辺を踏まえた上で、効率的な読み方（「速読」ではなく）ができるのであれば、結構なことだ。

「全集読書」「目次をしっかり読む」「本にどんどん書

き込む」「著者のモデルを見極める」など、実践可能なテクニックが紹介され、続いて著者の提唱する「編集工学」の話を経て、本の選び方、薦められる本の効用、「キーブック」についてが語られる。

そして進むデジタル化の落とし穴、日本におけるコミュニティーの断絶や教育現場での問題へと話題は及ぶ。辞書を引きつつ取っ組み合いになる場面もあったけれど、それも著者の想定内だろう。刺激的な一冊。

新選組血風録

司馬遼太郎

昨年から旧日本海軍に実在した艦艇を擬人化したゲーム「艦これ」が人気だが、今度は、日本刀である。きっかけは、またまたゲーム(「刀剣乱舞」)。実在の日本刀をイケメンキャラに擬人化して、これに没頭する「カタナ女子」が急増中なのだ。刀を求めて全国に足を運ぶ彼女らを追って、テレビのニュース番組でも特集が組まれる事態となっている。

ゲームでは、刀と、それを所持していたとされる歴史上の人物とのカラミも重要なファクターだ。

歌舞伎講談の時代から、歴史上の英雄とその愛刀とは一心同体、分身のように語り継がれてきた。ただし、物語を盛り上げんがために、史実とは無関係に、ケレン味たっぷりに不相応な設定をされることが多かったようだ。

ベストセラーを数多く送り出し、「国民作家」と呼ばれた司馬遼太郎の歴史小説の手法は、虚実の絶妙なミキシングだ。現地を踏破し、文献を読み込む綿密な取材に基づきつつ、時に読者のツボを突く展開を編みだして物語に引き込む技は、他の追随を許さない。

昭和30〜40年代に幕末ブームを作った作品「竜馬がゆく」「燃えよ剣」は、ほぼ同時進行で描かれているが、これらと並んで手がけられた短編集が、「新選組血風録」。「燃えよ剣」執筆のために集められた膨大な史料も活用しつつ、娯楽性に富んだエピソード15編で構成されている。

その中で、局長・近藤勇の愛刀「長曾禰虎徹《ながそねこてつ》」にまつわる物語「虎徹」、そして沖田総司の素顔を描いた「菊《きく》一文字《いちもんじ》」が、刀を一方の主人公に据えた名編として、人気が高い。

史実から言えば、かつて名ゼリフ「今宵《こよい》の虎徹は血に飢えている」で近藤の代名詞とまで言われた名刀が「虎徹」であったという確証はなく、これは虚構《フィクション》。作者は、それを踏まえた上で三つの「虎徹」を登場させ、近藤の人柄と運命の皮肉を喜劇的に描いている。また、巻末の「菊一文字」では、幕末きっての美剣士として人気の沖田（「ヒラメ」説あり！）と、敢えて国宝級の名刀（ゲームでは「加州清光」）を出会わせることで、司馬流沖田の爽やかさ、儚さを際立たせている。

この連作の陰の主役・土方歳三（愛刀・和泉守兼定《いずみのかみかねさだ》は虚構＝二代目・史実＝十一代目）の、近藤と沖田に対する眼差しも併せて楽しめる作品たちだ。

れるられる

最相葉月

この一風変わったタイトルは、「人生の受動と能動が転換する」境目をイメージしたもの。支える人と支えられる人、死んでしまう人と死なれてしまう人など、否応なく呼応する関係を見つめるべく、「生きるとはどういうことなのか」をテーマに刊行中の「シリーズ　ここで生きる」の一冊として著された。

ノンフィクションライターとして定評のある著者が出合った、六つの事象。

第1章「生む・生まれる」では、妊娠初期におこなう「出生前診断」の現状と、診断がもたらす親の逡巡、そして小さな命の権利について。

第2章「支える・支えられる」では、震災被災地で災害救助に携わる人々が直面する、かれら自身の心のケアについて。

第3章「狂う・狂わされる」では、さまざまな環境・原因で疲弊した人々の心を、自身の体験も含めて。

第4章「絶つ・絶たれる」では、多くの科学研究者が直面する、過酷な環境とシステムの歪みについて。

第5章「聞く・聞かれる」は、人間に備わった感覚器官の精緻と、背中合わせの脆さについて。

そして第6章は「愛する・愛される」と題し、作家・田宮虎彦と夫人との愛情と、その純なるがゆえの波紋、衝撃的な結末について述べられる。

このコーナー3度目の紹介となる著者・最相さんの身上は取材対象者と同じ地平に立ち、リポートすること（取材中に「あちら＝取材対象＝側」に行ってしまいそうになることもしばしばだとか）。

「相手の立場に自分を置くことで、初めて客観的な立場に戻れる」という著者だからこそ、見えてくるもの。敢えて「エッセー」と位置づけた本作では、自身の生い立ちや病歴、実の両親の闘病や最期なども語られる。自らの内なるものも俎上に晒しつつ、決して独りでは生きることのできない「ひと」という存在について、考える。

エピソードの一つ一つは、逃れ得ない過酷な運命や、深刻なテーマをはらんでいる。だが、著者の語り口に宿るほのかな温かみは、それらを否応なく受け入れつつも、前を向いて生きるよう、そっと読者の肩に手を置いてくれるようでもある。

逢沢りく

ほしよりこ

ちょっとした気づき。勇気。かけられたかもしれない、ひとこと。

彼は、待っていたのだ。接点を持つ可能性のあったすべての人に、もしかしたら、なんらかの契機をもたらす機会があったかもしれない。学校。家庭。街。

本屋に入ることも、あったろう。そこで彼は、なんらかのヒントに巡りあうことが、できたかもしれない。また本屋は、何かを伝えることが、できたかもしれない。彼の周囲の人たちに対しても、同じように、目を覚ましたり、考え方を変えたりする機会を、提案することができたかもしれない。

傲慢かもしれないが、本を紹介し、手渡すことに携わる者の一人として、そんなことを考えていた。

そして、「本」を「音楽」「放送」「新聞」……、「料理」でも「風景」でも、彼が、彼の周囲が、接する機会があったかもしれないものに置き換えてみると、その可能性は、決して小さなものではなかったはずなのだ。しかし、及ばなかった。

人が何を感じ、何を考えながら生きていくのか、外側からすべてを察することは、もちろんできない。当の本人でさえ、気づかなかったり、時に押し殺したり、処理しきれないものを抱えながら、日々を送っている。本作の主人公、14歳の少女・りくも、そんな一人だ。

外面を取り繕う事だけに長けた両親からは愛情を感じたことがない。学校でも、「無邪気」なクラスメートは鬱陶しいだけの存在だ。自ら孤独を選び、毎日をやり過ごすために、彼女は、実際の感情とは無関係に「涙を流して泣く」テクニックを体得していた。うその涙を流すことで、自分を囲むあらゆる流れは中断され、ひとり、同情されながらその場を抜け出すことができる。

そんな彼女が、母親の身勝手から突然、親類の家に預けられることになる。

東京から、関西へ。

絵にかいたようなコテコテの関西気質の大家族の只中にひとり放り込まれた彼女に、兆すものはあるのか。

フリーハンドのコマ割り、下書きのままかと見紛うような独特の画と手描きのセリフなど、従来のマンガのルールから完全に逸脱した作風ながら、各方面からの絶賛を受けた作品。ラストシーンまでの忍耐が、そのまま感銘となる。

ぼくらの民主主義なんだぜ

高橋源一郎

小説家としての活躍もさることながら、エッセーや評論も多く手がけ、大学教授や熱烈な競馬愛好家など多彩な貌も併せ持つ著者による、時事評論集。

「朝日新聞」紙上に月1回ペースでの連載が始まったのが、2011年、4月。くしくも東日本大震災発生の翌月から、「この国は（おそらく）かつて一度も体験したことのない未知の混乱に入り込んでいった」（「民主主義」を探して、と題したあとがきより）社会を見つめ、人を見つめるという「手探り」が始まったのだ。文学的効果を狙ったものか、「わたし」「おれ」「ぼく」など、さまざまな一人称で編まれた文体は、リズミカルで親しみやすい。

震災で直面した、原子力災害。次々と噴出する問題と利害と矛盾と、それらをめぐるさまざまな立場の人々のさまざまな反応。

従軍慰安婦問題を始めとする、かつての大戦による未解決の問題、国家の思惑。

心身にハンディを負った人たちを取り巻く社会のありかたや、こどもたちを守り育てるべき学校や教育の抱える問題。

憲法や法解釈に手を加え、国のありかたや未来を変えようとする動きについて、その発想の危うさと滑稽さ。

事件や社会の動きに対してほぼリアルタイムで新聞紙上に掲載されて反響を呼んだ数々の問いかけが、1〜4年後に本としてまとめられ、現在もなお向き合うべき課題として、あらためて読者に問われる。

小説。評論。マンガ。音楽。演劇。映画。著者の眼に留まり、耳に届いた各方面の有名無名の人々の主張や発言が、各回の文末に、その出典を添えて紹介されている。読者は、その気さえあれば、インターネットや書店や図書館などでそれぞれの原典にあたり、各分野で問題と相対するエキスパートや当事者たちの声に触れ、問題提起を受け取ったり、事件（トピックス）の検証を行ったりすることができるのだ。

『民主主義』とは、たくさんの、異なった意見や感覚や習慣を持った人たちが、一つの場所で一緒にやっていくためのシステムのことだ」と著者は言う。たったふたりから世界全体まで、それぞれに違った「民主主義」があるはずだ、とも。

「ぼくたちは、ぼくたちの『民主主義』を自分で作らなきゃならない」という呼びかけに、君なら、どう応えるだろうか？

愛《かな》しき高校生へ　授業の外のメッセージ

畠山政文

親しみやすい語り口に、ページを繰る手が止まらない。

著者は、県内の高校で教壇に立つ現役の国語の先生。

タイトルの「愛し＝かなし」は、「悲しい」ではないというのは、「まえがき」にある通り。読者には教え子世代の高校生たちを中心に想定しながらも、「しいて言えば、自分の高校時代に向けて書いているような感覚」で綴られた29のエッセーと二つの創作、ほかに写真、短歌などで構成されている。

日常生活や授業中のできごとから思ったこと、ふと脳裏をよぎったことなど、読み手をしてニヤニヤ、しみじみ、時には首肯かせたり居ずまいを正させたりする話法は、教室でもかなりのヤリ手と拝察する次第。

生まれてから幼・少・青年期を経ておとなになっていく過程での時間の密度の話（「人を進める力」）や結婚、親子関係の話など、人生経験を通して体得するようなエピソードが多い。果たして現役の高校生が読んでどれだけ解るんだろう、と思うこともある。

いや、大賛成。

その時はいまいちピンと来なくても、あるいは数年後、見当違いの受け取り方をしていたことに気付いたとしても、はたまたまったく違う結果を導き出したとしても、それでいい（心のどこかに引っかかって残っているだけでも収穫だ）。大事なのは、相手の話から何かを感じて、興味を持って、アンテナの本数をできるだけ増やすこと。瑞々しい感受性を以てして、それは可能なのだ。そして、そのために、発信する側の真摯さや奥行きもまた問われるのだ。

「勉強しろよ！」と頭ごなしに言われるのと、車のフロントガラスに落ちてくる雨粒や頭の中の穴掘りの話から好奇心を刺激されるのと、どっちがよいか？　入学してすぐにヨーロッパのある諺をノートに書くことで、勉強に対する心構えに自分で気づくことができるとしたら？　これまでの人生の記憶をもとに脳内モノサシを作ったり、1年を1ミリとして年表を作ったりする「千年体感法」の愉しみかたとは？　古典の名作を元に、イマ風の恋愛ドラマを描いてみたら？

かつて子供（生徒）だったことを忘れずにいられる大人（先生）だからこその、学校版金言集。

思い出袋

鶴見俊輔

7月20日に93歳で亡くなった、日本を代表する哲学者による随想集。

その人生は、まさに波乱万丈だ。

有力政治家の長男として生まれ（祖父は水沢出身・後藤新平）、将来を嘱望されながら小学生時代から盗みや異性問題などの非行を繰り返した。当然、学業には身が入らず、エリートコースからドロップ・アウト。転校と退学を繰り返し、ついには国内に行き場がなくなり、父の計らいで単身、アメリカに渡る。15歳のことだ。

当然英語などままならないまま、現地の一般家庭に下宿し、なんとハーバード大学に合格してしまうのだから、本人の覚醒と奮起もさることながら、強運のひとだ。

それだけでは、済まない。それを超える勢いで歴史が動いている。

1941（昭和16）年、太平洋戦争の勃発で、紆余曲折の末に収容所送りとなり、戦時交換船で帰国したのが、1942（昭和17）年。やがて軍の下働きとして、南洋ジャワ島に渡る。

結核の悪化で帰国させられ、終戦を迎えたのが、70年前ということになる。

ここまでだけでも、（親のチカラや幸運、本人の潜在能力があったとは言え）常人の想像を超えた前半生だ（しかし、当時の日本人の多くが、戦争によってその運命を翻弄されていることは忘れてはならない事実だ）。

ここまでの経験と多くの人々との出会いが、著者を突き動かし、哲学者・平和運動家として、その後半生に大きく影響することになる。

本書は、90年に及ぼうという人生を振り返り、思い浮かぶこと、語り置くことなどを、2003年から09年にかけて、月刊誌上に1話ずつ綴ったものだ。

驚かされるのは、その生涯で交流のあった人の多さ。国内外の学者、文学者はもとより、ヘレン・ケラー（本書には登場せず）など歴史上の人物にいたるまで、幅広い。

挙げられる書物の多さと幅広さには、さらに圧倒される。古今東西の名著はもちろん児童文学から推理小説、さらには私的ランキングの上位に「河童の三平」（水木しげる）や、なんと「寄生獣」（岩明均）などのマンガが居並ぶという柔軟さだ。

時代を踏みしめた足跡と未来への眼差しは、自由闊達な筆致に乗せて、後続の世代に受け継がれていく。

とんぼとんぼ　あかとんぼ

澤口たまみ文／サイトウマサミツ絵

今年、あっついよねぇ。

……などとボヤいていた夏はいつの間にか終わってい て、残暑もほんの一時で、気がつけば外気はひんやりとしている。道端でさんざめくのは、秋の虫たち。

女の子がひとり、草むらへと分け入った。生い茂る秋の草たちに囲まれると、それはちょっとした冒険旅行だ。

目の前の、身の丈をはるかに超える草のてっぺんにとまったのは、あかとんぼだ。

アキアカネ。ナツアカネ。マユタテアカネ。ミヤマアカネ。ノシメトンボ。

これ、本作に登場するあかとんぼの種類とのことだ。恥ずかしながら、「アカトンボ＝アキアカネ」だと思っていた。こんなに種類(実際は国内で20種以上!)があったとは。

あかとんぼたちは、その彩りや模様や行動で、散歩にやって来た親子3人と対話をしているかのようだ。

作中、女の子のつぶやきは、心の声だ。あとは、そよぐ秋の風と、草の音と、とんぼたちのかすかな羽音だけ。

10分間のような、1時間のような、不思議な時間が、家族を包んでいる。

本作は、3～5歳の幼稚園児対象の月刊雑誌に掲載されたもの。ただし、「幼い子どもたちがはじめて出会うかがくの絵本」を謳うだけあって、安易な妥協はない。秋空にはばたくとんぼたちの姿は、作者たちのこだわりと研究の成果なのだ。

この雑誌に掲載された作品は、数年を経て、あらためて絵本として単行本になる。普段なら、絵本化されるのを待って紹介するところなんだけれど、それを待たずに採りあげたのには、理由がある。

雑誌として刊行された時にだけ、付録がついているのだ。「ちいさなかがくのとも　おりこみふろく」と題された、小冊子。8ページに詰め込まれた読み切りや連載などの記事の中で、メーンは「今月の作者」によるエッセーだ。

盛岡出身の澤口たまみさんによる、作品誕生の背景と、おとな向けのトンボ談議。「応用昆虫学」を学んだという澤口さんの、いきものたちへの眼差し。雑誌刊行時にだけ味わうことのできる特典だ。

よし、サンダルをつっかけて、あかとんぼたちに会いに行こう。

机の上の仙人　机上庵志異

佐藤さとる

「コロボックル物語」シリーズなどのファンタジー作品で知られる作者による、連作短編集。

中国に、「聊斎志異《りょうさいしい》」という物語集がある。清の時代の人・蒲松齢《ほしょうれい》が、かの地に伝わる怪奇談を収集したものだ。本作は、その500あまりの中から選んだ物語を、舞台を日本に置き換え、アレンジを加えたものだ。

日々創作活動にいそしむ作者・佐藤氏を思わせる童話作家の「私」が気まぐれに片づけた机の上に忽然と出現した一軒の草庵。そして、そこから現れた方寸仙人こと机上庵先生なるナゾの老人。白昼夢か、はたまた妖異のなせるワザか?

「私」の混乱などお構いなく、身の丈およそ2寸(6センチ)の老人は気ままに振る舞い、呑気に話しかけてくる。机の上に生まれた不思議な空間は、この部屋の本来のあるじである「私」を差し置いて、「先生」のペースで時を刻んでゆくことになる。

先生とともに机上に現れ、てっきり飼われているものと思っていた犬が、実は読み方もわからないまま机の上に放置していた「私」の祖母の形見の、題名も判然としない古書から先生が連れ出したものであるということ(「小奇犬《しょうきけん》」)。それをきっかけに、先生が読み解いて聞かせる、本の中の奇妙な物語。「私」は、いつしか気まぐれな先生の登場と、その語りを心待ちにするようになっていた。

都にのぼった若者が遭遇した、これまた身の丈二寸の侍たちが繰り広げた鷹狩りの顛末(「侏儒の鷹狩り」)。

若者が海で出会った少女と、時空を超えるできごと(「竜宮の曲」)。

出漁中に漂流した漁師と孤島に棲む鬼たちとの交流と、運命の妙（「鬼ヶ島異聞」）。……

おなじみの日本の昔話に影響を与えたとも思えるエピソードや、狐や鴉を始めとする異界の住人たちとの交流など、14の物語。机上庵先生の語り口は作中の「私」にとどまらず、わたしたち読者さえも時空を超えて引き込む魅力に満ちている。

児童文学というよりは歴史小説を思わせる用語が遠慮なく散りばめられているけれど、心地よい歯応えのうち。これらがテンポを生み、味わいを深めている。

秋の夜長、ぜひ手に取ってみてほしい一冊。

今日を歩く

いがらしみきお

来年で連載30年を迎える人気作「ぼのぼの」の作者によるエッセー風マンガ。作者本人とおぼしき中年男「私」（仙台近郊在住）が、15年前に始めた毎朝の散歩。そこで出会う人々や、できごとを描いている。

自ら「動く定点観測」と呼ぶほど、決まった道筋、同じ景色の中を歩き、同じ人と擦れ違う。天候や季節の変化など、必ずしも散歩日和ばかりではないけれど、それらが「私」の歩みを妨げることはない。

そして、一見平穏な時間の連続の中で、小さなできごとは、人知れず起きている。

よく行き会う、ひとりのおじいさん。10年前は、おばあさんと走っていた。やがてそれに子犬が加わり、娘らしい女性が加わった。そして今、おじいさんと走るのは、犬だけになった。

財布を拾った。交番に届けると、落とし主らしい男がいる。ただし、それが「どこに落ちていたか」が、落とし主の男の立場を微妙なものにする。

毎朝擦れ違う、一人の女性。無表情、年齢不詳。そしてある日「私」は、手袋を拾う。その女性の物ではないかと道端のフェンスに掛けておくと……。

中学校の前で会う中学生たちの、おそらくそう躾けられているらしい「あいさつ」のバリエーションあれこれ。そんな中、「私」をして苦手意識を植え付けさせるほど深いタテじわを眉間に刻んだ不機嫌顔の女子中学生の行動。

日々黙々と歩く「私」と、袖擦りあう人々。かれら隣人たちとの間に、有意義な交流らしきものは、ほぼ、無い。ほとんどは、「私」なりの一方的な観察と、臆測と、声にならない独り言だ。

だがしかし、なかなかにドラマチックなのだ。これが。

当然のことながら、男も女も、老人もこどもも、犬や猫やその飼い主たちにも、百人百様、それぞれに個性がある。相対する「私」にも、感情の起伏やコンディションの波がある。震災の影響や、大小のアクシデントにも遭遇する。

さまざまな条件のもと、行程3キロの街歩きの中であれこれと思い考え、時に起こす些細なアクション。

朴訥とした作風にテツガクの風味や時に毒さえも忍ばせて独自の世界を描く作者の視点を、少しだけ垣間見る思いがする。

親父衆

大友克洋／寺田克也ほか

親爺「臭」、ではありません。

日仏33人の漫画家たちによる、さまざまな「オヤジ」像を、マンガ、イラスト、そしてエッセーで綴《つづ》ったもの。

集結した漫画家の、顔ぶれがスゴイ。

中心となったのが、大友克洋（「AKIRA」）、寺田克也（「バーチャファイター」）、中川いさみ（「くまのプー太郎」）、吉田戦車（「伝染るんです」）。これに江口寿史（「すすめ！パイレーツ」）、谷口ジロー（「孤独のグルメ」）、東村アキコ（「かくかくしかじか」）、松本大洋（「鉄コン筋クリート」）、諸星大二郎（「マッドメン」）、浦沢直樹（「MONSTER」）、ヤマザキマリ（「テルマエ・ロマエ」）、五十嵐大介（「リトル・フォレスト」）、池上遼一（「男組」）といった日本漫画界のビッグ・ネーム27名に、フランスのマンガ界《バンド・デシネ》から6名を加えた個性あふれる面々が連なる。

「親爺」とは「歳を重ねることによってさまざまなものを得たり失ったりした〝元少年・青年〟の成れの果て」であると定義し、さらに「加齢臭でおなじみだが、その香ばしさは臭いだけに留まらず、独特のセンスと佇まいも〝親爺〟にしか醸し出せないものである」と続く。

電車の中での寝姿、飲み屋での生態、ファッションセンスなど街角での点描、健康志向、長い歳月を経て獲得したと思われる独特の視点と発想と行動……。

はた目には奇行とも映る言動（これらの行動は、しばしば周囲の視線をまったく意に介さず、あるいはたっぷりと意識しつつ発動される）にも、経験と信念の裏打ちがあると思われ、そんな親爺たちの一挙手一投足を細大漏らさずチェックし描写する漫画家たちの観察眼も含めて嘆息、いや感服させられるのだ。

その描写は、国内に留まらない。ロス、サンディエゴ、キューバ、ベルギー、シルクロード、ローマ、フィレンツェなど、旅行先や取材先で目撃したご当地のオヤジたちの生態も、緻密なスケッチとして紹介される。

読みつつ気づくのが、この企画に参加している男性漫画家たち自身も、「親爺」世代の一員であるということ。かれらは、取材・描写という「仕事」に臨みつつ、心のどこかで自画像を手がけている感覚も携えていたのでは、とページのこちら側でニヤリとしてしまうのだ。今年のマンガ界で「企画賞」ものの一冊。

「魅せる声」のつくり方
3大新理論があなたの印象を変える

篠原さなえ

朝ドラの主題歌が、気になっている。
人気のアイドルグループが歌っているから、ではない。

あさのそらをみあゲて　きょうというひにちガ　え
ガおでいられるように　そっとおねガいしたー

カタカナで記した部分、「ガ」と「ゲ」の発音が、ささくれ立って聞こえてしまうのだ。

はい、語頭の「ガギグゲゴ」と、語中・語尾の「ガギグゲゴ」は、「発音のしかたが違う」ということを知っていた(使い分けられる)人、手を挙げて?

この区別が曖昧、もしくは忘れられた発声法が、なし崩しに増えているのだ。これは、冒頭のアイドルや若い人たちの責任ではない。言葉遣いに対する社会の関心の低さと、言葉について指導すべき立場の年長者や指導者たちの責任なのだと思う。

セキニンある世代の一員として、今回は、この本を紹介させていただきます。

著者は、DJ、司会、実況中継、ナレーションからアニメの声優、銀行ATMの音声(!)などをこなす、「声のプロ」。正しい発声がその人の印象を変える(決める)、との信念で、アナウンサーや声優を目指す若者たちの指導も行っている。

冒頭の「ガギグゲゴ問題」、柔らかく発音するものを「鼻濁音」という。実はこれは単なる世代間の問題ではなく、西日本や新潟、群馬でもなじみのない発音とのこと。

しかし、スマートにまろやかに話すために鼻濁音を使いこなすことは重要なポイントで、「声のプロ」の世界では必須の項目なのだ(アナウンサーの研修では、原稿はか゚き゚く゚け゚こ゚、と濁点の代わりに「゜」付きで表記されるとか)。

ただし、これは本書の内容のほんの一部。

著者は「正しい呼吸法」「正しい発声」「正しい滑舌」をマスターした上で、正しく美しい日本語を身につけよう、と提唱する。そのための鍛錬法が図解や写真をまじえ、言葉を尽くして解説される。読者は、本を相手に百面相や発声練習を迫られる（電車の中では要注意）けれど、「ほほう」「なるほど」と読み進むうちに、えもいわれぬ充実感。……

せっかくなので、最後に、鼻濁音チェック。声を出して読んでみてください（鼻濁音にならないものも混じってます！）。

中学。大河。参議院。将棋。国立劇場。木陰。株式会社。音楽学校。お行儀がいい。七五三。プログラム。絵はがき。

ヨーコさんの〝言葉〟

佐野洋子文／**北村裕花**絵

5年前に亡くなった絵本作家・佐野洋子さんの作品リストには、名作『100万回生きたねこ』などの絵本を上回る数のエッセー集がある。

『ふつうがえらい』『私はそうは思わない』『神も仏もありませぬ』『問題があります』……、魅力的なタイトルが居並ぶ中、それらから選り抜かれたエッセーの数々に、絵本界期待の新鋭・北村裕花さんが絶妙のイラストを添えたのが今週の一冊。

実は本作、元はと言えばテレビの企画で、5分間のプログラムとして毎週放映されていた（全25回）。その中から9編が選ばれて収録されたものだ。

我が子を連れて通ったスイミングスクールの光景から、思う事（「才能ってものね」）。テレビの美容整形の実験番組に夢中になりながら、個性について（「出来ます」）。

主義主張を超えた向こう側にある「個」に対するこだわり（「ハハハ、勝手じゃん」）。ピカソの画から発想する、無垢な才能について（「大きな目、小さな目」）。兄弟や友人たちに見る、コンビネーションの妙（「神様はえらい」）。

愛犬の容姿をめぐるあれこれ（「あ、これはダックスがお父さんだ」）。「気分転換などしない」という気分転換法（「腹が立っている時は……」）。否応なく訪れる「老い」と「孤独」について（「こんぐらかったまま、墓の中まで」）。幼い日から接してきた伯母さんの晩年と、ひとり残った伯父さんの述懐に思う（「段々畑を上がっていった家にお嫁にいった」）。

戦争を体験し、海外生活、2度の結婚と離婚、育児など、山あり谷ありの人生を送ってきた作者から放たれる言の葉は、日常生活の些細な場面から当意即妙の処世訓を導き出す。一刀両断の爽快さがあるかと思えば、時間をかけた煮込み料理のような味わいもあって、これは佐野さんの人生観と観察眼、そして筆さばきの妙によるものなのだ。

人生発展途上の若いみなさんには、ただのオバサンのボヤキに聞こえてしまうかもしれない。けれど、身近なできごとから物事の本質を言い当てる面白さ、読むほどにジワジワとくること、請け合おう。

テレビ放映された全話25回を、インターネット上（「どーがステーション」）で観ることもできる。まずはこちらをチェックしてみるのも。

ねぼけ人生　水木しげる

「ゲゲゲの鬼太郎」を始めとする妖怪マンガで唯一無二の存在だった、漫画家・水木しげるさん。11月30日、93歳で大往生をとげられた。

その訃報に接して多くの人が寂しさを感じたことはも

ちろんだろうけれど、周辺では「水木サン、きっとアッチでオバケと会ってるよ。よかったね」という声が圧倒的だ。

テレビ出演も多かったから、その飄々とした人柄をご存じの方もあるだろう。その前半生は貧しさと戦争に翻弄された、苦労の連続だったこともまた知られている。

今週の紹介は、1982年に刊行された自伝。当時の世の中はバブル景気前夜、「あとがき」によれば、「貧乏が珍しいから」という理由で勧められた仕事らしい。

「落第」「戦争」「貧乏」「多忙」という四つの章立てで構成された来し方は、まさに波乱万丈。

故郷・鳥取での幼少時代。近所に住む「のんのんばあ」との出会いや不思議体験の数々は、その後の人生に大きな影響を与えることになる。

当時の地方都市で、子供たちの置かれた環境や遭遇する事件にそう大差はなかったとも思われるのだが、武良《むら》(本名)少年に備わったアンテナが、常人とは違った感度や方向性を持っていた、ということなんだろう。

そして天性のマイペースぶりは、初めての集団生活・小学生時代から存分に発揮されることとなる。ガキ大将として君臨(相当なモノだったようだ)する一方で、学業の成績はひたすら低空飛行。やっとのことで高等小学校(現代の中学にあたる)を卒業し、故郷を後に出向いた奉公先でも長続きはせず、職を転々とするうちに、国は戦争の時代へと突入していく。

それからの紆余曲折は本をぜひ読んでいただくとして、注目すべき点が三つ、ある。

どんなに生活に追われても、絵筆だけは離さなかったこと。さらに、むさぼるように本を読んだ(愛読書は「ゲーテ」!)こと。本人にしてみれば「好きなこと」を続けただけなのかもしれないが、これが、後半生の大逆転へとつながる。

そして何より、底抜けの楽天主義で「明日」を迎えたこと。

激動苦闘の時代を「ねぼけ」ていたかのように過ごしたと振り返れる自然体、最高にカッコイイのだ。

2016年

本を読むということ　自分が変わる読書術

永江　朗

この本、もともとは中学生向けに編まれたシリーズ「14歳の世渡り術」の一冊。『本を味方につける本』というタイトルだったが、このたび改題・文庫化の運びとなった。

著者は、書店勤務や編集者の経験を持つフリーライター。出版・書店業界についての著作を数多く手がける傍ら、読書論も多く著していて、本作もその中の一冊。初出時のタイトルからわかるように、それまで「読書」に馴染みのなかった人に向けて書かれている。

本から得られること、本との出あい方・読み方、そして本を窓口に見えてくるもの。親しみやすい語り口とイラストで、本の世界と読書の楽しみが紹介されていく。

第1章「変わるために本を読む」の冒頭、「本さえあれば、なんとか生きていける」としながら、続けて「本がぼくを助けてくれるわけではない」「むしろ役に立たない本のほうが多い」と述べられる。

これは矛盾でもなんでもない。読みながら知ること、そして考えることが要求された結果、それが役に立つか、無用の情報なのかがわかるようになるからだ。

好奇心を持つこと。「なぜ」という疑問を持つためのきっかけとしての本の存在が、好奇心を育てるのに役立つということ。

勉強やスポーツがイマイチで、さえない14歳だった、と振り返る第2章「ぼくも14歳だった」では、本を読むことで少しずつ変わっていく「体感」の記憶が語られる。そして本との出あいの場・書店について、規模やタイプ別の使い分け、さらに図書館の活用法へと話は進む(第3章「本が君を見つける」)。

続く第4章「本を手なずける」では、本を大切に、と述べる一方で「本をバラバラに」「本を解体する」といったブッソウな話が飛び出してギョッとさせられるけれど、本をバラしてみて初めて発見することも確かにあるのだ、ということに気づかされたりもする。

第5章「本を読むにはコツがある」では、効果的な読み方のあれこれが紹介され、第6章「本だけが世界じゃない」では、読書を通じて得たものをどう生かすか、いくつかのヒントが示され、さらにこんな警句で結ばれている。

「世の中には、本を読むより大切なことがたくさんある」

行きつ戻りつ、いや、だからこそ、本を読むって、楽しい。

カラス狂騒曲　行動と生態の不思議

今泉忠明／今泉勇人

通勤途上の路上や駅での電車待ちの時に、彼らの挙動が気になっていた。カラスだ。

たとえば。その1。一羽、交差点の上の電線にとまっている。木の実をくわえている。タイミングを見計らってはそれを路上に落とすのだ。それを通過する自動車にひかせては殻を割り、中身をついばんでいるのを何度となく見かける。

その2。地べたをすたすたと歩いているところに行き会うとする。これがスズメなら、人影に驚いてぱっと飛び去ってしまうところ。彼(彼女?)は「あ、来たのね」とばかり、ひょい、と最小限と思われる安全圏まで移動すると、あとはこちらを見定めるように横目でうかがっている(互いの視線がバチッとぶつかる)。

その3。1羽、道端の電線の上で「カア、カア、カア(オレはココにいるぜ)」と鳴いている。それに応えるかのように、やや離れた鉄塔の上から、別の個体が「カア、カア、カア(ほう、オレはコッチだぜ)」と返す。より高い所にいる方が優位というルールでもあるのか、電線に留まっていた方は「カア、カア、カア(ワカッタワカッタ)」とヨソへ飛び去ってゆく。……など、など。その佇まい、醸し出すヒトクセ感など、たかがトリ、ではなく、トリのカタチをした「誰か」と思わせるような存在感だ。

調べ物の虫のうずくのに任せて、職場の棚を物色（こういう時便利な仕事だ）してみると、おお、あるある。「カラスの教科書」「世界一賢い鳥、カラスの科学」「うち、カラスいるんだけど来る？」「カラスの常識」「カラスはどれほど賢いか」……。

堅い専門書もさることながら、一般向けの入門書が目立つ。カラスが、いかに多くの人々の興味を引いているかが窺える。そんな中から選んだ本書は、テレビなどでも名を見かける学者さん（本来は「哺乳類」専門）によるもの。

タイトルから、カラスが巻き起こす騒動の数々、を期待？　するかもしれないが、さにあらず。「カラス」と一緒くたにされている鳥の分類に始まり、人間社会との巧みな共存、日ごと・年ごとで観察する生活ぶりなど、素朴な疑問の種明かしから意外な発見（鳴き方のバリエーションは40以上！）まで、愛嬌のあるイラストともども楽しめる。

何かとネガティブなイメージがつきまとうカラスだけれど、街の隣人としての貌は、知る程に興味が尽きない。

おそ松くん

赤塚不二夫

今、よもやのブームになっている。

お父さん以上の世代なら知らぬ人の無いこの作品、もともとは、六つ子の兄弟と型破りの脇役たちが巻き起こす珍騒動を描いた、戦後ギャグマンガの草分け的作品だ。その舞台を30年後に置き換えた「現代版」アニメが、並み居る腐女子のみなさんのツボにはまったらしい。

不世出のマンガ家である作者（１９３５〜２００８）の作品で育った身としては「現代版」のキャラク

ター設定やイマ風のタッチや展開などに違和感を禁じえず、正直言って複雑な思いではある。けれど、アニメ経由で原作に興味を示してくれる読者が増えたことは、めでたい、めでたい。

逆に言えば、いま原作を手にして戸惑っている少女諸君もいることだろう。セリフには連載当時の世相や歌、テレビのコマーシャルや流行語が多く織り込まれているし、大の映画マニアだった作者ならではの名作映画をアレンジしたストーリーなど、知らないとそのまま通り過ぎてしまうようなネタも、随所にあるのだ。

そして、六つ子のライバル・チビ太がしばしば天涯孤独を思わせる設定で登場したり、「おフランス帰り」を自称するキザなイヤミ氏が実は貧しい暮らしぶりだったりする背景には、作者の前半生が反映されている。

第2次大戦下の中国大陸(旧満州)で育ち、敗戦の混乱の中、命からがら身一つで帰国。故郷と呼ぶべき日本では「引き揚げ者」としていわれのない差別を受け、生活苦から高校進学もままならなかった赤塚少年の思いは、現代を生きるぼくらには想像すら及ばないものだったはずだ。

偶然手にした手塚治虫のマンガに感動し上京、今や伝説となったトキワ荘のメンバーとなってからも、次々とデビューを果たす仲間たちの背中を追う日々が続く。そんな苦労に苦労を重ねた末の大ブレイクが、「おそ松くん」なのだ。

単身、六つ子に立ち向かうチビ太の不屈。失敗を重ねても懲りないイヤミの楽天。無邪気の奥にうかがわせるハタ坊の一途。面倒なことは丸のみにしてしまうダヨンのおじさんの豪快。そのパンツから取り出せないものはない、デカパンの超然。

どれもが作者の分身であり、願望であり、希望だったのだろう。

楽しみ方はもちろん自由だけれど、作品の成り立ちからにじむものを味わうのも、読み方のひとつ。

遠野物語

柳田國男原作／**柏葉幸子**編著／**田中六大**絵

表紙のイラストは、手前からザシキワラシ、ヤマオトコ、キツネ、カッパ、ヤマオンナ、ヤマハハ。民俗学者・柳田國男が、故郷に伝わる数々の物語を収集した「日本のグリム」こと佐々木喜善に取材してまとめあげた不朽の名著「遠野物語」に登場する怪異たちだ。

1910年に初稿が出版されて、100年以上。岩手・東北に留まらず日本民俗学のバイブルと言っていい存在感を示すこの書物、手に取った人ならご存じの通り、文語調で綴られたリズムが、独特の味わいを醸し出している。

反面、これが小・中学生のみなさんには高いカベになっていることがあるかもしれない。

遠野で幼少期を過ごしたという柏葉幸子さんは、この作品の口語化に挑戦した。全119のエピソードからえり抜き、再構成した12章。遠野特産、表紙にも登場した赤いカッパ・ズモを案内役に、物語の幕が上がる。

聞き語りをベースにした原作は、現代の読者がイメージするような「物語」のスタイルとは、かなり違う。

「土淵村大字飯豊の今淵勘十郎と云ふ人の家にては、近き頃高等女学校に居る娘の休暇にて帰りてありしが、或日廊下にてはたとザシキワラシに行き逢ひ大に驚きしことあり。」（初版本より）

これを、現代の小学生に向けてアレンジすると、こうなる。

「土淵村の今淵勘十郎という人の家での話だ。遠くの街の高校へかよっているむすめが休暇でかえってきた。（略）廊下の角をまがったら、かすりの着物に坊主頭の男の子とはちあわせしたそうだ。『だれだえ？　どごのわらすだ？』」

原作では極力省かれている人物の動きやセリフをカッパの語りという形を用いて「再現」し、場面場面のイメージを膨らませる工夫が凝らされている。

随所に織り込まれた「どごさいくのや?」「夕飯はくってげ」「んだど思うども」など、今でもじいちゃんばあちゃんと向き合えば普通に聴くことができるお国言葉が、絶妙の合いの手となる(ヨソの地方ではどんな風に読まれるんだろう?)。

　奇妙、を通り越して怪奇、時には悲惨な結末のエピソードも数多くある中、これをさらりと伝えてきた原話のバランス感の絶妙さ。これを受け継ぎ、再構築をこころみた、柏葉さんの思い。

「ものがたり」って、おもしろい。

〝いのち〟のすくいかた
捨てられた子犬、クウちゃんからのメッセージ

児玉小枝

犬、991万7千頭。猫、987万4千頭。「全国犬猫飼育実態調査」による、飼われている犬と猫の数(昨年度)だ。そしてただいま真っただ中の「猫ブーム」もあって、今年中に家庭で飼われる猫の数が犬のそれを上回るだろうと言われている。

　動物をかわいがる。結構なことだ。しかし。

　犬、2万8570頭。猫、9万9671頭。

　同じ期間内に、これだけの犬や猫が「殺処分」されているという事実を、みなさんはどう受け止めるだろうか。

　野犬やノラ猫以外にも、もともとは飼われていたものがさまざまな理由で「動物収容施設」に持ち込まれるケースが、少なくない。収容された動物たちは、一定の期間は保護されて引き取り手を待つことはできるが、期限を過ぎると、否応なくその命を絶たれてしまうことになる。安楽死、と思われていることが多いようだが、実際は、炭酸ガスによる窒息で苦しみながら死んでいくとのことだ。

　フォトジャーナリストである著者は、理不尽な運命に翻弄されるかれらの姿を記録し、これを保護すべく社会

に訴える運動に携わってきた。

今週の一冊は、収容施設という名の処分場での犬や猫のさまざまな表情を収め、多くの命が消されていく事実を小中学生に向けて報告しながら、幸運にも新しい飼い主（パートナー）に巡りあった一匹の子犬の物語を綴ったもの。

年をとって手がかかるから。子犬が産まれたけど、飼えないから。大きくなりすぎたから。言うことをきかないから。他の犬を飼ってみたいから。病院代がもったいないから。かわいくないから。近所から苦情がきたから。あきたから……。取材の中で直面する、ペットを手放す理由の、ほんの一部だ。第1章、施設に収容された罪もない犬や猫たちの眼差しが、読む者の胸を締め付ける。

第2章で描かれる子犬のクウちゃんの例を通して、施設から引き取られていく過程が描かれる。ただし、これはごく一部の例だ。

第3章には、著者からの提案とメッセージ。私たちにできること、自らを戒めなければならないことなど12の提言。

「君といたい　児玉小枝写真展――どうぶつたちの命と心をみつめて――」が、花巻市・るんびにい美術館で開催されている。

ゴーガイ！　岩手チャグチャグ新聞社　明日へ
飛鳥あると

岩手県を舞台に、地元新聞社の記者の目を通して人々の生活を描くシリーズ、第4集。この巻は「明日へ」と題され、東日本大震災から5年を経ようとする県内の様子をリポートする。

元気とフットワークが身上の記者・坂東さきるが出会う、人と、その心。このシリーズの身上は、記事の取材というスタイルを借りつつ、報告者である主人公・さきるの見たまま・感じたままが描かれるところ。

わたしたちが日頃接している新聞記事が成り立つまでに、どのような素材が、どのような過程で集められ、まとめられるのか。取材者の受け止めた物事や取材対象となったひとびとの思いは、どのように表されるのか。紙面に接する読者の目は記事の向こう側に何を拾い、その心には何が響くのか。

未曽有の震災から時は経ち、変わったこと、変わらないこと。

復興、のひとことではくくりきれないさまざまな問題が、今なお多くの被災地と、そこに暮らす人々、そして故郷から離れざるを得なかった人々の現在を覆っている。

もう二度と言葉を発することのない妻からのメッセージを、遺された一葉の写真から受け取った、夫の心情。

すべてを奪ったはずの海を愛し、未来を築くために活動する若者たちと、海を臨んで新たな夢を抱く、少年の姿。

かつて伝えられなかった思いを胸に、離れ離れになった友のために支援活動を続ける女性が抱く、希望。

被災地に向けて発信を続ける放送局のラジオパーソナリティーの地道な活動と、孤立する老人の、声なき声。

現地を取材する主人公の姿は、そのまま筆を執る作者の姿勢と重なる。それぞれのエピソードで活写された、立ち上がろうとし、あるいは寄り添おうとするひとびとの姿は、読む者の心を強く打つ。片方で、癒やされずにいる多くの心や、残された課題の大きさ、重さについても、何度となくページから顔を上げ、考えさせられる。

取材をもとにまとめた四つの記事に込められた主人公（作者）からのエールが、多くの人の明日への希望につながればと、願わずにはいられない。

小泉今日子書評集

小泉今日子

新年度1冊目は、「書評の書評」。

Kyon^{2}ことコイズミさんは、かつて一世を風靡したアイドル「であった」、と過去形で語るのがはばかられるほど、テレビに舞台に銀幕にと今なお大活躍のカッコイイひとである。

80年代の当時から分刻みのスケジュールの合間を縫っての読書家としても知られていて、かつて彼女が愛読書として挙げた『モモ』（M．エンデ）や『ライ麦畑でつかまえて』（J．D．サリンジャー）が売れに売れたことがある。ツイッターなんて無かった30年前のことだ。その一言で恩恵にあずかった出版・書店業界では、まさに女神さま的存在だったのだ。

その実績が放っておかれるはずもなく、彼女は去年まで大手新聞社の読書委員として、本の紹介に携わっていた。本書は、10年間で採りあげた97冊の書評をまとめたもの。

文化人、学者、財界人など錚々たる面々に混じって、用意された候補作の中から気になった本を選び、さらに選考や議論を重ねるという段取りにも驚かされるが、それらをくぐり抜けて彼女の手に収まった本たちの顔ぶれは、やっぱりキョンキョン・セレクション。

選ばれた小説やエッセーやマンガの一編一編が、彼女を愉しませ、笑わせ、考えこませ、大いに泣かせる。自らの生い立ちや現在の境遇、生き方と共鳴するものがあったり、時にガツンと一発喰らったりと、なかなかに刺激的な読書体験だったようだ。

本を選ぶ。考えてみれば、不思議な作業だ。それが本当に面白いものかどうかは「読んでみないと」わからない。タイトルやテーマに惹かれたり、著者のネーム・バリューだったりとキッカケはさまざま。

そんな中で、「この人が薦めるなら」という方法は、さきに記した通り大きな力を持っている。本を手に、キョンキョンとの二人旅を愉しむというおまけ、なかなか魅力的だもの。

けれど、それはあくまでも「キッカケ」。読者自身が笑い、泣き、ガツンと喰らえることを選者も願っているということ、お忘れなく。

神々の山嶺《いただき》

夢枕　獏

アクション(「餓狼伝」)、オカルト(「陰陽師」)、ファンタジー(「ねこひきのオルオラネ」)など、さまざまなジャンルの作品を手がけ、多くの読者を惹きつけ続ける作者による、山岳冒険小説。日本映画史上初となる長期の現地ロケを敢行した「エベレスト・神々の山嶺」として映像化され、話題となっている。

この作品、ぼくはマンガから入った(さきに挙げた「餓狼伝」「陰陽師」も、マンガ作品としても人気を博している)。世界規模で活躍する実力派・谷口ジローの傑作として、避けては通れないタイトル(集英社刊・全5巻)だ。

その迫力と熱気に、グイグイと引き込まれた。そしてその「あとがき」で原作者である夢枕氏自ら谷口氏に劇画化を依頼したというエピソードを知り、間を措かずにぶ厚い原作を手に取ることになる。

さらに、圧倒された。

物語は、2人の登山家を中心に展開する。

山岳カメラマン・深町が、エベレストを臨む麓の街の露店で、1台のカメラを見かける。それは、かつて世界最高峰《エベレスト》の人類初登頂を目指したまま消息を絶った冒険家のものではないか。もしもその登頂(アタック)が成功していたとすれば、世界の山岳史が書き換えられることになる。そのファインダーには、何が写っているのか。いったんは手にしながら、忽然と消えたカメラを追う深町の視野に、一人の男が現れる。

その男・羽生《はぶ》丈二は、抜群の技術と力量を持ちながら、チームワークを必定とする登山界に馴染まず、ある事件を機に消息を絶っていた伝説の登山家《クライマー》。深町はその謎に魅せられるがままに羽生を追い、やがて二人は運命としか言いようのない力に導かれるまま、前人未到の登攀に挑むこととなる……。

実在の人物をかたどり、史実と虚構を巧みに織り交ぜた展開は、「ヤマ」を知らない読者の心をも鷲づかみにするだけの力がある。原作、劇画、映画、どの扉から入っても堪能することはできるが、それぞれの味わいを、ぜひお勧めしたい。

地名の楽しみ

今尾恵介

ジマンするような事でもないが、これまで、いろいろな土地で暮らしてきた。学校や職場はもちろん、その土地土地の風俗習慣など、環境が変わるたび驚いたり、感心したり。

その土地の成り立ちや歴史を知ることで、またまた驚いたり、新たな興味が湧いたりもする。そして、そのカギは「地名」に隠されているのだ。

この本は、中学時代の愛読書が「地形図」だったという地図マニアの著者による膨大な著作の中の、最新刊。はい、地図帳のご用意を。

地名の由来を遡っていくと、山や川などの地形にたどりついたり、その土地が地域で担ってきた役割や文化がわかったりする。

ただし、その解読は一筋縄ではいかない。

河川が土地を削ってできた崖（河岸段丘）を、「ハケ」という。これが地名になると「羽ヶ下《ハケシタ》」「八ヶ下」「峡《ハケ》通《ドオリ》」「羽毛上」「端気」「八景」……、全国に無数の当て字のバリエーション。やはり段丘を意味する「ハバ」は、岩手県でも盛岡市羽場や矢巾町（異説あり）に見られる。

「東京都荒川区が荒川に接していない」理由や、四国は四万十川をめぐる周辺自治体の「四万十」事情、「神奈川」と「横浜」をめぐる歴史の不思議、さらには難読・珍読地名にうならされたり、苦笑いさせられたり。

土地には、自然がかたどった森羅万象と、そこを拓き、暮らした人々の歴史がある。

随所で目にとまるのが、時代の変革や、とくに近現代の自治体再編などで、改変され、消えていく地名の多さ。

全国規模で「郡」「町」「村」「大字」「字」が消え、「市」に「昇格」していく中で、埋もれていくものが数多くある。利便性や住民感情も無視はできないが、自治体や、時には企業の思惑で安易に左右されたり、人名よろしくキラキラネーム風に創作されたりの例を見るたび、著者ならずとも複雑な思いに駆られてしまう。

著者の言う通り「自分たちだけのものではなく未来の子孫たちへ引き継いでいく」文化財としても、大切に扱いたいものだ。

おひとり様物語

谷川史子

1986年、19歳で雑誌「りぼん」誌上にデビュー以来、少女マンガのセンターラインを歩んできた作者。近年は青年マンガ誌にも活躍の場を持ち、作風も幅が拡がって、乙女路線のテイストをしっかりと保ちつつ、こうしてオジサンまでも読者として獲得している。

愛らしい登場人物の描写と、その合間に挿入されるギャグタッチのコマとの落差。ナレーションを多用するかと思えば、無言のコマで巧みに表す心理描写。これらの手法は「持ち味」を超えて「名人芸」の域と言ってもいいだろう。

本作は、学生から社会人まで、さまざまな環境で生きる女性たちの恋愛事情を、一話完結で綴った短編連作集。

タイトル通り、主人公である彼女たちは、カレシのいない「おひとり様」。過去に恋愛経験があるかないか、いま思いを寄せる相手があるかないか。さらに直前まで相手がいたのかいないのか、はたまた心の通わない形だけのカップルなのか。主人公たちの置かれる状況はいろいろだけれど、とりあえず、物語の始まる時点では、（いきなり別れのシーンから始まる展開も含め）自ら選んだか否かを問わず「おひとり様」なのだ。

ありふれた日常が描かれる中、恋愛にオクテな学生も、望んで独り身の自由を謳歌している社会人も、ワケアリのお姉さまも、ふとしたできごとで立ち止まり、悩み、惑う。

それは片思いの相手のことだったり、まだ見ぬ王子様のことだったり、無味乾燥な生活のことだったりするのだけれど、主人公たちに通じているものがある。悩みの種は尽きないながら、切ない強がりも含めて、前向きなところだ。

恋愛成就のハッピーエンドも、あまじょっぱい結末もある。それがどんなエピソードでも、紆余曲折を経た彼女たちは、最後には明日に向かって生きる決意を固めて、物語が締めくくられるのだ。

「お約束」を守りながらもマンネリに陥らず、感動を編みだし続ける作者の仕事に、プロフェッショナルを感じる。

LINEで子どもがバカになる
「日本語」大崩壊

矢野耕平

このショッキングなタイトルは、中学受験の小学生を対象に学習塾を営む著者の「危機感」がストレートに表れたもの。サブタイトルが『「日本語」大崩壊』と、これまた穏やかでない。

老若を問わず、今や生活必需品と言っていい携帯電話、スマートフォン。このたびの熊本での震災で重要な働きをしたことは、大きく評価されている。

とりわけ、小型コンピューターとも言えるほどの機能を持つ「スマホ」は、高校生にとっても欠かせないアイテムとなりつつある。

電車やバスの中の情景から察するに、その普及の大きな要因が「ゲーム」であることに間違いはないが、本来の「電話」としての使われ方で言えば、「メール」に始まり、そして今は「LINE《ライン》」（今風に平板読み！）。通信文がマンガの吹き出し風に表記され、登録した仲間内で次々と会話調のやりとりが（契約によって無料で）できるのが魅力であろうことは想像できる。このコミュニティーに属する限り仲間内の情報共有やうわべの親密さが約束されるという点で、通信以上の重要性を持っているのだろう。

しかし、「文章」でなく短いフレーズの速射的やりとりが、文章力、ひいては考え方の貧困と減退を招いているのではないか、と著者は危惧しているのだ。

「キモイ」「ウザイ」「ヤバイ」や「スタンプ」に集約されてしまう感情表現、本来は便利であるべき「予測変換」の弊害、単語だけのやりとりが招く接続詞の消失など、LINEの普及が日常会話や文章に及ぼし始めた、若者の語彙の貧しさ。

著者は、教育現場での体験をもとに、さらに続ける。「サザエさん」と「クレヨンしんちゃん」を例に引く、核家族化が招いた人間関係の変質や、住環境の変化による季節感の喪失。そして国語教育をそのままに国ぐるみで促進される、早期英語教育への疑問など、など。

文明を享受する若者にではなく「与える」側の大人の責任と自覚を促しつつ、本書は結ばれる。さて、どうする。

回想の太宰治

津島美知子

「ダザイがさぁ」という声にフト顔をあげると、そこには高校生の女子、2名。「おっ、本屋の店頭で文学論？　いいねぇ」と思いきや、それは名だたる文豪たちが現代風イケメンにアレンジされて戦うアクションマンガの話題だった。そこに登場する「太宰治」が駆使する超能力、敵を無力化する「人間失格」。うーむ。

ダザイを登場させるクリエイターの慧眼もさることながら、読者の皆さんには、願わくは実際の作品にも触れ、作家への興味から文学への関心につなげてもらいたいところだ。

太宰治、本名津島修治（1909〜48）の妻としてその早すぎる晩年を共に過ごした美知子夫人（1912〜97）による回想録である本書は、没後70年近い現代もなお注目を集める一人の人間の姿を描いた貴重な証言だ。

津軽の裕福な家に生まれ早熟な文才を開花させながらも、心中事件や非合法活動などで世間を騒がせ、実家から絶縁同様の扱いを受けていた太宰。そんな彼が、師と仰ぐ作家・井伏鱒二の世話で著者と見合いをし、所帯を持ったのは、1939（昭和14）年のこと。ささやかな小康を得るもつかの間、その暮らしは戦火に見舞われ、東京から甲府、津軽へと疎開生活を余儀なくされる。

10年に満たない結婚生活。名声を得て流行作家となった夫のマネジメントをこなしつつ、妻として、嫁として、3児の母として、めまぐるしい時代と生活の変化を体験したはずの著者の筆致は、驚くほど冷静だ。決して豊かではなく、気苦労も多かったであろう毎日や数々の作品誕生の裏話が、感傷に流されることなく写実的かつ客観的に描かれる（これが夫の没後30年を経てまとめられた回想記とは思えないほどだ）。教育者の家に生まれ、戦前の地方都市、女性の地位が決して高くはなかった当時に高等女学校の社会科教師を務めていたという経歴はダテではない。

繊細なようで奔放、実直なようでわがまま気ままなお坊ちゃま育ち、見えっ張りで弱虫、酒飲みのヘビースモーカー、そして次々と露れる女性関係。いつ愛想尽かしをしてもおかしくないダメ夫を支え、ついには後世に名を遺せしめた賢妻に、勝手に逝ってしまったダザイに代わって最敬礼。

ルドルフとイッパイアッテナ

斉藤　洋

児童文学新人賞の受賞から30年、今や押しも押されもしない児童文学の定番。小学生の頃に読んだことのある人も大勢いることだろう。

偶然乗りこんだトラックに運ばれて、心ならずも住み慣れた街から遠く運ばれてしまった子猫、ルドルフ。たどり着いたのは、大都会・東京の下町だ。右も左もわからないルドルフを助けたのは、街のボス猫・イッパイアッテナ。大きくて強くて、しかも物知りのイッパイアッテナになぜか気に入られるまま、ルドルフのノラネコ生活が始まった……。

街に生きるネコや犬、そして袖すりあう人間たち。仲間かと思えばライバル、敵かと思えば味方。それまで飼い主に守られて世間知らずのまま育ったルドルフには、出あうもの経験することのすべてが初めて尽くしの毎日だ。社会の片隅で生き抜くために必要なこと。それは、時には力だし、時には知恵を尽くした駆け引きだったりする。そして「生きてゆく」ことは、口で言うほど簡単ではない。ルドルフは、たくさんの仲間やライバルに囲まれながら、助け合って生きることを、少しずつ学んでゆく。

ケンカの時に口を突いて出るダイナミックな啖呵や、一転、身内となれば親身になって面倒を見るなど、古き良き下町風情が醸し出されているあたりは下町っ子の作者ならではの持ち味なのだろう、「あぁ、この辺ではネコもやっぱりこうなのね」と妙にナットクさせられたりする。

この夏、誕生30周年を記念してのアニメ映画の上映が予定されている。３ＤＣＧを駆使したカワイラシイ仕上がりになっていて、そのキャラクターを表紙にあしらった文庫版も発売された。……けれど、毎度のことながらまだ読んだことのない方には、ぜひとも、まず原作を味わい、自分なりのイメージを携えてからの鑑賞をお勧めしたい。

そんなわけで、今回はあえて長年読み継がれてきた単行本でのご紹介。個性派イラストレーター・杉浦繁茂氏による表紙と挿絵が（それでも作品を邪魔せずに）いい味を醸し出している。

ルドルフと仲間たちのその後は？　ルドルフが故郷に帰れる日は？　書き継がれた続編たちも、ぜひ手に取ってみよう。

国家を考えてみよう

橋本　治

先日の参議院選挙は、選挙権が18歳に引き下げられた初の国政選挙として大きな話題となった。

正式なデータはまだ発表されていないものの、新たに参政権を得た年代の投票率は、約45パーセントであったとの報道があった。20代の前回選挙の投票率33パーセントを上回ったものの、全体の投票率が54パーセントほどで、これが過去4番目の低さであったことを考えれば、十分な成果とは言いにくいところだろう。

小説家・評論家・演出家など多くの貌を持ち、マルチ文化人の魁とも言える存在の著者・橋本治氏は、以前から若い世代に向けて、多様なテーマについて多くの発信を続けてきた。

先日の選挙直前に出版されたこの本は（若者の選挙への作用を意識して企画されたのだとすれば遅きに失したの感もあるなぁ、出版社さん。……実は橋本氏は、同じテーマでの著作を数年前に電子版で発表している）、「そもそも『国家』ってナニ？」とギモンを持った（だけでもエライ！）若い人たちに向けて語られた、啓発の一冊。

第1章で、いきなり「『国家』を考えない」と切り出した著者のもくろみは、まずは頭の中をリセットするための準備運動だろう。

そもそも、「国家」には何種類かがあって、世界地図をざっと眺めただけでも、多種多様なナリタチ・カタチが存在している。洋の東西、そして歴史をさかのぼって、さらに行きつ戻りつを繰り返しながら、著者の論考は続いてゆく。

単に新旧の字体の違いではない「国」と「國」の差。一般には「革命」と言われがちな「明治維新」の正体。世界中でかつて君臨統治の座にあったはずの「国王」たちの実態。面白いのは、「国家」を現在の学校の部活動に例えたくだり。「国家」を「部」とすると部員が「国民」で「部」は部長や監督、もっとさかのぼって理事長の私物？　という議論が吹っかけられるのだ。これは他人事じゃない！

これらの長ーい前置きを経て、巻末近く、現在の状況についての解説と著者の危惧、若者たちへの期待と呼びかけがつづられている。

ここはぜひ皆さんが自分で読み、そして考えてみてください。

天《あめ》と地《つち》の方程式

富安陽子

デビューから三十余年、絵本から長編物語まで、旺盛で幅広い活躍を見せる作者。そのラインアップには、日本古来の伝承や神話に取材した物語が多く見られる。中でも今回紹介の本作がモチーフとしているのは、「古事記」。本作は、この日本最古の歴史書をモチーフに描かれた、長編ダーク・ファンタジーなのだ。

天地初めて発けし時、高天原に成りし神の名は……。冒頭、古事記原文より一節が引かれ、さぁ作品に挑もうという緊張も高まるままにページを繰ると一転、物語は現代。13歳の主人公の夢の中から始まる。

こののち「アレイ」と書き習わされる彼の本名は、田代有礼。冒頭の引用に続けて登場するこの名前から、古事記編纂に関わったと伝わる「稗田阿礼」の名を思い浮かべた人、スルドイ！

アレイ少年が夜ごと遭遇する、「夢」。それは大きなニホンザルに話しかけられるというもの。その猿が発する不可思議な言葉に引き込まれるかのように、ありふれた日常に異変が兆し始める……。

舞台となるのは、丘陵を切り開いて造成された住宅地(ニュータウン)と、そこに移り住んだ子供たちを受け入れる全校生徒71名の小中一貫校。

教室を覆う、謎の霧。空間の歪みから現れる、おびただしい妖異。つかみどころのない同級生「Q(厩舎修)」との奇妙なコンビネーションで危機を乗り越えるもつかの間、得体の知れない現象が次々と2人を襲う。そしてかれらは、運命に導かれるまま異能を備えた仲間たちと巡りあい、現世を呑み込まんとする闇に、挑むことになる。

神話や怪奇現象に明け暮れる重苦しい物語かと思いきや、話をつなぐ少年たちの会話は、きわめて現代風《いま》。絶妙なバランスで物語を編んでゆく作者の手腕に、知らず釣り込まれる。

岩手県とは深い縁《えにし》の人気漫画家・五十嵐大介氏のカバー画が、作品の世界観構築に一役買っているのも、見逃せない。

「ゴジラ」とわが映画人生

本多猪四郎

前作以来12年ぶりとなったゴジラ映画「シン・ゴジラ」は、かつてアニメ「新世紀エヴァンゲリオン」で一世を風靡した庵野秀明監督総指揮のもと、大ヒットとなっている。

1960年生まれの庵野氏は、ゴジラ映画が量産されていた昭和30~40年代にその洗礼を受けた「ゴジラ世代」。第2次世界大戦終結から間もない54年に反戦・反核の精神を色濃く映し出した第1作に始まり、高度成長期真っただ中、娯楽映画の色合いを濃くしていった過渡期でもある。

映画監督・本多猪四郎（1911〜93）は、第1作「ゴジラ」を始め昭和期のゴジラシリーズ5作を監督し、他にも「空の大怪獣ラドン」「モスラ」など全盛期の東宝特撮映画を数多く手がけて怪獣ブームを牽引し、海外でも多くのファンを持つ。

本作はその晩年、長きに及んだ映画人生を振り返って臨んだインタビューをまとめたもの。

映画が「娯楽の王様」として栄華を極めていたその時代と、氏の生涯は重なっている。生まれ育った山形を離れ、移り住んだ東京で体験したアメリカ映画の衝撃を皮切りに、文学の乱読と並行して手当たり次第に観た和洋の映画作品の思い出。それは氏にとって「遊びの一部」だったという。その体験が、映画界に入ってのち、芸術性だけでなく娯楽性も重んじる作品への姿勢の源となったようだ。

しかし2度にわたる軍隊への召集、長期に及ぶ兵役のため撮影所の同期生たちから後れを取り、帰国後も長い下積みを余儀なくされる。だが、この戦争体験がさきに挙げた反戦、ヒューマニズムのメッセージを作品に反映させることとなる。

ローテーションで割り当てられ臨んだ「ゴジラ」第1作（当初は「ゲテモノ映画」と呼ばれていた）は、特撮担当の円谷英二との連携も功を奏し、一大転機となった。

東宝きってのヒット・メーカーとなってからも作品作りへの真摯な姿勢は変わらず、最晩年は「監督」の座に固執することなく盟友・黒澤明の助監督として貢献した。生涯を映画に捧げた職人の姿が、そこにはある。

本へのとびら　岩波少年文庫を語る

宮崎　駿

前回に続いて、映画監督の著作をご紹介。

数々の名作アニメを世に送り出した宮崎駿監督の発想は、少年期の読書体験に拠るものが大きな比重を占めているとのこと。多くの人に親しまれている名作を翻案したものはもちろん、オリジナルの作品でも、アイデアやイメージの源となった書物があったであろうこと、想像に難くはない。

本書の原型となっているのは、児童文学出版を数多く手がけている老舗出版社と宮崎氏主宰のスタジオジブリとのコラボ企画としてつくられたブックガイド。

世界の名作童話を手軽に読むことのできるようにと、『宝島』『あしながおじさん』など今ではおなじみのタイトルを揃えた企画「岩波少年文庫」がスタートしたのが、1950年。刊行60年を記念して生まれたブックガイドは、それまでに刊行された多くの作品の中から、宮崎氏が選んだ名作を紹介するという企画だった。本書は、氏の本への思いを併せて収録し、再刊したもの。

『星の王子さま』(「一度は読まなければいけません」)『ふしぎの国のアリス』(「この本のとりこになりました」)などのド真ん中の定番。『ハイジ』(「ぼくらはいい仕事をしたと、今でも誇りに思っています」)『思い出のマーニー』(「この本を読んだ人には、心の中にひとつの風景がのこされます」)など、氏がアニメ化を果たした作品たち。ほかに、ともすると敬遠してしまいそうな『聊斎志異』(「ぼくのものの考え方にとても大きな影響を遺しました」)『日本霊異記』(「日本に住むひとりの人間として(略)知っておいていいと思います」)など、和洋・長短、さまざまな作品が挙げられている。

随所に挿まれた少年期の思い出や現在の社会に対する思いなど、氏の考えを形づくっているものに触れることができるだけでなく、シリーズ刊行に尽力した児童文学者・石井桃子さんの業績などにも感興をそそられる。

今では「少年文庫」以外にも、多くの出版社から小学校高学年から読めるように配慮された作品がズラリそろっている。気になっていた「あの一冊」、手に取ってみるところから挑戦してみては?

森荘已池ノート
新装再刊　ふれあいの人々　宮澤賢治

森荘已池

今週の一冊、原著は、新聞連載をもとに1988年に単行本として刊行されたもの。宮澤賢治生誕120年の今年、注釈を追加して文庫版として再刊された。

宮澤賢治（1896〜1933）というひとについて語ろうとする時、その存在感の幅広さ・不思議さに、呆然としてしまう。詩人。童話作家。教師。科学者。宗教家。農民。多くの貌を持ち、極め、そして37歳という若さでの早世。

その作品を手に取ることで、読み手の感性の許す限り、賢治の築いた世界を感じることはできる。しかし、賢治自身についての記録は、詩や童話に較べて十分に流布されているとは言いにくい。

その点、岩手に住む私たちにとって賢治の存在とは、その気になりさえすれば足跡をたどり触れることができる、地元ならではのゼイタクなものなのだ。つい最近まで生で聴くことのできた、賢治ゆかりの人々による証言や資料も、今では整備され、あらためて見聞きすることができる。

岩手初の直木賞作家でもある著者は、学生時代から先輩である賢治との交流を持ち、その没後、埋もれようとしていた賢治の業績と人となりの紹介を、率先して努めた。

数十回は登ったと言われる岩手山への道すがら、湧き出る泉を前に手帳を取り出し、心に浮かんだ何事かを書き留める賢治の姿に、これが「心象スケッチ」というものを書くときの姿かと感動した著者は、心に決める。「生きて、この人と会えたことは、何という幸せかと思った。私が見たこの人のことを、書き残そう」という思いは、やがて終生の仕事となったのだ。

直接交わした会話の数々や、盛岡から夜を徹して歩いた小岩井農場への道中の思い出。後輩や教え子たちに対する心遣い。賢治はよく歌い、冗談を言い、そして笑った。世上知られた肖像写真から浮かぶ寡黙、朴訥といったイメージからは意外とも言える逸話が、次々と披露される。

さらに家族や友人など、多くの人々からの聞き書きも交え、等身大の人間・宮澤賢治の姿が読者の眼の前に再現される。

この郷土《くに》に確かにいた、「賢さん」の息遣いを、ぜひ。

赤ちゃんネコのすくいかた

小さな〝いのち〟を守る、ミルクボランティア

児玉小枝

半年前、物言わぬ犬や猫たちを取り巻く問題と、その保護の取り組みについての報告「〝いのち〟のまもりかた」という本をご紹介した。その著者が今回報告するのは、親から引き離された子猫たちの世話を引き受ける人々の活動について。

全国で保健所などの公共機関に保護される猫の数は、年間十万頭以上。

しかし、命を繋ぐことができたのもつかの間。受け入れ体制にも、限界がある。前作でもリポートされたとおり、一定期間を過ぎると、否応なく「殺処分」という運命が待っているのだ。いったんは「保護」された命の大半が、こうして消えていくのだという。

この現実に向き合い、かれらを救うことはできないかと考え、行動している人々がいる。

活動の中心になっているのは、熊本県に住む主婦や小中学生たち、一般市民だ。

始まりは、一人の女性だった。知り合いから伝え聞いて、「処分」が明日に迫った1匹の猫を施設から引き取った。ケガを負ったその猫に手術を受けさせ、看病し、新たな飼い主を探して託すまで、7カ月。学校でも、生徒たちが子猫の世話を引き受ける試みがなされた。

これをきっかけに、収容施設・熊本市動物愛護センターとの連携が模索されることになった。

ボランティアとして動物たちと向き合うには、大きな責任と覚悟が求められる。それでもこの活動に賛同する人々の輪は徐々に拡がり、町ぐるみのものとなってゆく。

さらに、運動は深化する。まだ目も開かない子猫を対象とした活動だ。授乳をし、排泄を助け、自力で生きてゆけるまでの成長のサポートと、あらたな「家族」を捜し、託すまで。「ミルクボランティア」の誕生だ。

市と市民が一体となった活動は多くの人たちの参加を得て続けられ、それまで年間千頭近くあった熊本市での猫の「殺処分」は徐々に減り、昨年度、ついに「ゼロ」を達成することになる。

今年、熊本を襲った地震。施設にも被害は及んだが、幸いにも関係者や動物たちは無事とのこと。

熊本へのエールと共に、それぞれが「ここ」でできること。考えてみよう。

震災編集者

東北のちいさな出版社〈荒蝦夷〉の5年間

土方正志

この連載では、これまで東日本大震災に関する本を紹介することが無かった。関連書籍は数えきれないほど多く出版されている。しかし、何らかのかたちで5年前の体験を持つ皆さんに対して何を「薦める」のかとなると、途方に暮れてしまうというのが正直なところだった。

そんな中で、今回この本を紹介することとしたのには、出版・書店業界の端に連なる者として、そこに生きる人間の思いの丈を知ってもらうことができればというのが動機としてあったのかもしれない。

著者は、仙台に拠点を置く出版社「荒蝦夷」の代表。出版社といっても、自らを含めて2名で活動する小さな会社である。経営を担い、編集者兼営業マン兼ライターとして、日夜、業務に追われている。実は、出版界とは、こうした小さな社が数多くあって、それが業界を、ひいては文化を支えているのだということ、知っておいていただきたい。

地道な活動を続ける彼らを支えているもの、それは「志」。

東北を拠点に社会の事象や伝承に光を当て、人々に伝えるべく企画を練る。執筆者と連携し作品を仕上げ、印刷、製本、さらに書店への営業活動を経て陳列され、読者の手元へ。並行して数々のイベントも開催する。つらつらと書いてしまったが、簡単なことではない。語り尽くせぬ苦労はもちろんのこと、それらを乗り越えるには、志あってこその仕事なのだ。

そんな毎日が、突然、中断される。震災は、著者のみならず地域の生活や経済を破壊し、多くの人命を奪った。

命拾いはしたものの、全壊した自宅を後に、山形での避難生活。社を守るには営業活動を止めるわけにもいかないが、流通は寸断されている。

過酷な状況に置かれた著者を奮い立たせたのは、日頃「志」でつながっていた多くの作家や、親交のあった書店からの激励だった。

かつて災害の取材者として携わった雲仙、奥尻、有珠山、三宅島。そして何度も通い詰めた神戸で見たもの、出逢った人。一転、被災者となった今、あらためて見えてくるもの。著者の筆先に、さまざまな光景が蘇り、再びほとばしる。かくて記憶は記録となり後の世に伝えられ、そして志は受け継がれてゆくのだ。

ぼくがぼくであること

山中　恒

作者（1931〜）は60年の長きにわたって作品を発表してきた児童文学作家。少年少女を主人公に、日常・非日常のテーマを自在に筆に載せ、自らの戦中体験に由来する旺盛な批判精神も織り込んで、骨太な物語を描き続けてきた。

映像化された作品も数多く、大林宣彦監督作品「転校生」の原作となった「おれがあいつであいつがおれで」では、ただいまヒット中の映画に影響を与えたであろうテーマも手がけている(男女の入れ替わりモノは、実は平安時代の古典「とりかえばや物語」以来いくつも描かれている)。

今週の一冊は、執筆当時の世相を反映させて多くの支持を受け、時代が移り変わった今も複数の出版元で版を重ねている作品。

小学6年生の主人公・秀一は、物語ののっけから、ユーウツな心情を披露する。「地震で家がつぶれてしまえばいい」とは、穏やかではない。しかし、学業優秀な兄や姉とナマイキな妹に挟まれてストレスを溜め続け、さらに口うるさい母親からの毎日のお説教に悩まされていた身とあって、そこから逃れたい一心での感情表現だったようだ。

宿題と母から押しつけられた山積みの問題集に囲まれて迎えた夏休み、秀一は家出を決行する。

……「そういう」ことを考える年頃って、確かにある。けれどほとんどが「計画」だけで終わる。それは思春期の通過儀礼と言っていいのかもしれない。ところが、秀一は実行に移してしまう。停まっていたトラックの荷台にもぐり込んだのだ。

ここから、少年の「非日常」が始まる。

サスペンスドラマばりの事件に巻き込まれたかと思えば、見知らぬ土地での生活と初恋を体験し、はてはお宝をめぐる騒動まで飛び出して、アドベンチャーストーリーばりの急展開。

これらのエピソードを、どっかりと地に足のついた文体で描き通す作者の目論見。それは、主人公の体験を通して、読者が、社会や家族、そして自分を見つめ直す事を意図してのものだったことは、この物語を読み通したあとで、タイトルの意味と共に気づかされる。

歯応え十分、アニメやライトノベルでは味わえない感触を、ぜひ体験してほしい。

よろこびのうた

ウチヤマユージ

11年前にある地方都市で実際に起きた事件をもとに描かれた、マンガ作品。

のどかな田んぼの中にある、今は使われなくなって久しい火葬施設の中で、ある老夫婦が自らに火を点け、命を絶った。

エンジンのかかったまま現場に遺された夫婦の自動車ではクラシック音楽（ベートーベンの交響曲第9番「歓喜の歌」）が大音量でかけられ、最期の瞬間までの時の経過を示す何枚ものメモ書きの「遺書」が発見される。

経済的には裕福だったものの頼るべき身寄りが無く、心身の衰えが進んだ妻の介護生活に限界を感じた夫の主導による悲壮な選択の果てのできごとと、警察やマスコミは判断した。

事件から半年が経ち、週刊誌の記者・伊能は、介護問題の特集記事の取材のため、現地を訪れた。

当時報道された事件のあらましを踏まえつつ現場を歩き、人に会って話を聞くうち、いくつかの疑問が湧きあがって来る。

決して「熱血」タイプではない。しかし、ちょっとした違和感に反応する嗅覚とジャーナリストとして培った探究心が、彼を動かした。

地方の農村にありがちな閉鎖的な人間関係に阻まれ、取材活動は容易には進まない。そして、口をつぐむ人々の背後には、安易な想像を許さない、ただならぬ「真相」があったのだ。

作者は、会社勤めをしながら同人誌を主宰し、さらに並行してプロ活動も行う、気合の入ったマンガ人。その作風は、素朴な画風に社会問題や命についてなど、重みのあるテーマを載せたものが目立つ。

過疎、老老介護、ドメスティックバイオレンス、児童虐待など、織り込まれた問題について、この作品は声高に訴えてはいない。その代わり、ストーリーの展開を追いながら、目撃者のひとりとして読者自身に自問自答させる手法は、地に足のついたドラマあってこそ成り立つのだろう。

一つまちがえばホラー調サスペンスとなりかねない展開を、作者は老夫婦の情愛を中心に据え、静かな語り口で描ききる。静かなればこそ、読後の余韻が糸を曳くように残る。次回作にも、期待したい。

クルミわりとネズミの王さま

ホフマン／上田真而子訳

作者エルンスト・テオドール・アマデウス・ホフマン（1776〜1822）は、判事として裁判所に勤めるかたわら、数々の文学作品を発表し、さらには画家、作曲家としても名を成し、後世の多くの芸術家に影響を与えたドイツの人。

チャイコフスキー作曲のバレエ「くるみ割り人形」の原作でもあるこの物語は、1816年の作品。そもそもは友人の子供たちのために即興（！）で語ったものとのことで、贈られた子供たちの名前が主人公の兄妹にそのまま充てられている。

クリスマスを迎えるある裕福な家庭を舞台に、夢見る少女の空想と現実世界との行き来を描いたこの作品は、ドイツではグリム兄弟に始まる「メルヒェン」の系譜に連なるもの。

7歳の主人公・マリーは、親戚のドロッセルマイアーおじさんから、豪華なクリスマス・プレゼントをもらう。器用、の一言では済まないレベルのワザを持つおじさんの手になるお城のミニチュア。そこには大勢の貴族たちが集い華麗な舞踏会が催されていたり、お菓子で作られた精巧な人形が居並んでいたりと、贅の限りを尽くしたもの。

でも、そんな中でマリーの目を惹いたのは、周囲の人形たちとは違った雰囲気をまとった、青年の人形だ。不格好な体つきながら気品を感じさせるその人形は、硬いクルミの殻を砕くために使う道具としてつくられたもの。マリーは、なぜかこの人形に親しみを感じる。しかし彼には、秘密のにおいが……。

そしてその夜更け、異変は起きる。

七つの頭を持つ不気味な首領に率いられたネズミの大群が現れ、進軍を開始。敢然、対抗するミニチュアの人形たち。その争いは瞬く間に大合戦へとエスカレートする。そして、ミニチュアたちの先頭に立って指揮を執るのは、マリーお気にいりのクルミ割り人形だったのだ。戦いの行く末は？　そして謎めいたクルミ割り人形の正体は？

自在に動く視点と語り口が、読者と登場人物とを一体化させ、日常と非日常の境界をまたがせてグイグイと引き込む。

慌ただしい年の瀬、ここは時を忘れて物語の世界で遊んでみては？　メリー・クリスマス！

2017年
おとなになるってどんなこと？
吉本ばなな

小説・随筆に旺盛な活躍を続ける著者による、中学生向けの人生指南の書。「迷いなく幸せを描くことだけが現代における芸術家の真の反逆だと私は信じています」というまえがきに続いて綴られる、八つの問い。

自らの経験に照らして考える、大人になった瞬間について。この本のタイトルともなったメイン・テーマ「おとなになるってどんなこと？」を切り口に、思索の小旅行は始まる。

学校で過ごす時期（時間）をめぐる、学ぶということの意味を考える「勉強しなくちゃダメ？」。

距離や時間、時にはすれ違い。さまざまなつながりの中から友情の形について思う「第3問　友だちって何？」。

自分の感覚を信じることの大切さ「普通ってどういう

こと?」。

自らの親子関係を切り口に、生きる価値について考えてゆく「死んだらどうなるんだろう?」。

子ども時代とは、実はちっとも自由なんかじゃない、としながらも、自らの人生を俯瞰することで気づくものについて「年をとるのはいいこと?」。

著者自身も50歳を過ぎて気づいた、人生を歩むことの喜びと、自由な価値観を持つことの大切さについて「生きることに意味があるの?」。

近頃では賛否が論じられるまでになってしまった「がんばる」という言葉について、これを自分の目盛りとして活かすことへの提案「がんばるって何?」。

日本を代表する著述家・吉本隆明(1924~2012)の次女(姉は漫画家・ハルノ宵子)として生まれ、体調や母親との関係などから複雑な性格を備えることになったと自己分析する著者。若くして文才を発揮して『キッチン』『TSUGUMI』をはじめとするベストセラーを世に送り出してからも、独特の感性からの発信は止むことは無い。

そして、その発信が世代を超えて若い読者の支持を集め続けていること。本書も、気取ることない平明な文体(芸術家・後藤朋美さんが添えたイラストも効果的)で、読み手の共感を得ているようだ。

難民高校生

絶望社会を生き抜く「私たち」のリアル

仁藤夢乃

4年前に刊行されて話題となった本が、文庫として再刊された。

大都会・東京、渋谷。不夜城さながらの繁華街にたむろする若者たちの姿は、ある意味「当たり前」の光景として見過ごされがちだ。そして、かれら個々の「事情」について目が向けられることは、まず、ない。むしろ異端のものとして目を背けられ、一般の人々から隔絶された存在となってしまっている。著者は、自分たちの境遇を「難民」と呼んだ。

１９８９年生まれの著者は、中学・高校時代に学校、そして家庭に背を向けて昼夜を渋谷で過ごしていた。本書は、著者が23歳の時に振り返った当時の体験と、一転、社会奉仕活動に携わることとなった経緯が綴られ、文庫版オリジナルのあとがきでは、さらに3年を経た現在の思いが語られている。

いわゆる「ヤンキー」「ギャル」と呼ばれる少年少女たちの実態や胸の内について、過不足なく描くことは難しい。価値観の違う「オトナ」の取材にはおのずと限界があるし、かれら自身からの視点も、世の中を俯瞰しつつさまざまなケースをカバーするのは難しいだろう。

当事者としてのさまざまな体験。すさんだ街で出会った、幾多の友人たちの過去や行く末について。そこには通り一遍のリポートでは入り込めないリアリティーが感じられ、読みつつうならされる。

友人たち以外にも、さまざまな活動を通した多くの出会いが著者を刺激し、育て続ける。その後の道筋を決定づけた恩師の存在、かつての自分と同じ境遇の少年少女たちをケアする奉仕活動への取り組み、さらに後半部で語られる東日本大震災被災地への支援活動と街おこしなど。

高校を中退しながらも一念発起、資格試験を経て大学生となった著者の筆さばきには、失礼ながらその前歴を疑うほどの知性が感じられる。仮に執筆にあたって編集者のサポートがあったとしても、天分の素質は大きいだろう。

人生の転機というものがあるとすれば、自分をあきらめないことから見いだせるのかもしれない。世の中に二人といない「自分」の価値と意味を見いだし、前を向いて生きることについて、この本は教えてくれる。

紛争・対立・暴力 世界の地域から考える

西崎文子／武内進一 編著

このところニュースの多くを占めるのは、アメリカ新大統領の言動だ。威勢のいい物言いと実行力のアピールが賛否取り混ぜて注目を集めている。

そして、大西洋を挟んだヨーロッパでは、イギリスの去就をめぐって、EU（ヨーロッパ共同体）の屋台骨が揺らいでいる。

米英いずれも国民の投票によって選択された道であり、ヨソからとやかく言うべきものではないのか……、と引っ込むには、世界に及ぼす影響は決して小さくはない。

注目すべきは、双方とも移民・難民をめぐる問題が取り沙汰されていること。それぞれにさまざまな事情があろうけれども、この二大国に刺激された各国が同じ方向に舵を切り始めたらという懸念が、頭をよぎる。かつて熱狂的な支持をバックに「ユダヤ人排斥」を標榜し、やがて世界大戦を引き起こす独裁者を生んだ歴史を連想してしまうのは、見当違いだろうか？

今回の一冊は、世界情勢に精通した編者たちが世界の国や地域をめぐる数々の問題を分析、解説するもの。

居場所を奪われたイスラム教徒の現実を皮切りに、世界が抱える問題が報告される。

国境を取り払って発展を希求したEUが直面する経済格差。容易ではない多文化の共生、移民・難民をめぐってヨーロッパ諸国を見舞う試練。

「憎悪犯罪（ヘイトクライム）」「監獄社会」をキーワードに、歴史をひもときながら考えるアメリカの現実。民族、宗教を中心に、独立の過程や周辺国の思惑が絡んで揺れる、アフリカの諸国。

国家体制を整える過程で生まれる摩擦や変化について考える、東南アジア諸国の現状。

この半世紀で驚異的発展を遂げた中国で、多くの信者を集めるキリスト教をめぐる動き。ほか、合わせて七つの国や地域、民族をめぐる深刻な問題。

そして、それぞれのエピソードを踏まえて考える、一見平和・平穏な日本がはらんだ、いくつかの問題。編者は、この本を経て世界への関心を深め、行動に移すことを勧める。未知の人々と会うこと。話すこと。そして、そこから生まれる気づきへの期待を読者は託される。こうしている間にも、ニュースは、次々と飛び込んでくる。

カネを積まれても使いたくない日本語

内館牧子

穏やかならぬタイトルで読者を挑発しているのは、テレビドラマの脚本家として多くの作品を手がけた人物。大の格闘技ファンという顔も持ち、かつては大相撲の横綱審議会委員として自らの信念に基づいた意見を発し、話題となったこともある。

この本で著者が嘆き怒《いか》るのは、巷間よく言われる「若者の言葉の乱れ」だけをターゲットにしたものではない。政治家を筆頭に、報道、教育、企業など、言葉をもって世の中をリードしていくべき立場の人々にまで、それは及んでいると、著者は訴える。

まず槍玉に挙げられるのは、「ら抜き」言葉。言葉というものは世の中の移り変わりにつれて変わっていくものだよ、という「許容派」のおおらかさが、やがて「出れれる(出られる)」「行けられる(行ける)」などという珍妙な言い回し(「れ足す言葉」)を生んでいる現実。

続いて、乱発される「〜させていただく」に代表される「過剰なへりくだり」。公的な場で使われることが多く、「平和の尊さをかみしめさせて頂きました」「持ち帰らせて頂いて、議論させて頂いて」など、相手への配慮のつもりが、かえって距離感を生み、伝わりにくくなっている例。「OLさん」「メーカーさん」など無節操な「さん」づけの例。

今や市民権を得たと著者も認めざるを得ない「マジ」

「ヤバイ」「やっぱ」「チョー」「ぶっちゃけ」「(笑)(泣)(怒)」の弊害。コンビニや飲食店で使われる「よろしかったでしょうか」「~になります」などのマニュアル語。そして、断定を避けて「キツい言い回しにならないように」または「責任を回避する」心理が生む、「~かな」「みたいな」「感じ」「とか」「~のほう」「ある意味」「結構」など。

そのほか、ここでは挙げきれない数多くの実例。そして、読みながら「こんなのもあるよな」と気づかされるもの(最近では「ガチ」)など、ページを繰りつつ、怒り嘆く著者の思いを受け止めながら自らを省みたり実生活での場面を思い浮かべたり。

一見便利なようで、実は語彙の貧しさにもつながっている「今どきのコトバ」。大人も若者も、立ち止まり、チェックしてみることをお勧めしたい。

二十歳の原点

高野悦子

今から46年前に刊行され、話題となった書。

当時の世相は、学生たちによる社会運動を中心に、大きく揺れ動いていた。元々は日記として綴られたこの手記は、その只中を生きた、ひとりの女性によるものだ。

先日、なにげなくつけたテレビでこの本についての特集番組が放送されていて、20歳前後の若い人たちの間で今も読み継がれているという事を知った。その中に、誕生日ごとに毎年読み返していると答えていた女性がいて、驚かされた。

自分の本棚の本書を引き抜き、奥付を見た。昭和55年増刷、とあり、自分もハタチ前後に手にしていたことになるが、一種の通過儀礼的な接し方でしかなかった。

大学生を中心とする当時の若者たちを突き動かしていたのは、(いろいろ意見はあろうけれども)誤解を恐れずに言えば、この世代特有の生真面目さ、正義感と言えるかもしれない。未成年も含めて社会に参加しようという意識を持った若者たちの行動は、「紛争」の2字で括りきれないさまざまな思惑や衝動のもと、結果的に多くの人が傷つきつつ世の中を揺るがせていた。

本書の綴り手である高野悦子さんは、栃木県で生まれ、京都の大学に進み、そこで学生たちの運動に参加することになる。活動に身を投じたのはもちろん本人の意志によるものだが、さまざまな思いが、彼女の中をよぎる。

20歳の誕生日から始まった記述は、家族とのスキー旅行から。ニュース映像で見るような過激な学生運動のイメージとは、一見、距離がある。しかし続けて「未熟であること、孤独であることの認識はまだまだ浅い」と記す彼女の毎日は、運動に参加しながらも社会における自分の存在意義や学業について、そして恋愛や生と死についてまで思いをめぐらせ、さまざまに揺れ動いてゆく。

いつの世も、若者の「悩み」は尽きることは無い。それは時代や世相によって形を変えはするが、それが自身の成長の糧となっていたことに後々でも気づくことができれば、自分にとって意味のある経験として位置づけることができる。結果的に彼女はそうすることが叶わなかったけれど、この手記に触れた多くの若者によって、その確認は続けられてゆくのだろう。

父の暦

谷口ジロー

2月11日に亡くなった不世出の漫画家による、長編。その訃報に接したときのショックは、大きかった。もう彼の新作を待つことがかなわない悲しみと、喪失感。同時に、遺された多くの作品に対して、あらためて湧きあがる畏敬の念。

関川夏央、狩撫麻礼といった手練れの原作者と組んだ『事件屋稼業』『K』（本稿17回目）『ナックルウォーズ』

などのハードボイルド。夢枕獏、内海隆一郎、川上弘美らの小説を原作とする『神々の山嶺』(同171回目)『欅の木』『センセイの鞄』などの作品群。そしてテレビ化され人気を博した久住昌之原作『孤独のグルメ』など、その活躍は硬軟とりまぜて縦横無尽。

中期以降、感動作『犬を飼う』などのオリジナル作品が加わり始め、作画者に留まらず、その劇作術《ドラマトゥルギー》でも高い評価を得た。

今回の紹介は、そんなオリジナル長編のひとつ。仕事に追われ、永く帰省していなかった故郷・鳥取を、ふとしたきっかけで訪れた氏。変貌した街並にとまどい、変わらない人情に安堵する。その体験をもとに作品を描いた、と「あとがき」で語っている。

主人公・陽一は、東京で多忙な日々を過ごすデザイナー。鳥取で理髪店を営んでいた父の訃報を受け、15年ぶりに故郷の土を踏む。

忙しさを理由に故郷を遠ざけていた陽一の思いが、父をめぐる思い出話と幼少年期のフラッシュ・バックを伴いながら語られてゆく。

幼い日の、実母との別離。新しい母親への、複雑な感情。屈折した思いを胸に思春期を迎えた時、陽一には、故郷を飛び出したいという衝動が抑えられなくなっていた。

温厚だが職人気質で寡黙だった父は、その優しさを内に秘めながらも、陽一との接点を進んでは持たなかった。息子と父親との、微妙な距離感。そして、通夜の席に集う人々の言葉から知る、在りし日の父の素顔。主人公とその家族の思いが、繊細に描かれてゆく。

国内に留まらず世界的な評価を得た氏の業績は、色あせることはないだろう。谷口ジローの作品に巡りあえた幸福を、多くの人と共有したいと、願ってやまない。

知的生活習慣

外山滋比古

著者（1923〜）は、文学者、言語学者、エッセイストとして活躍を続ける、日本を代表する文化人のひとり。ベストセラーとなった『思考の整理学』をはじめ『ことばの力』『ユーモアのレッスン』『日本語の作法』などなど、ロングセラーとなって広く読まれている著作は数多い。

今週の一冊は、2015年に著された最新作。氏のたどった人生や時代を振り返りつつ、生きること、思索に身を委ねることの意義が綴られる。

その「まえがき」で、氏は現代の学校教育について抱く危機感を吐露している。

「学校は、知識の伝授に多忙で、生活が大切であることを忘れたか、それを考えようとしなかった。」

続けて、「習慣は第二の天性である」ということわざを引き、よい生活習慣を身につけることでよりすぐれた人間になれるという考えが近代では欠けていた、と指摘する。氏は、体の健康を維持するための生活習慣だけでなく、心の生活習慣＝知的生活習慣を身につけることを提唱して、本章へと読者を誘う。

本章の冒頭で述べられる、日記をつけることの功罪。文字として書き留めることで退化する記憶力。忘れることで頭の中を整理する必要性。「いらぬことを忘れるために日記はある」と結ばれる、刺激的な提案。さらに長年のつきあいとなっている図書館のユニークな利用法、授業や教科書よりも多くを学んだと回想する「辞書を読む」ことなど、独自の学び方が披露される。

迷子になったインコが自分の住所をしゃべって帰宅できたというトピックスから発想する「知識はモノマネ」。日本語の危機をはらむ「横書き」の普及。早朝のラジオ体操と空腹時の仕事の効能。

氏の90年を超える人生経験で見聞きしたもの、学んだこと、考えたこと。常識にとらわれず、硬軟の話題を取り混ぜながら、自由気ままな思索散歩が続いてゆく。

「あとがき」は、録音された自分の声を聴いた時の違和感が、自分の発見であり、新しいものを生み出すエネルギーとなることに気づくというエピソードで結ばれる。氏の好奇心は、果てることはない。

青春の蹉跌

石川達三

1935年に第1回芥川賞を受賞した著者が、68年に発表した長編小説。

この物語の主人公・江藤賢一郎は、東京の大学に籍を置き、法学を学ぶ青年。当時の世相を反映して、この世代の若者が集えば、社会のあり方についての議論が熱を持って語られるのが常だった。

しかし、ひとり賢一郎は、冷めた目で学友たちを眺めている。非現実的な「革命」について時間と言葉を空回りさせて酔うかれらを、軽蔑すらしていた。

高度成長の名のもとに激化する、さまざまな競争。かれの眼には、社会とは愚劣、低俗、猥雑なものとして映っていた。そして、この弱肉強食の社会で生き抜いていくためには、周囲の「敵」を出し抜き、勝ち抜くことが絶対条件であると信じていた。

「生きることは闘争だ。平和なんかどこにも有りゃしない」「平和を叫ぶやつの大部分は敗北者だ」「人を押しのけ、打ち倒し、奪い、自分の場所をつくり……安全な場所にいて平和論者の悲痛な叫びを、微笑を浮かべながら聴いている」本作の多くを費やして語られる賢一郎のモノローグは、こんなフレーズで満ちている。

容姿と健康に恵まれ、学業成績も優秀な賢一郎にとって、当面の目標は、司法試験に合格し、社会で確固たる地位を獲得することだった。そして、その目標のためには周囲からの孤立を厭わず、利用すべきものはなんでも踏み台にすることが前提であり、それらは怜悧なまでに実践されつつあった。

しかし、そんな賢一郎も問題を抱えていた。

家庭教師として知りあった教え子・登美子との、一線を越えた交際。賢一郎にしてみればいっときの衝動であったはずのできごとが、彼を縛り、やがては彼を破滅の縁に追いやることになる……。

自らの目標以外にはいっさいの興味を持たず、結果として常識や社会規範からも無縁の人生を歩んでしまった青年の悲劇は、単なるエゴイストの顚末だけではなく、成長、効率を追い求める当時の社会への警鐘として、問題作として注目を集めたとのことだ。

聞き書き　築地で働く男たち

小山田和明

かつて私用で東京へ出かける時は夜行バスを利用することが多かった。

朝6時、東京駅着。そこから地下鉄に乗り換えて、目指すは、築地。またの名を「東京の台所」と呼ばれる市場の街。早朝から営業している大衆食堂で、海鮮丼にありつくのが楽しみだった。

「場内」「場外」に分かれた市場のエリアで、部外者は一部を除いて「場内」には入れない（あっという間に弾き飛ばされるのがオチだろう）。しかし、ひと仕事終えた業者の人々に混じって掻きこむ朝食の味は、大都会・東京の未知の一面を味わうような心もちも相まって、格別だった。

今週の1冊は、シロウトにはなかなか触れることのできない築地魚河岸で生きる人々に取材し、その肉声を伝えた労作。

著者は、自身の父・祖父が当地で仲卸業を営んでいたという築地っ子でもある。

その父も含め、築地を舞台に永年勤めてきた8人の業者と向き合い、あるがままを伝えようと工夫を凝らした取材と記述（「あとがき」を読んで大いに納得）は、多彩な角度から築地市場の姿を浮き彫りにする。

海産物を扱う仲卸業や加工に携わる人々だけではなく、場内で活躍する運搬車両を扱う仕事、魚を収める容器を扱う仕事など、見過ごしてしまいそうな、けれど欠かせない業種。何十年にもわたってその現場に携わってきた人々の言葉たち。

「誠実な商売っていうのは儲からないけど、気持ちがいい」「昔はトロと赤身の価値観がいまとはまったく違っていた」

場内を飛び交う、業界ならではの符丁や、数々のしきたり、ならわし。冷凍技術の進歩が達せられるまで、カマボコやチクワなどの「練り物」は、季節商品に近い存在だったというくだりには驚かされた。「第五福竜丸事件」の端緒となったビキニ環礁核実験の余波がもたらした、魚肉ハム・ソーセージの盛衰には、うならされた。ほか、身元を問われることなく多くの人が出入りする中で起きる事件やできごとにも事欠かない。

現在、移転問題で大きく揺れている築地。ここで培われた「文化」は、今後どのように受け継がれていくのだろうか。

アームストロング

宙《そら》飛ぶネズミの大冒険

T・クールマン／金原瑞人訳

今回は、翻訳絵本のご紹介。

前作『リンドバーグ』（２０１４年）で、大空に憧れるネズミの冒険を描いて世界中で評判となった作者による、続編とも言える第２弾。前作のサブタイトルが「空（・）飛ぶネズミの大冒険」だったのに対し、今回は「宙」。……と、言うことは。

この物語の主人公には、名前すら与えられていない。終始、「小ネズミ」と呼ばれるところは、前作と同じ。そして、この名もなきネズミが、大きな夢を抱くところも。

冒頭、アメリカはニューヨークに暮らすこの小ネズミが天体望遠鏡をのぞいて、そこに映った光景についてメモを取っているシーン。いきなりこれを目の当たりにする読者は、この物語に参加する資格があるかどうか、試されているかのようだ。

印象派の絵画を思わせるようなタッチの画風。いっさいのデフォルメを排したタッチで終始描かれるネズミの思考と行動だけが、現実とは遊離している。

小ネズミが見ていたのは、月。肉眼で目にする月と、レンズを通して対するそれとの違いに心を奪われた彼は、その観察の成果を、仲間たちに伝えようとする。けれど、「普通の」ネズミたちに相手にされるはずもない。そこへ舞い込んだ一通の手紙。

小ネズミの研究の噂を聞いた(動物界の情報網、恐るべし!)はるかワシントンの老ネズミから届いたのは、世界科学の殿堂・スミソニアン博物館への招待状。列車を乗り継いで小ネズミが目にしたものは、空をめぐる偉大な先達の足跡の数々。

宇宙への探究心を抑えきれなくなった小ネズミは、図書館に通い、大学の授業に参加して、果てしない宇宙への旅を画策する。自前の宇宙服、手製の宇宙船。かれの夢はかなうのだろうか?

作品の大きな持ち味を占めている画風をご覧いただけないのが残念。本作を手にする機会があったなら、ストーリーだけでなく、ページから匂い立つものを味わっていただきたい。ラストでやっと付けられる小ネズミの名前をめぐるオチも、なかなか。

カエルのおでかけ

高畠那生

前回に続き、絵本のご紹介。

梅雨。湿っぽい空気の中、テレビの天気予報を眺める1匹のカエル。住んでいるのは、高層階のマンションとおぼしき小綺麗な一室。ところが、……よく見ると、あちこちで雨漏りが！

テレビから告げられている予報は、雨。ところがカエル氏、「おっ、あしたはいいてんきになりそうだ」と上機嫌で外出の腹積もりのよう。

そう、カエルにとっての「好天」とは我々とは正反対の雨模様。その住まいを覆う雨漏りも、おそらくは自らの意図によるものであること、想像に難くないのであります。

明けて翌日、期待にたがわぬ大雨で、カエルは上機嫌。我々ニンゲンなら晴天のピクニック日和にするであろう散歩支度(ボトルワインつきの豪華版)をいそいそと用意して、愛用の自転車で出かけるのです。

一般の通行人が傘を差して行き交う中、当然の如くカエル氏には傘など無用。……と思いきや、その自転車の荷台には、1本の傘が。これがまた、前日までせっせと図面を引いて創作にいそしんでいたカエル氏独特の「雨支度」であること、結末までのお楽しみ。

表紙見返しの紹介文にいわく「さあ、あべこべででろでろでぐちょぐちょなピクニックの、はじまりはじまり〜」を思い出しつつ読み進めると、立ち寄ったのはハンバーガー・ショップ。できたてサックサクのカツバーガーを携えて街中の公園に着くと、そこはカエル氏もびっくりの水浸し。噴水はその限界水位を超えてあふれ出し、ベンチも水没。自転車を押すカエル氏自らもその背丈(ここは絵本の世界のお約束、氏の身長はニンゲンと同程度に設定されている)の半分以上が水面下という大雨なのでありました。

水に潜るようにして身を横たえた公園の安楽イスの上、取り出すのはお楽しみのカツバーガー。紹介文の「でろでろでぐちょぐちょ」とはこれの事であったかと眉をひそめる読者を尻目に、カエル氏大満足の「散歩日和」はまだまだ続く……のであります。

「第19回日本絵本賞」受賞の怪作。絵本の発想の自由さ、恐るべし。

文庫解説ワンダーランド

斎藤美奈子

独自の視点からの評論活動を続ける著者による、「文庫本の解説の批評」集。

小説など、「本」の形で世に出る文芸作品は、ふつう、書き下ろしや雑誌連載など初出のスタイルにかかわらず、「B6判」「四六判」といった「単行本」として刊行されることが多い。ここでコアな読者を獲得し、さらに読者層のすそ野の拡大に希望が持てると出版元が判断すれば、「文庫化」されて拡販の途が開かれることになる。

文庫化。サイズがコンパクトになるだけではない。単行本刊行時には収められていなかった「解説」がつくのが通例なのだ。今週の一冊は、古今の文庫本に付された数々の「解説」を読み解こうというもの。

夏目漱石「坊ちゃん」から村上龍「限りなく透明に近いブルー」といった日本文学の古典から一世を風靡した話題作、翻訳ものでもシェイクスピア「ハムレット」からカポーティ「ティファニーで朝食を」という幅の広さ。これは文庫本の読者層の広さを示している。

そして、時間の経過で著作権がフリーとなった作品は、複数の出版社から刊行されることがある。その場合、出版社ごとにオリジナルの解説者を起用するので、同一のタイトルについて百花繚乱の解説合戦が展開されることになる。文芸評論家やその道の専門家は言うに及ばず、作家、文化人、タレントに至るまで、それぞれの視点からの「解説」が繰り広げられる。

解説のスタイルも色々だ。作品・作家についてのトリビアや背景などの予備知識、読み方のヒントを披露して鑑賞の助けとなる正統派。高名な作家を起用しながら、時代や読者の傾向にそぐわず、難解な骨董品と化してしまう例。作品本編が改稿を重ね、そのたびに解説も改めざるを得ない例。映画化された作品が独り歩きをし、原作とのかけ離れたイメージの浸透に迷惑とグチるもの。

名文、珍作取り混ぜて、巻末のあとがきで著者をして

「誰のためにあるのだろう」とつぶやかせる「解説」。くれぐれも、本文の読後感を損なわない範囲で楽しませていただきたいものだ。

正直

松浦弥太郎

文筆家として多くの作品を手がけ、独自のポジションを取り続ける家庭雑誌「暮しの手帳」の編集長も務めた著者による、自身の前半生を描いたエッセイ。

この人、ただ者ではない。

高校を中退して、英語も満足に操れないまま単身アメリカに渡ったり、資金もツテもないままお気に入りの古本を鞄に詰め込んで行商をしたり、現在も自由な発想の書店を営む傍ら「ＩＴを活用したヘルスケア事業」に参画するなど、独自の生き方を積み重ねた人物なのだ。

この本のキャッチコピーにいわく「どこへでも行ける。」そして、「ルールは与えられるものではなく、自分でつくるもの。」と続く。根っからの、自由人。

冒頭、「ひとりなら、どこへでも行ける。」で始まる一文から、なにものにも縛られない、自由な発想、そして行動の根っこが語られる。

若者の特権として、よく言われるものに「自由」がある。だが、たとえば現代の若者は果たして自由、なのだろうか？ という疑問を差し挟んだとき、どれだけの異論が出るだろうか？

見かたによっては、現代の若者ほど、縛られ、あるいはそれと気づかずに自らを枠にはめ込んだりしてはいないだろうか？

本書で語られているのは、あくまで著者の体験。しかし紹介される数々のエピソードは、実社会で生き抜くための心得としての響きを持つ。

「自分の友だちは自分」「一対一が基本」「『普通』から抜け出す」「なんでもやってみて確かめる」「すこやかな

る野心をもつ」……。さらに、体験から導き出した提案も挙げられる。「ものを売るより自分を売る」「大活躍を目指さない」「頭を使うのをやめてみる」「すてきな喧嘩を心得る」……。

どれもが、読者にとっては実際に経験して（振り返って）みて、初めて気づかされるものかもしれない。けれど、この本を手に取ることで、その予習のチャンスを得ることができるかもしれない。そんな希望を込めて、今回は本書を紹介させていただく。

さがしています

A・ビナード／岡倉禎志 写真

1990年の来日以来、日本語を使いこなして多くの作品を手がけている著者による、写真絵本。

45年8月6日、広島に投下された原子爆弾の惨禍を伝える、広島平和記念資料館。そこに収蔵された多くの品物たちによるモノローグの形をとり、当時の様子が読者に語りかけられる。

「その瞬間」、8時15分で停まった時計は、毎日の「おはよう」を経て、「こんにちは」「こんばんは」「おやすみ」と時を刻むはずだった。

授業を受けることを許されず動員された街の解体工事のさなかに被爆した少年のはめていた軍手は、消えてしまった持ち主を待ち続けている。

家族にお茶を淹れるために毎日働いていた鉄瓶は、それまでの何万倍もの劫火に焼かれ、今でも家族のために使われるはずだった「ほんものの」火をさがしている。

つつましい昼食を入れたままの弁当箱。その場を逃れたものの、ほどなく放射能に命を奪われた女性がまとっていた服。一瞬にして持ち主が消滅した、焼け焦げた眼鏡や義歯。男の子の宝物であったろう溶けかけたビー玉など。

長年愛用された品物には、魂が宿るとも言われる。

数々の品物たちが、その思い出を胸に、喪われた持ち主や時を探し、今も声をあげ続けているのだ。

過酷な戦時下にあって、人々はそれでも懸命に生きていた。そこには多くの苦労もあっただろうけれど、束の間のやすらぎや、ささやかな喜びもあったかもしれない。

そんな人々の時を、生を、一瞬で奪った劫火。共に暮らしていた日用品たちの声なき声は、焼け焦げ、錆びつき、朽ちかけようとしながらも、懸命に語りかけてくる。

本から顔をあげてみると、現代、世界では平和が叫ばれ、多くの人が幸福を享受している、かに見える。しかし、「核のバランス」によってそれが保たれているとする見方もあり、他方で戦乱や貧困など、日常の生活を脅かされ続ける多くの人々があることもまた事実だ。

持ち主を失った日用品たちの、声なき声。切実な響きと共に、迫って来る。

高校図書館デイズ
生徒と司書の本をめぐる語らい

成田康子

とある札幌の高校生たちと、そこに勤める司書の先生との、本をめぐる交流の記録。サブタイトルは「生徒と司書の本をめぐる語らい」。

本を読む。カタい言い方をすれば、そこに記された文章を追いながら、自分の内にある経験や感覚、思いとの反応を確認する作業。

そう捉えるとすると、読書とは、あくまで個人的な営みであるという考え方に落ち着くのが普通だろう。

ところが、この図書館(図書「室」ではなく、「館」とよばれている)に集う高校生たちは、本を読むことを通して得た思いの丈を、司書の先生に語りかける。そして先生は、かれらの思いを受け止め、それを記録するのだ。

本書には、数々のエピソードや思いの中から、13人の生徒たちのメッセージがまとめられている。

読書感想文の文集、ではない。

語られるのは、本を読むことを通して得た体験の数々。作家との交流。ビブリオバトル（自らの読書体験をまとめ、発表を通して「チャンプ本」を選ぶイベント）での出会い。本への興味に始まって「文字」への思いを深め、多くの辞典を網羅しつつ書道へと歩みを進める生徒。気分転換に始めた街歩きをきっかけに地図への思いを深める体験談など。

かれらは、それらを糧に、新しい世界や価値観や行動へと、その一歩を踏み出す。そしてその喜びを、なんらかの形で伝えたいと願う。それは単なる自慢などではなく、書物という存在が備えた読み手に及ぼす、不思議な力が作用しているとしか言いようがないかもしれない。

そして、それを受け止める、司書である著者の柔軟性と包容力。決して一方通行ではない、お互いの信頼の上に築かれた、本をめぐるやりとりが礎となって、本書は成り立っているのだ。

かれらが読んだ膨大な本の数々は、巻末にリストとして掲載されている。若者たちの旺盛な好奇心と、それらと真正面から向き合う先生の熱意に、読書をめぐるひとつの理想の姿が映える。

おじいちゃんとパン

たな絵・文

表紙から、裏表紙はもちろん、見返しにまで描かれた食パンたち。こんがり焼かれた、匂い立つかのようなトースト。そこにたっぷりと塗られたジャムやクリームに食欲をそそられつつ、ページを繰ってみると……。

悠々自適のふうで椅子に腰かけ、独りの時間を楽しむかのように1枚のトーストを前にした初老の男性。こんがりと匂い立つそれを口に運ぼうとした、その時。テーブルの縁、地平線の彼方から、こちらをじっと見つめる視線。それは、年の頃4、5歳、彼の孫からのものでした。

「なんだちびすけ　食べたいのか」

その時おじいちゃんが食べようとしていたのは、ジャムトースト。見開きの左ページをめいっぱい使い、それでも足りなくて向き合う2人を描いた右ページにまではみ出しつつ、孫の少年のものと思われる「解説文」とともに描かれます。いわく、「おじいちゃんは　じゃむをいっぱい　ぬります」。いつもはイチゴであることや、先にバターを下塗りすることなどの補足も、たどたどしくも生真面目に綴りつつ。

そんな日々が点描されながら、時間の経過がたどられていくことになります。

学校から帰ってきて、ランドセルを下ろすのもそこそこに、おじいちゃんのもとへ滑り込み、餡バタートースト（きな粉まぶし）に齧りつく姿。中学生とおぼしきいでたちで帰宅し、半分に切ったマシュマロを乗せたトースト（どんな味？）にありつく場面。バターの上に砂糖をまぶして焼き上げたものを相伴にあずかる、部活帰りの姿。

みるみるうちに成長を遂げ、大きくたくましく育ってゆく孫っこ。それとは対照的に、徐々に年老いてゆくおじいちゃん。それでも2人の関係は変わることなく、「来たなちびすけ、しかたねえな」と、さまざまなバリエーションのトーストをめぐる交流は続いて行くのです。

それが、ある日。

勤め人となり、帰宅した孫を迎えるはずのおじいちゃんの姿が……。

期待の新人が描く、ほのぼの絵本。焼きたてのトーストをお伴に、どうぞ。

ニライカナイの空で

上野哲也

ひとりの少年の、夏から冬にかけてのできごとを綴った物語。

12歳の小学6年生・新一の生活は、父の事業の失敗で、東京での、それまで使用人(ばあや)を使っていたものから一転する。父は置手紙を残して行方をくらまし、実家に戻されるばあやとも別れ、あまりの突然のできごとに呆然とする間も与えられない。

汽車に一昼夜揺られて着いたのは、九州の炭鉱町。父の置手紙の宛名に記された、元戦友の粗暴な炭鉱労働者・野上源一郎の許、身一つで新たな生活を始める事となった。

ことば、風俗習慣、何もかもがこれまでの生活と一変してしまい、挙句の果てに源一郎の手で虎刈りの丸坊主にまでされてしまった新一のこれからに、希望の光は射すのか?

新一は、特段のワザを持つわけでもない。新聞配達の仕事を課せられ、炭鉱の落盤事故をはじめ、周囲で起きる未知との遭遇にことごとく戸惑い、驚き、時に涙をこぼす。

そんな新一に、地元ならではの知恵を授け、語らい、やがて無二の親友となるのは、源一郎の息子・竹雄だった。その竹雄を介して人の輪は拡がり、ふとしたことから竹雄とともにヨット造りの計画に参加することとなるのだ。

東京での街暮らしから一転、少年の暮らし、生きざまがみるみると変わってゆく。加えて、それまでエネルギーの中心だった石炭産業が傾き、隆盛をきわめた炭鉱町が寂れてゆく中、主人公が目にするもの。友人とのヨット造りを通じて体験する、南海の波と風。束の間の非日常と、挫折。数々のできごとが、新一を驚かせ、突き動かし、体験を積ませる。

そんな日々に、不安定な景気の波乗りに懲りない父の出現によって、唐突な終焉が訪れる。

運命に翻弄されるひとりの少年の思春期前期。しかし、戦後の荒廃から抜け出そうとする人々の間では、これはありふれた光景だったのかもしれない。青春小説の枠を超え、現代の読者に何事かを問いかける1冊。

思い出は満たされないまま

乾　緑郎

今を去ることおよそ50年、「高度成長期」という時代があった。首都・東京を中心に大企業が進出し、そこに集う勤労者たちは朝早くから夜遅くまで勤務に邁進し、海外からは「エコノミック・アニマル」なる（皮肉のこもった）異称を頂戴し、日夜「戦い」抜いていたのだ。

そんな勤労者たちの住まいは、都心部から電車で30分～1時間ほどの郊外に続々と建設された、マンモス団地群。かく申すわたくし自身、そこで幼少期を過ごした（住んでいたのは「二三七号棟」！）。団地のエリア内には幼稚園や小学校、商店街までが整えられ、そのエリアから一歩も踏み出すことなく、子供ごころに「快適な」生活が営めた印象がある。

しかし、現在では、当時働き盛りだった勤め人たちは老境を迎え、その子供たちは独立してしまい、残された老人たちがひっそりと暮らしているなどという報道を目にすることもあり、時の流れと時代の無慈悲さを感じる今日この頃でもある。

前置きが長くなってしまったが、今週の1冊は、それでもいまだ400万人が暮らすと言われる東京郊外の団地を舞台に展開される、ひとびとの物語。

老母を抱えて暮らす、夫婦間のやりとり。自治会の役員を押しつけられた男と、そこに降りかかる問題の数々。互いに交流を求めて集う、老人たち。

……こう書いてしまうと、寂寥感や虚しさに満ちた、かなしいオムニバスに感じられてしまうかもしれないが、実読すると、そういうことばかりでもない。

まず、かれらには、「生活」が確立されている。日々の暮らしに伴うトラブルや不満は、誰にでも、どこでくらしていても起こりうるものだ。登場人物たちは、時に嘆息し、時にかなしむこともあるけれど、団地の敷地内にある神社・通称「ひょうたん島」を舞台に、心温まる物語が展開されてゆくのだ。

老境を迎えた人々にとって、必ずしも「満たされた」日々ではないとしても、そこには、確かに生きてきた証と、ほのぼのとしたノスタルジーを味わうことができる。

ことば汁

小池昌代

1988年の詩壇デビュー以来、活躍の場を小説にも拡げて活躍を続ける著者の、短編小説集。

ピースの又吉直樹によるカバー帯の推薦文に「研ぎ澄まされた言葉で」とあるように、その出身が詩であるだけあって、その言葉の選び方、用い方には鋭さがあり、時に、柔軟だ。

そして、表題につけられた「汁」という単語の持つ、なまめかしさ。少しドキドキしながらページを繰り始める読者も少なくないだろう。

ふとしたことで引き取って飼うことになった1匹のザリガニに端を発し、移ろってゆく男女の仲「女房」。

ひとりの詩人の愛読者から、いつの間にか秘書として仕えて三十余年。いつしか師は80歳の坂を超え、はかない恋心もそのままに、研究の道を棄てて身辺の世話に明け暮れている女性の心象と、皮肉な末路を描く、「つの」。

都内のとある街でカーテン屋を営む女性が請け負った不可思議なたたずまいの発注主と、その自宅で遭遇した謎のパーティー。そして一風変わった雰囲気を醸し出す少年との出会い、夢とうつつの間を行き来するかのような不可思議な体験を描く「すずめ」。

初めて体験する、東京名物・隅田川花火大会に老父母を連れ出したところ、思いがけず昔の恋人と再会した初老女性の回顧譚「花火」。

無味乾燥な同棲生活から抜け出そうともがく、「書けなくなった」元小説家が知らず迷いこんだ、郊外の森。心のおもむくままに通いだしたその森で、彼女が巡りあった謎の老婦人と、その出会いに触発される、さまざまな思い出とも妄想ともつかないモノローグ「野うさぎ」。

自らの無謀な運転で死んだ友人の事故をきっかけに、その派手で数奇な生涯を振り返る友人たちと、遺された膨大な量のリボンをめぐるエピソード「りぼん」。

異なるエピソードに前作の主人公を登場させたり、逆に環境・年齢をさまざまに設定した女性たちの心のフチをなぞり、時には深く刺しこみつつ人間を描いてゆく作者の大胆さに、圧倒される。

龍馬史

磯田道史

テレビなどでも活躍する歴史研究家による、幕末の英雄・坂本龍馬論。その生い立ちから独特の思想の形成、そして幕末史最大の謎と言っていい悲壮な最期の検証まで、テレビと同様の柔らかい語り口で述べている。

龍馬について語るとき、まず言われるのは当時の常識に縛られない言動と、実行力だろう。

その行動は身分や昔ながらの慣例に縛られず、当時としては型破りの合理性に富んでいた、と言っていい。

著者は、まず龍馬という人間の形づくられていく過程を、かれの書いた手紙から読み取ることを試みる。

当時の手紙といえば、現代の眼から見れば堅苦しい、文語調・漢語調というイメージが強い。武士のしたためたものとなれば、なおさらだろう。それが、龍馬の遺した書簡は（もちろん相手によって書き分けはあるものの）、自由奔放、ストレートにその思いや意見を伝えている。著者は、数ある書簡の中からそれらを拾い上げ、紹介する。

次に述べられるのは、風雲急を告げる幕末史の中で、龍馬が何に触発され、考え、行動していったかについて。

当時の武士は、みな「藩」に所属し、それが活動や身の安全を保障（束縛）もされていた。

当時は、その根幹である幕藩体制が大きく揺らぎ、決死の覚悟で「脱藩」し、「日本国」のために働こうという気概を持った武士が、数多く輩出されている。龍馬も、その一人だった。ただし、ほとんどの脱藩者が今で言う「テロ」的行為で政治状況を動かそうとしたのに対し、龍馬は独自の行動をとる。一般には、かれは「平和主義」であったと言われているが、著者は、「場合によっては徳川将軍の暗殺も辞せず」とした覚悟も明かしている。

そして最後に、その死について。著者は、巷にあふれる諸説をひとつずつ検証し、最後に「龍馬暗殺に謎なし」と結論づける。

豊富な史料と、既説にとらわれない発想で、激動の幕末を動かした男の生涯の謎に挑んだ、好著である。

人生を豊かにする学び方

汐見稔幸

著者は、教育学・教育人間学・育児学を専門とする教育学者。……と言うとお堅い学者サマのように聞こえるけれど、若者向けに刊行されているシリーズである「プリマー新書」での語り口は柔らかく、解りやすく、それでいて「学び」という広大なテーマについて述べている。

巻頭で紙面を費やして語っているのは、急速に進む現代社会の中で、学校で学んだことが社会に出てみると役に立たないということがすでに起きている、ということ。けれど、ここで「じゃあ学校なんて必要ないじゃん」と投げてしまうのではなく、学んでゆく一人一人が、学校で得ることを基に、自分なりの「学び」をどう育てていくかが大切なことだと著者は説く。それが、ひいては「どう生きていくか」につながるのだとも。

がむしゃらに知識を詰め込むのではなく、学んだことについて、いい意味で批判的に。習ったことについて、自分なりの疑問を持つのを恐れないこと。大量生産、大量消費社会への疑問。あらゆる分野での近代化によって失ったものを取り戻そうと考えること。

いろいろな知識を得て、それらがつながってくると、世の中がよく見えてくる。それは、単に個別の知識として頭に詰め込むのではなく、もう一段高いレベルで物事を理解することができる。

「学ぶ」ということは、地位や名誉やお金を手に入れるといった表面的なことではなく、一人一人が自分らしい生き方を模索していくためだと、述べられてゆく。

これらの趣旨に沿って、以下、学習についての考え方や実践法、自らの少年時代に得たもの、失敗を恐れず糧としていくことなどが語られる。

そして、「学ぶ」ということに対する考え方や姿勢、実社会に出てからの応用についてのアドバイスを経て、これからの世の中で何が求められ、必要とされているか。国境を越え、先入観や思い込みを捨てて物事に対する大切さが訴えられてゆく。

幼児や小学校低学年に向けた教育について考察する著者が、中高生に直接語りかける、好著。

サンタクロースのしろいねこ

S・ステイントン／A・モーティマー絵／まえざわあきえ訳

サンタクロースと一緒に暮らしている、1匹のねこの物語。

ニッポンで知られているねこという動物は、冬ともなればコタツで丸くなっている……のが定番だけれど、この、雪よりも白いねこ・その名も「スノウ」は、冬が大好き。北風とレモン色に輝く冬の満月が遊ぶ真冬の情景から、物語は始まる。

宝石のように光る、みどりいろの瞳をもったスノウがここに加わり、繰り広げられる、真冬のダンス・パーティー。しかしこのひとときはあっという間に過ぎ去り、スノウは帰宅にかかる。

それもそのはず、この年、スノウには計画があったのだ。クリスマスに世界を巡るサンタさんのお伴として、冬の空を駆けめぐるのだ。

サンタさんの定番・真っ赤なコートのポケットにちゃっかりと忍び込んだスノウは、やがてそこから這い出し、冬の夜空の上から地上を覗きこむ。

その瞳に映る、夢のような景色。ついつい我を忘れて地上を覗きこんでいたスノウは、ついにそりから滑り落ちて地上へ……。

クリスマスで賑わう街の真ん中に落ちたスノウ。ケガこそなかったものの、初めての地上、そして行き交う人間の世界。やっとの思いで捜し当てたサンタさんは、どれもが人形、飾り物。中には「コスプレ」のコワイおじさんまでいて、途方に暮れるスノウ。あの、優しいサンタさんとは、もう逢うことはできないのか……?

ニッポンのクリスマス風景とはひと味もふた味も違ったヨーロッパの情景に、目も心も奪われる。模倣の、いやこのところは、時と場合によっては野放図な酔いどれ騒ぎの口実とまでなりかねないまがい物と化してしまった忘年会こみのワガクニのお祭り騒ぎとは、別世界のような、粛然としたクリスマス風景が描かれている。

近代化された街並みにあっても、真摯に、おごそかに祝おうという人々の心が作者と読者をつなぐ、ほのぼのとした絵本。

2018年

霧のむこうのふしぎな町

柏葉幸子／杉田比呂美絵

花巻市出身、盛岡市在住の作者。20年以上続いている「モンスター・ホテル」シリーズを始めとして、「かいとうドチドチ」、「ラ・モネッタちゃん」、「おばけ美術館」

など多くのシリーズものを手がけている（小学生時代に、これらの作品に親しんだ方も多いことだろう）。それだけではなく、単発、翻訳作品も合わせると作品数は百に迫ろうかという、児童文学界では欠かすことのできない存在感を放っている。

今回は、作者1974年のデビュー作にして、児童文学新人賞を受賞した作品をご紹介しよう。

夏休みを過ごそうと、お父さんに勧められてはるばる静岡から電車を乗り継いで「霧の谷」を目指してやって来た、小学6年生の少女・リナ。旅行鞄と、お父さん譲りのお気に入りの傘を手に、たどり着いたのは、緑に囲まれた小さな町。なぜか地名が明かされていないけれど、物語の冒頭、「霧の谷」への道を尋ねたリナに応える通りがかりの女の人の、

「さあ、きいだごどねえなあ」

……の一言で、これを読んでいる岩手の皆さんには、そこがどこなのかイッパツで判ってしまうことだろう。

お父さんが請け合ってくれたはずのお迎えが現れる気配はない。「めちゃくちゃ通り」とよばれているらしい見知らぬ土地で、不安にくれるリナ。それにはお構いなしに、一風変わった人々が次々と登場する中、たどり着いたのは、たくさんの煙突を備えた、1軒の家。

その家のあるじらしき怒ったような声に自分の名を呼ばれ、恐る恐る入ったリナの前に現れた人物こそ、お父さんが勧めた、またの名をピコット屋敷という、下宿屋のあるじのおばあさん。

その日から、リナと風変わりな下宿人たちとの、奇妙な共同生活が始まるのだった……。

やがて明らかになる、住人たちのルーツ。何度もピンチに陥りながらも、持ち前の負けん気で切り抜けるリナの活躍。やがて明らかになる、リナを村へと導いた傘の秘密。リナの成長と共に、柏葉ワールドの出発点となった作品だ。

ペチカはぼうぼう　猫はまんまる

やえがしなおこ／茂苅恵絵

前回に続き、本県在住の童話作家の作品をご紹介しよう。五つの短編からなるこの作品集は、いずれも

「ペチカはぼうぼう
猫はまんまる
おなべの豆は、ぱちんと　はじけた」

……という呪文（と書いてしまうとアヤシイ予感におそわれるけれど、さにあらず）から語られる。

時に人、時には動物たちが主役のファンタジックな物語たちは、読者をその世界に惹き込む魅力に富んでいる。

病の主人を救うために伝説の泉を求めて旅する、動物たちの道中記「猫と犬と馬が泉をさがす旅に出たはなし」。

タカにおわれていたヒタキ（スズメの仲間）を助けた娘。その化身として現れた若者を追い求めてたどる、不思議な森の旅と、その行く末に待つ不思議なできごと「青い羽のある鳥と古い鏡の話」。

いい腕を持ちながら放浪を続けるひとりの大工。かれを駆り立てる理想の建物を探し求める旅と、導いてゆく不思議な運命「悪魔とわたりあった若者のはなし」。

貧しい暮らしぶりながら、正直者の若い漁師が出会った、願いをかなえる不思議なりんご。そのりんごに宿る精とのひとときの夢のような暮らしと、かれを海の果てで待つもの「ふしぎなサルディーナの話」。

父を亡くした三人の兄弟。形見となった「いちいの木（北東北では「オンコ」と呼ばれている）」と、それを三つに分けた兄弟を待ち受ける冒険と、かれらと出会う3人の風変わりな王たちとの物語「三人兄弟が三人の王に会った話」。

バラエティーに富んだ作品構成と、テンポのよさ。ページを開けば、あっという間に物語の世界に飛び込むことができる。

この作品集の第1作「猫と犬と馬が〜」の生まれたきっかけが、1986年、世界に衝撃を与えた「チェル

ノブイリ原発事故」であるということを「あとがき」で知り、物語の持つ奥深さや作者の心情にまで思いを馳せることとなった。

もちろん、純粋に物語たちを愉しむことのできる作品集であることは、保証つき！

ひとがた流し

北村　薫

高校や大学で国語教師として務めながら、ミステリー作家として登場し、温かみのこもった文体で人と人とのつながりを描いて好評を博してきた作者。当初は、素性・性別さえ不明の「覆面作家」としてその名を馳せ、ミステリーファンの間で「謎」となっていた（現在は、各作品にプロフィールが記されている）。

高校や大学に学ぶ女性を主人公に、滑らかなテンポで展開される日常描写や謎解きは、１９８９年のデビューから30年近くを経た今でも、多くのファンを惹きつけてやまない。

そんな作者の手になる本作は、３人の女性を主人公に描かれた、長編小説。表紙画から、女子高校生たちの活躍を追う「いつもの」作風かと思いきや、若き主人公たちが出会う迷いや、タイムスリップのような非日常を用いたそれまでの作品たちとは趣を異にし、設定は四十路を迎えた昔なじみの女性３人の日常。避けては通れないそれぞれの人生の岐路が、回想を交えて描かれる。

厳しい現実に直面した彼女たちの心の揺れや思いが、従来の北村作品の繊細さはそのままに、活写されてゆく。

テレビ局にアナウンサーとして勤め、新年度からニュース番組のメイン・キャスターに抜擢されることとなった千波、愛称トムさん。

千波とは小学校から高校までの同級生で、作家の道を歩んでいる、牧子。大病を経験し、離婚を経て大学受験を控えた一人娘と暮らしている。

千波・牧子とは高校の同級、今は実の娘を連れて2度目の結婚生活を2人の隣町で送る、美々。

　学生時代から時を経てなお、彼女たちを繋ぐ友情と、その礎となった日々。逃れ得ない運命と対した悲しみ、切なさ。そんなできごとから3人が遡りたどる、それぞれの青春時代。

　タイトルとなった「ひとがた流し」とは、厄払いのために願いを込めた紙製の人形《ひとがた》を海や川に流す、神道の行事のひとつ。

　かなう夢、かなわない希望。それぞれを受け止め、受け入れながら、人は時を生きてゆく。

木挽町月光夜咄

吉田篤弘

ブック・デザイン、文芸活動など多彩な活動を続けているる2人組ユニット（実は夫婦）「クラフト・エヴィング商會」のかたわれである作者による、エッセイ集。

　「こびきちょう」とは、今は無き、東京の地名。作中でも紹介されているが、きらびやかな繁華街・銀座と市場の街・築地の間、眼前に歌舞伎座を臨むという、町名にまで江戸の香りを漂わせる、古き佳き東京の中心地だ。作者の曽祖父は、そこで鮨屋を営んでいたとのこと。まさに「チャキチャキの」という冠を戴くに相応しい、江戸っ子の家系だ。

　そんな作者が、いかにも正反対のモダンなユニット名で活躍しているナゾはさておき、本書は、木挽町を離れて遙かフランスの芸術家・ゲンズブールやビートルズの逸話で幕を開ける。以下、とりとめのない読書論、流れるままに向田邦子への思いを交える夫婦の会話などを端緒に、曽祖父・音吉の姿を求め、思索の旅が始まる。

　20年前に書きかけて放置していた小説を書き継ごうと四苦八苦する話。最初期の作品で、代表作でもある「つむじ風食堂の夜」誕生までの右往左往。コーヒーショップをハシゴしながら執筆し、その代償として太ってしまったエピソード。

「とりとめのない」とはこの事か、と思わせるような展開で、しかし、ページは小気味よく繰られてゆく。これに気づいた時には、読者は、すでに作者の術中にはまっているのだ。

数々の挿話をたどりながら、本、音楽、演劇などの（あくまで肩の凝らない）「芸術論」や、何気ない生活のヒトコマ、大学の美術講師を務めた頃のできごとや東日本大震災当日の記憶なども交えつつ、読者は「あとがき」に到達する。

この「あとがき」が、また曲者。それは、読んでのお楽しみ。

作品の構想は、常に百以上持っていると語る作者の、今後の活躍にも期待したい。

年はとるな

土屋賢二

タイトルを一瞥して、老人をないがしろにしようという本か、ケシカラン！　と憤慨された方、ちょっとお待ちを。

東京大学文学部哲学科卒業後、お茶の水女子大学で教授、同大学の文教育学部長、そして名誉教授を歴任した著者。自身が齢七十を超え、かつ数々の著作をものしている。いわく、「もしもソクラテスに口説かれたら――愛について・自己について」「あたらしい哲学入門――なぜ人間は八本足か？」「われ大いに笑う、ゆえにわれ笑う」「人間は笑う葦である」「ツチヤ学部長の弁明」「人間は考えても無駄である――ツチヤの変客万来」「純粋ツチヤ批判」「論より譲歩」……。

30を超えようかというタイトル（学術書より圧倒的にエッセーが多い）は、すべて、こんな調子。本書のカバー見返しにある「著者紹介」には、「……現在は、精神年齢だけは若返り、0歳児に近い幼児性を日々発揮している」とある。一筋縄ではいきそうもない。

ヒトは、誰もが歳をとる。「齢を重ねる」という表現もあり、おおむね、さまざまな経験を積み、喜怒哀楽を重ね、そこから得た知恵を駆使して人生を乗り切るというような、肯定的な用いられ方をするものだ。ははぁ、なるほど。人生を過ごしつつも、気持ちだけは若くあれ、と説いた本か、と得心された方、ちょ、ちょっとお待ちを。

著者は「まえがき」で、週刊誌連載のコラムをまとめた本書について「ゴミ箱にゴミを投げ入れたのと同じ」と語り、返す刀で「本書がゴミの一種だと勘違いしてはならない」と説く。

ことほどさように、著者は、逆説やユーモア、さらに社会へ（時に自身に対して）の強烈な揶揄、皮肉を込めて、その筆を縦横に振るうのだ。

以下に挙げる目次から、ご推察いただきたい。「人は見た目が一〇割」「笑いは不謹慎か」「わたしは知りたくない」「何にでも理由をつける方法」「アダムの弁明」「イブの弁明」「目障りな透明人間」……。4章70編、爆笑、苦笑、憫笑、ご自由にどうぞ。

子どもが教えてくれました　ほんとうの本のおもしろさ

安井素子

「なに？　絵本のハナシィ？　このページと関係ないじゃゃん！」と思った「青春広場」読者の若者よ、チョットト待った。10年前の幼き頃の記憶をたどり、しばしのお付き合いを願います。

保育士となって30年近いキャリアを持つ著者による、絵本とこどもたちに囲まれて過ごす、日常のできごとの数々。

目次には、受け持ってきた多くのこどもたちを年齢別に章立てし、さらに60冊を超える絵本たちをタイトルにしたエピソードがずらり。

「年齢別おすすめ絵本のガイドブック？　これは便利」と喜ばれた親御さん、少々お待ちを。

確かに、著者の長い経験から記された日常のできごとは、彼女が出会いを演出し、あるいはこどもたちから教わった絵本をタイトルにしています。しかし年齢ごとにオススメの絵本を紹介しようという、便利（安直）なものではありません。

いささか使い慣わされたフレーズではありますが、「こどもの数だけ個性はある」のです。

確かに、書店の児童書売り場にいると、

「〇歳のこどもにはどんな本がオススメ？」

……という問い合わせをよく戴きます。しかし。

繰り返しますが、こどもの個性は百人百様。よほどの思い入れがあるならともかく、桃太郎と金太郎を並べて「どっちにする？」と尋ねても、意味はほとんど無いのではないでしょうか。

著者は、その長い経験（何百ものこどもたちとのふれあい）から学んだ、多くの絵本との新たな出会いにまつわる挿話を紹介するのです。

もちろん、幼稚園に置いてある絵本のほとんどは、先生方の選んだものであり、その好みや世間での評判（いわゆる「定番」）によって加わったものも少なからずあることでしょう。

しかし、こどもたちの嗅覚は、その育ちかたや、ピュアな感性で得たさまざまな視点で、先生や親はもちろん、時には作者の意図をも超えたところに思いもかけない面白さを発見することがあるのです。こどもにビックリさせられる楽しさ、おとなにとっては「期間限定」の喜びでは？

仁義なき幕末維新

菅原文太／半藤一利

数々の映画・テレビドラマに主演し、その役柄は「仁義なき闘い」に代表される多くのヤクザものに留まらず、実在の人物に扮した歴史ドラマや、劇団四季の第一期生としてその名を刻むなど、幅広い活躍を見せた俳優の故菅原文太（1933〜2014）。出版社勤務を経て歴史取材に通じ、フリーライターとなって「歴史探偵」を名乗り、数々の評論を手がけて活躍中の半藤一利（1930〜）。

今週の一冊は、この二人が、激動の幕末時代について縦横に語り合う対談集。

話題は旧江戸幕府の世に留まらない。明治10年の西南戦争で非業の最期を迎えることになる「維新の立役者」西郷隆盛にまで及び、幅広い（明治維新は、西南戦争の終結をもって完結した、という説がある）。

アウトロー、反体制の役柄を数多く演じてきた菅原氏のイメージは、うかつに接すると

「なんじゃい、オラ」

と凄まれそうなコワイオジサンのイメージが付きまとうが、さきに紹介した通り、早稲田大学法学部を経て演劇を志した経歴には文学青年の香りが漂う。

そして半藤氏は、坂口安吾、実録戦記を手掛ける伊藤正憲などの担当を経て、終戦前夜を描いた名作『日本のいちばん長い日』を著す。取材に基づく歴史論に長けた作家だ。

「歴史とは、勝者の歴史である」と巷間言われているが、本書では、視点を敗者である人物や事件に置き、縦横に語る。

仙台市出身、学生時代に新聞部に属していたという菅原氏と、明治維新の際は根強く（天皇を擁し薩摩・長州を中心とする）官軍に最後まで抵抗した長岡藩士を祖先とする半藤氏。

急逝した菅原氏最後の対談となった本書で、半藤氏は、

唐突な菅原氏からの呼びかけに半ば戸惑いつつも応じたラジオでの対談に出演して、意気投合。本書でも、菅原氏が持ちかける数々の話題や疑問に、半藤氏が縦横に応えるというスタイルで、さまざまな話題が展開される。

幕末史に興味のある方はもちろん、メリハリの効いた対談集としても、読み応え十分の一冊。

私の恋人

上田岳弘

新年度早々、(ワザとじゃないんだけど)「ちょいと苦労するかもしれないSFの薫りをたたえた純文学」小説をご紹介することとなった。

主人公は、ひとりの日本人男性。彼を語り手として、物語は始まる。

実は、彼は「前世」の記憶を持っている。初代は、洞窟で暮らすクロマニヨン人。クロマニヨン人とは、数万年前に誕生した「ホモ・サピエンス」のさきがけ的存在としてヨーロッパや北アフリカでその化石が発見された、「現代人」の祖先。初代の彼は、すんでいた洞窟に、世界の、そして自らの未来を予見するかのような壁画を残す。

2代目は、第二次世界大戦のさなか、ナチスにとらわれて強制収容所で命を落とすユダヤ人。

現代の日本を生きる3代目・井上由祐は、過去の記憶を受け継ぎ、さらに行き来するという能力を持っている。名もなき初代、そして悲劇の最期を遂げた2代目の2人は34歳でその生涯を終えたが、現代を生きる井上由祐は、自身の前世・前々世が出あうことなく終えた恋人という存在を得て、さらに未知の時・35歳を迎える。

彼は、3代を通じて初めて過ごす時をたどりながら、呼び覚まされる前世の記憶を俯瞰し、ついには初代の「彼」が描いた壁画に到達することになる。また、過去を生きた2人も未来を予見する力を持ち、時空を行き来しつつ、つぶやき続ける――。

出版元と縁の深かった不世出の作家・三島由紀夫の名を冠した文学賞(「文学の前途を拓く新鋭の作品一篇に授与する」と定義されている)を受賞した本作。

冒頭で「苦労する」と書いたのは、難字・難文を散りばめた、という意味ではない。

目まぐるしく交差する時間軸。「3人目の私」が出会う恋人・キャロライン・ホプキンスの前世も交え、3代にわたって「私」が追い求めた時空の旅の凝縮。これらを、文庫本にして150ページに満たないスペースに収めた濃密さ。読み進みつつ、アタマの整理を兼ねてページから目を上げる時が欲しくなるのだ。

時を行き来し、かつ静かに編まれてゆく物語。若いみなさんに、ぜひ挑戦していただきたい。

森と氷河と鯨　ワタリガラスの伝説を求めて

星野道夫

書店員たちの間では、たとえ面識がなくても、親しみを込めて著者を「○○さん」と呼ばせていただくことがしばしばあります(なぜか「文豪」のお歴々は「ソウセキ」「アクタガワ」と呼び捨てですが)。本作の著者・写真家の星野道夫氏も、仲間内では「星野さん」と呼ばせていただいておりました。

アラスカなど極寒の地で、そこに生きる動物たちや雄大な自然の風景を撮影した作品群は、見る者をいながらにして極地へといざなう迫力に満ちていました。

22年前(1996年)の、8月。東京の書店で仕事に就いていたとき。仕事仲間の叫び声に顔をあげました。

「どしたの?」

「星野さんが」

当時、彼がその情報をどうして得たのかはつまびらかではありませんが、その後、少しずつ得た情報によると、カムチャツカ半島での取材中、就寝中のテントをヒグマに襲われた、とのことでした。

作家や著名人が亡くなった時（もちろん慶事でも）、書店では作者をしのぶお客様の需要に応えるべく、関連書を集めて「追悼コーナー」をあつらえるのがならいとなっています。すぐさま写真集、自然科学などのコーナーから著書を抜き出し、出版社に手配をするなどの作業にスタッフ一同は追われました。

神話の鳥「ワタリガラス」の伝説を追い求めてはるかな旅路につくという本書の刊行は、単行本で２００６年。星野さんの没後10年を期して出版されたものでしょう（写真を中心とした原著とも言うべき同タイトルの刊行が事故のあった年末に行われています）。それからさらに10年を経て、未収録の手記を追加した文庫版が刊行されました。ページを飾る数々の写真は、単行本に劣らぬ迫力で読者をアラスカの大地へと導きます。

大自然を愛し、自らの足でそこに立ち、歩き、あるがままのその世界をパノラミックに表現した星野さん。その業績は、永遠に読み継がれてゆくことでしょう。

あさになったのでまどをあけますよ

荒井良二

個性派（名を成した作家の方々は、皆さん独自の個性をお持ちだが）絵本作家による、さまざまな環境に暮らす子どもたちの一日の始まりを描いた絵本。

「アライリョージファン」の中には、物語の最後に、開けてびっくり、なにがしかのアライ風メッセージを期待しつつページを繰り始める方もおられるかもしれない。しかし本作は、多少趣を異にしている。

「あさになったので　まどをあけますよ」という一言で始まる、さまざまな土地、環境に暮らす子どもたちの朝。山村、ビル街、のどかな川辺、海辺の一軒家など、世界中に暮らす彼らが、自らの手で窓を開け、新鮮な空気を吸い、外を眺める。その眼前には、それぞれの土地独自の大自然や街並みがパノラマとなって現れ、子どもたちは、慣れ親しんだ風景を目に、それらに対する親しみと愛情をかみしめる。

郷土愛、と一言でくくってしまうのは簡単だ。しかし、それぞれの伝統や風俗、習慣などを含んだ「郷土」という、人の手になる「文化」を語るのではなく、見開き2ページにわたって展開される、その土地土地で生まれ育った子どもたちが体感したさまざまな環境が、本を手にする読者に雄弁に何かを語りかけてくる。

それは、自らは体験したことのない未知の世界だったり、逆に何らかの思い出とつながっていたり、読者により異なった思いを抱かせることだろう。これらの光景を実体験した方もあるだろうし、現代のニッポンに住む自分たちとは「縁がない」と諦めたりする向きもあるかもしれない。

しかし、本作から伝わって来る陽光や風、雪の感触は、居ながらにして読者を「そこ」へと導いてくれる力を秘めている。そして、それぞれの風景に添えられた、「ここがすき」という一言。読者をして「ああ、良かったねぇ」とつぶやかせる、さわやかな読後感を呼び覚ます。

2011年、東日本震災後に刊行された、大自然についての作者の思いを感じさせる作品。

埠頭三角暗闇市場

椎名　誠

椎名誠。この人との出会いは、1970年代だから、40年以上昔になる。「出会い」と言っても、この人の「作品」との邂逅であって、実際に面識があるわけでは……、おっと、一度だけ、東京時代の仕事で、サイン会の「付き人」（作家の脇に立ち、読者の方々がお持ちになった本を預かり、サインを施すページを開いて、補助する役）をしたことがあった。

椎名氏、始めはビジネス書の編集を手掛けていたが、76年、仲間たちとともに型破りの書評雑誌である「本の雑誌」を創刊。初代編集長として活躍しつつ、自ら『さらば国分寺書店のオババ』『むははは日記』などの軽妙・豪快なエッセイを立て続けに刊行する。

また、仲間たちと結成した「あやしい探検隊」を率いて世界を股にかけた人跡未踏の地の探検。これらのエネルギッシュな活躍とコンスタントかつユニークなタイトルの出版を手掛け続けるユーモラス・野性的な活躍は、コアな「シーナファン」を生むことになる。

一方では、わが子の成長を父親の視線から描いた『岳物語』が話題となるなど、あくまでも「方向転換」ではない、写真集をも含めたマルチな「仕事（とご本人が思っているのかどうか）」は、出版界の風雲児的存在として人気を得て、読者の輪を広げていった。

今週の一冊は、２０１４年に刊行された作品を文庫化したもの。

他国からのゲリラ活動（「同時多発地盤崩壊作戦」）のため、日本の主要都市が壊滅。その廃虚に集い、あてもなくその日暮らしを強いられている、「近未来」の日本人たち。有毒素を含んだ「黒い雨」の降りしきる中、あるいは懸命に、あるいは狡猾に、生きることに全てを尽くす人々。環境変異のために異常進化した動物たちや、悪徳の限りが尽くされる世の中にあって、「闇医者」として活動する北山は、あるきっかけで、悪徳刑事との接点を持つこととなり、それは世間を揺るがす事態を招くこととなる……。

既成の概念にとらわれない発想と、ダイナミックな「シーナ流」筆運び。

ページを繰る間も惜しくなる、破天荒、痛快な近未来ＳＦ。

ホーキング、自らを語る

S・ホーキング／池 央耿訳／佐藤勝彦監修

去る3月に生涯を閉じた、イギリスの天才理論物理学者（1942〜2018）の自伝。

若くして「筋萎縮性側索硬化症（ALS）」という難病に冒されながらも、天性の学究心と才能に恵まれ、1963年、世界に先駆けて「ブラックホール」についての研究を発表し、一躍、時の人となった。その業績は高く評価され、著作である「ホーキング、宇宙を語る」（88年刊）は、全世界でベストセラーとなった（日本での刊行当時に立ち会った一人として、まさに次々と一般読者の手に取られ、流布されていく光景は、今でも強く印象に残っている）。

本書では、その幼年期から、意外にも科学に「明け暮れず」過ごした青春時代（就職に備えて公務員試験にまで応募している）、名門オックスフォード大学時代の友人との海外放浪など、後世のイメージとはかけ離れた行動力が回顧され、読む者はあっけにとられることになる。

それでも、運命に導かれるかのようにオックスフォードと並ぶ名門の双璧・ケンブリッジ大学院生となった彼は、当時はまだ正規の学問として認められていなかった「宇宙論」の道を選び、研究に打ち込むこととなる。

その学究生活も、順風満帆とはいかなかった。大学在学中にその兆候が現れ始めた宿痾は、徐々に彼の身体をむしばんでゆく。そして回復の困難な病であることを知った時の衝撃は、他人には計り知れないものだった。

そんな中、彼を癒やしたのは、この頃知り合った女性、ジェインとの結婚だった。それを励みに、彼は研究にまい進することになる。

子宝にも恵まれたものの、闘病しながらの研究生活は、すべて順調といえるものではない。けなげにも彼を支え続けた妻の、精神的疲労による離婚、初の著作刊行時のトラブルなど、数々の苦難が彼を見舞う。

未開の野をゆくかのような先見性と行動力。不幸にして得た病をおしてなおやまない、過去と未来への挑戦。学生の皆さんに、ぜひとも勧めたい感動作だ。

夜想曲集　音楽と夕暮れをめぐる五つの物語
カズオ・イシグロ／土屋政雄訳

「日の名残り」という作品で２０１７年度のノーベル文学賞を日系人として初めて受賞した作者（英国籍）による、音楽をモチーフにした連作短編小説集。

作者のプロフィルを読むと、長崎県に生まれ、両親とも日本人となっているが、幼くしてイギリスに移住し、そのまま現地で教育を受け育ったために英語が「母国語」となったようだ。

サブタイトルの通り、それぞれの作品は音楽をモチーフに、人生の夕暮れ＝晩年の出会いと別れを描いた短編で構成されている。このように紹介すると、しみじみと人生の哀歓を描いた作品集という印象を与えるが、巻末の中島京子氏の解説は、その冒頭から、こう切り出す。「カズオ・イシグロのコメディセンスについて書くことができるなんて、なんと幸せなことだろう。」……。

ここまでご紹介しておいて無責任のそしりを免れないかもしれないが、後は読者の皆さんの感性にお任せするしかない（事実、個人的に一読した限りでは、「笑う」場面には遭遇し得なかった）。

かつては「ビッグ・ネーム」の一人として数え挙げられながらも、いまは落魄して川を下るゴンドラの奏者となった主人公のつぶやき（「老歌手」）。

諸国を放浪しながら英語を教える中年独身男が久しぶりに招かれた、離婚寸前の友人夫婦の依頼とは（「降っても晴れても」）。

ミュージシャンを目指しながらも芽が出ず、自暴自棄になりかけつつ日々を過ごす青年が出会った、ミュージシャン夫婦とのできごと（「モールバンヒルズ」）。

才能はあるのに売れないのは、その容貌のせいだ……

と言われて整形手術を受けることにした、あるサックス奏者の悲喜劇（「夜想曲」）。

実力と野望を兼ね備えた若きチェリストが出会った、女性チェリストとの奇妙なできごと（「チェリスト」）。

音楽を縦糸に、男女の奇妙な邂逅を描いた、五つの物語。さて、どう楽しむ？

針がとぶ　Goodbye Porkpie Hat

吉田篤弘

本を手に、表紙のカバーをめくると、装丁（またはブック・デザイン）を担当した人物の名が記されていることがある。

多くの装丁家の中で印象に残るのが、「クラフト・エヴィング商會」という名だ。その名の通り、デザイン会社なのか？


会社、とまではいかずとも、数名の手になる共同作業なのか？……然してその実態は、2人してブック・デザインを手掛けていくつかの賞を受けながら活躍する、吉田篤弘・浩美夫妻によるユニット名。夫である篤弘氏は、装丁家である一方で小説も手掛けていて、『フィンガーボウルの話のつづき』『それからはスープのことばかり考えて暮らした』などユニークなタイトルの居並ぶ中の一編である『つむじ風食堂の夜』は、映画化もされている。

今週の一冊は、篤弘氏による短編集。

ここにまとめられた短編たちに、人物や時間の連続性は見えない。さまざまな人物がその日常で遭遇するできごとが、淡々と描かれてゆく。

メインタイトル「針がとぶ」は、CD世代の皆さんには馴染みのない言葉だが、アナログレコードを聴いていると、時おり遭遇する現象。レコード針を落とすべき「溝」にほこりなど何らかの原因があって針が弾かれてしまうことだ。巻頭に収められた同タイトルの作品で、重要な役割を果たしている。

また、副題となっている「ポークパイ・ハット」とは、調べると「トップが低く平らな円筒形で独特のフチがあり、狭いつばがわずかにカールアップした帽子」とある。一般的な紳士用の帽子と思ってよさそうだ。

この帽子は、巻末にエピローグ代わりとして収められている掌編の最後にチラリと登場するが、この作品集のなにかを象徴するものであるかどうかは、自分の脳裏にもやりとした感覚を残したまま、謎のままだ。

それでも、時も場所も登場人物も異なる七つの掌編には、読者を引き込む何かが備わっている。不思議な読後感を味わうことのできる、「連作」短編集だ。

岩橋さんのこと

本とともに生きて

岩橋洋子

淳は昭和35年7月25日未明、父岩橋春夫、母洋子の長男として、東京都新宿区信濃町の慶応病院の産室で産声を上げました。３０５０グラムの小さい赤ん坊でした。

仕事一筋の商社マンだった父の転勤で、６歳の時、２歳違いの弟と共に、母に連れられて生まれて初めての飛行機に乗りました。２月の羽田は珍しく猛吹雪でした。

はるか太平洋を渡り赤道を越えて母子が着いたのは、父の待つ小さな南の島、フランス領ニューカレドニア島でした。そこはニッケルの島でもありました。青い海に囲まれ、椰子が生えた焼けるように暑い真冬の島でした。気候も住む人も言葉も違う全くの未知の世界でした。飛行機を降りてあたりを見回して弟が言ったのは、「なんだここは外国人ばかりじゃないか！」でした。お兄ちゃんの淳は「バカだなお前、ここは外国だぞ。僕たちの方が外国人なんだから！」とたしなめていました。

それから2年、住み慣れた日本を離れ、仲良しの友達とも別れて、テレビでしか見たことのないメラネシアの原住民やフランス人の子供たちと一緒の学校に通い、何もかも日本とは違った暮らしになったのでした。

その当時は、電話も手紙も思うように届かず、まぐろ漁船や自衛隊の訓練船に頼んで小包みや写真入の手紙を届けてもらったものでした。

日本の勉強は2年分遅れてしまい、帰国した時は再び社宅のある町の小学校に転校し、元の仲良し同級生たちより1年下の学年からのやり直しになりました。中学・高校と転校を繰り返し、その度に新しい友達とも離れ、寂しい辛い思春期でした。

次第に独り本を読み耽り、ものを思うようになりました。その中で出会ったのが敬愛して止まない司馬遼太郎でした。学業を終えて選んだのも「本」の道でした。毎日本に触れられる書店でした。童話・児童文学、歴史（史実）に強く惹かれ、結婚して生まれた子供たちの命名に、「史」の一字に拘ったのもそこからきています。それぞれ歴史に忠実に、歴史を丁寧に紡ぐようにとの願いを籠めた親の思いです。長じて息子たちがそれをどう汲み取ってくれるか、論じ語り合える日が来るのを楽しみにしていました。

生涯で数多読んだ本の中で、死んだら共に納棺して欲しいと言い残したのは、「司馬遼太郎の燃えよ剣」と「ミヒャエルエンデのモモ」でした。病が進んでふと死を意識したらしく、母にそれを託していました。愛して止まない童話モモと旅をし、燃える剣でその旅を守ってもらいたいと思っていたのです。

岩橋淳氏の思い出

伊藤清彦

岩橋淳氏との思い出を書いてみたいと思います。かといって振り返ってみても彼との間に特別な事は何も無かったような気がするのですが、しいて挙げれば出会いは偶然ではなくて必然だったのかもしれないということだけです。

僕は1980年代の初め頃に東京のローカルチェーンの山下書店グループにパートで入社しました。当時の山下書店は都下に10店舗以上有するグループ書店で、年商は35億ぐらいだったかと思います。

交通の要の場所に小さなお店を構え効率的な販売をするという特長がありました。一冊一冊をじっくり売るのではなく、新刊の書籍や雑誌を大量に販売してゆくというスタイルの書店でいきおい新刊の量の確保が最大の懸案事項でした。

新宿のステーションビルに山下書店の本店があり、そこが僕が勤める職場でした。午前9時から夕方5時までの勤務で、主な仕事は掃除と返品作業で時々レジにも入りました。当時の返品作業はすべて3枚複写の伝票に手書きで書かねばならず、書籍の場合はタイトル・作者・出版社・値段のすべてを書き込んでゆくもので大変な労力が必要とされた作業でした。ほぼ一日中倉庫で作業に追われたものです。しかし本が好きで友人の紹介で応募して働き始めたこともあり、たくさんの本に触れる機会を得たことで毎日がとても楽しい日々であったことは間違いありません。また当時の店長には様ざまな出版界のことを教えていただき、いちお客の立場では伺いしれないことを学ぶことができました。

個人的な読書の傾向として社会学的な本を中心に読み込んできたのですが書店で働くようになって初めてエンターテインメント系の小説を読むようになったことは僕自身の大きな変化でした。テレビも持ってませんでしたから、Ｊポップやトレンディドラマ、エンタメ系の小説とは全く無縁に過ごしていましたので、新刊書店で働くことはそういう知識がなだれ込んでくるところでもあるので、そういう点でも新鮮な体験だったと思います。

徐々に仕事に慣れ従業員同士普段の会話が一歩踏み込んだころ、やはり本の話が多くかわされるようになったのは当然のことでしょう。みんなそれなりに本が好きで飛び込んできた世界ですので、当たり前と言えば当たり前のことですね。

新宿店は本店の機能も備えていたので、店長会議は新宿で行われるのが普通のことでした。月に一回各店の店長なり代理がやって来ては会議を開き、そのあと本店の店内で本のよもやま話をするというのが当たり前の光景になっていました。新参者としてはなかなかその輪には入れませんでしたが、少しずつ会話に加わるようになり、そしてそこに吉祥寺店で働く岩橋淳氏もまじりだしたのが彼との初めての出会いだったと思います。吉祥寺店というのは文具を専門に扱う店で、後で彼に聞いたところ書店の店員の空きがなく仕方がなく文具売り場にまわったとのことでした。

いつしか居酒屋で職場が近いもの同士が仕事の後に集まって飲むようになり、回数が決して多くは無かったのですが岩橋淳氏も参加するようになりました。酒の肴は本の話であり、飽きもせずいつもいつも本の話だけで終始していました。参加していたのはみな平社員であり、やがてそのメンバーが店長に育ち山下書店の売り上げの黄金時代を築きあげたことは今では夢物語となってしまいました。その後のメンバーは散りぢりになりましたし、時代はバブルという側面もあり、そういう時代であったとしか言いようがありません。

僕も返品業務から文庫担当となり、周囲の書店の棚づくりの状況を鑑み、前面に岩波、講談社学術文庫、中公ノンフィクションを並べメインを海外文庫とする戦略で棚づくりをはじめました、これが面白いようにお客を引き込み、あるフェアでは中公文庫を3週間で6千冊販売という記録も打ち立てました。一方岩橋淳氏は念願が叶い書店の勤務に就くことができ、彼も着々と地歩を固めていったようです。でも彼の本音の部分では「脚本家」になりたいという夢があり、そのための努力は怠らないようでしたね。

初めての彼の印象は「生真面目」というものでした。よく考えてから言葉を発し、しかも訥々と話す。相手の話をよく聞き、言葉尻を捉えることもなく正論を吐くと言えばいいのかな。ただそれは少し年上の僕だけの印象であり、彼の下で働いた人々は違う印象ないし感情を抱いていたことは後に知ることになります。誰にでも二面性はありますし、ささいな事なのかもしれませんが、生真面目さが持つ〝潔癖さ・極端さ〟というものが現れた時期がたしかにあったようです。

自分を表現したいという欲求は誰にでもありますが、岩橋淳氏にとって山下書店・町田店の店長就任はまさに絶好の機会であったろうと思われます。本店からは遠く、かつ一国一城の主になったのですから自分の思い通りの書店運営に燃えたことは間違いないでしょう。しかも赴任してから2年間は売り上げが上がり調子で、店の過去最高の売り上げも記録していましたから、店長会議に出席するために新宿店に来る時も自信にあふれた顔をしていたことは記憶に留めております。また社長も彼の手腕を買っていて、よく彼を褒めたたえる言葉を聞かされたものです。

僕自身もパートから社員に、そして副店長ということになりより売り上げに責任を持つ立場になっていました。各社の営業の人々とも懇意になり、こちらの無理もかなり聞いてくれるような関係が出来つつありました。〝本が好きでかつ本を売ることが好き〟という次元から、どうやったらもっと売り上げを上げることが出来るのかという試行錯誤が始まった時でもありました。しかしプライベートでは長年に渡り全く違う人間関係を築いていましたので、職場の人間関係が自分に及ぼす影響はさほど大きなものにはならなかったのです。

岩橋淳店長の町田店は順調に推移しているようでいて、小さなほころびが出てきました。全く関わりあいの無かった町田店のパート・アルバイトの幾人かが僕の所に相談に来るようになったのです。どうも職場の人間関係に悩んだ末の事だったようです。〝規律正しく厳粛に職務を遂行する〟とは聞こえが良いですが、自分に従うものは大事にするが少しでも刃向かうものは容赦なく切り捨てるという側面があったようです。正論は時には暴虐の剣に変わることもあるので、上の立場の者は細心の注意が必要なのですが、彼の若さも関係していたのでしょうかね。また職場の外に人間関係を築いておらず、職場が全てという閉ざされた関係性が彼自身を追い詰めたように傍から見てて思いました。そして売り上げは落ち始め、彼自信も「テニス肘」という診断で店長の激務には絶えられないというオーナーサイドの判断で町田店から新宿本店への異動が決まりました。寝耳に水は僕のことでいきなり社長に呼ばれ、翌日からの町田店の店長勤務を言い渡されました。

とりあえず、その日の夕方に引き継ぎのために町田店を訪れたのですが、今まで一度しか行ったことがなかったのでやることなすことが未知の領域にありました。パートさんやアルバイトさんも何人か辞めさせられており、新たな人員補充も喫緊の仕事になりましたし。結局彼とは交代人事ということで、彼は新宿本店の副店長になり僕は町田店の店長ということになってしまいました。僕自身は新宿本店に未練がありましたので、彼の肘が治ったら戻させて下さいと社長にはお願いをして赴任を了解したのです。

彼の作り上げた売り場を子細に見ると各所にこだわりがあることが分かりました。ある環境団体と懇意にしていたようで入口近くの特等席にその手のコーナーが出来ていましたし、こだわりがあるコーナー充実度はちょっと唸るような品揃えでした。しかし店の全体像を見るとどうもバランスが悪いと感じ、まず一度完全に壊すところから始めなければならないなと方針を決めました。そこで社長に電話を入れ「たぶん立て直しに3か月はかかると思いますので、その間なるべく連絡は寄越さないでください」とお願いしました。

新宿本店は駅ターミナルの5Fにありましたので、メインの商品は書籍類になります。町田店は路面店でバスターミナルに面しており坪数は20坪の大きさ。なので書籍は基本的に捨てて雑誌とコミックスで勝負をかけるという方向性に切り替えました。それにはバスの排気ガスが入り込んで本が油で汚れるというやむに已まれぬ事情もありました。じっくりコーナーを作って一冊一冊を大事に売るということはとてもできない相談でしたね。3か月間ひたすらレジに立ち続け各時間帯にどういうお客様が何をお買い求めになるのかというのを調べて、時間帯によっての雑誌の並び替えや、問屋への追加の交渉のタイミングなどを考えましたし、また棚は油汚れが激しくベタついていたので、欄を外しては外で洗剤で洗い乾かしては棚を元に戻すという作業を連日していました。

一方新宿本店に行った岩橋氏は少し心が折れたように見受けられました。温厚な店長から苦情的な電話がかかってくるようになりましたし、休みの日に覗いてみると部下とのコミュニケーションがうまくとれていないように感じました。笑顔が消えていましたし、孤立していたように思われます。本店に異動になって半年後に店長から岩橋氏が辞めたという連絡を受けました。

その後の彼の足取りと時間の推移が僕には思い出せなくて、出来事が前後してしまうのですが、彼は書店に勤めることを諦めてある居酒屋グループで働きだしたことを告げに町田店に来たことがありました。従業員のみんなが自分によくしてくれるというような話を酒を飲みながら彼は話していましたが、元気の無さはいかんともしがたく、真逆の方向に揺れ動く彼の性質がもろに出ているなあとその時は思いました。たぶん彼にとっては藁をもつかむ思いだったのかもしれません。なんとかしなきゃいけないなと思い、僕個人の人脈で書店業（当時は4店舗）の社長をしている方がいたので声をかけてみました。たまたま従業員を募集していたこともあり、面接を引き受けていただき、やがて採用の連絡が社長から僕の所にもきました。それからしばらくして明るくなった岩橋氏と良い人材を紹介してくれたという社長の二人に宴席を設けていただき御馳走になったこともありました。

町田店は驚異的な売り上げを達成しつつあり月商が1700万近くにまで伸びていました（1000万の店を引き継いだ）。消費税の導入、バブルの崩壊という小売業にとっての逆風のなか、怖いくらいの売り上げ増でした。しかし個人的には田舎の祖父・祖母が立て続けに亡くなり、いよいよもって都会暮らしを止めて田舎に帰らざるを得なくなり、前年に翌年の3月末を持って退職しますと社長に伝えて身辺整理をし始めました。いろんな出版社が挨拶に訪れ3月になると、会社を上げて送別会を開いてくれるところもありました。「最初で最後の送別会」ということで山下の社長にも送別会を開いていただきました。

岩橋淳氏の勤めている書店にも何度か足を運びましたが、とりあえず問題はなさそうだったので、安心して東京を離れました。

1991年7月から僕はさわや書店で働きはじめました。『盛岡さわや書店奮戦記』（論創社）でも少し触れましたが、書店の運営・方法論・従業員のスキル、すべてに問題がありすぎました。イジメることに生きがいを感じている古参のパートさん、本を全く読まない従業員、アフターファイブにだけ熱心で休憩中はゲームに興じる従業員(社員)。それでいて莫大な赤字を背負っておりながら危機感を感じない社員という現実。〝絶望〟という言葉がちらつきましたが、とりあえず一つずつ解決してゆくしかないなと開き直って働く日々。出版社からは盛岡は不毛地帯と揶揄される言葉を投げつけられるし、四面楚歌とはかくあることかと身に沁みました。

しかし現実問題として、誰かを頼るわけにもゆかず、一人で突破するしかない状況でした。ただし僕個人的には利点もあるなと考えていました。一つには無名な書店であるがゆえにほとんどの営業マンが立ち寄らなかった事(ルーチンワークの仕事が邪魔されない)、二つにはさほど売り上げの高い店ではなかったので新刊の配本が多くはなかったこと(新刊にふりまわされない)、三つには柵と平台のバランスが良い店であったこと(たくさん売るには必要)。そして周りの書店の品揃えを見て一気に自店の品揃えの方法論を変えたことによりお客様の支持を得られ、20%アップが続き、気が付けば3年で坪売り上げが倍増しており、それで発言権が増したことにより、積年の個人的な夢であった「児童書の専門店」を作ることが現実味を帯びてきたのでした。

1994年6月に児童書専門店「モモ」がオープンしました。初日は絵本だけで30万を超える売り上げを達成しましたが、しかし本店の忙しさと僕個人の忙しさは限界をはるかに超えていまして、本店と「モモ」を同時にやるのは不可能だなと考え始めていました。そんな時に岩橋氏から連絡があり盛岡で働きたいという希望が伝えられました。彼にとって盛岡の地は何の縁もない土地のはず、何が彼に起こっていたのだろうと考えましたが「渡りに船」ではあったのです。さわやの社長に岩橋氏の今までの事(自分が知るかぎり)を伝えまして、自分の評価としては社員として受け入れてもかまわないというものでした。

その後の岩橋氏の活躍は僕自身の想像をはるかに超えています。児童書とコミックスという限定的なアイテムの店を最大限に光り輝かせてくれましたし、様々な書店の可能性をも見せてくれました。また脚本家志望の文才・才能を絵本や本の紹介文として新聞紙上で発表し続けたことも驚いた点です。

彼とは、不完全な迷い多い人間が、書店の内外でじたばたした同志であったという思いが消えません。

伊藤清彦（いとう・きよひこ）

1954年、岩手県一関市生まれ。82年、山下書店本店入社。本店副店長、町田店店長を務め91年3月に山下書店退職。同年7月、さわや書店入社。92年1月より本店店長。2008年10月、さわや書店退職。その後、新一関図書館整備計画委員を務め、12年4月より大東図書館長、13年4月より一関市図書館副館長を務めた。

編集部注

伊藤清彦氏は、本書編集中の2020年2月17日に急逝されました。原稿をお預かりし、校正していただく前のことでした。加筆修正等されたい箇所もあったことと思いますが、ご家族様にご確認をいただき、最低限の誤字脱字の修正と表記統一のみを行い、ここに掲載いたしました。

岩橋淳さんと私

黒田大介

岩橋淳さんは2007年4月から18年9月まで計223回、岩手日報「青春広場」に「いつだって本と一緒」を連載した。当時、学芸部記者だった私は、第1回の小関智弘著『春は鉄までが匂った』(07年4月7日付)を皮切りに、計約100冊分を担当した。

当時のスクラップを読み直し、岩橋さんとのやり取りを思い起こす。振り返れば、担当した5年間、私が岩橋さんに「この本を紹介してほしい」とリクエストしたことは一度もなかった。私にやる気がなく丸投げしていた、という訳ではない。それだけ、優れた読み手、書き手としての岩橋さんを信頼していたということだ。

初めて会ったのは07年の初め頃。本人から学芸部に「新しい職場(ジュンク堂書店盛岡店)での仕事も落ち着いてきたので、そろそろ新たに連載したい」との電話があり、部内で協議し、4月からのスタートが決まった。私が担当することになり、ジュンク堂近くの喫茶店で会った。打ち合わせという名目だったが、実際は読書談義。司馬遼太郎『竜馬がゆく』から英国の小説家ロレンス・ダレルの『黒い本』まで、互いの読書遍歴を語り合った。

かつて岩橋さんが本紙に連載していた「コレ知ってる?」「U-18読書の旅」を読み、相当な本好きであることは知っていた。私は大学で英米文学、大学院で欧米文学理論を専攻し、自他共に認める本好きだが、このオジサン、はるかに上を行っていた。いくら飢えていてもパンより本を選ぶような、その真摯な語りに「この連載は、きっと若者の心に届く」と確信した。

こうして、「いつだって本と一緒」が始まった。あらためて、連載で取り上げた本の一覧を見ると、その幅広さに驚かされる。一見、若者向けではなさそうな本、ちょっと難しそうな本も混じっているが、岩橋さんの手に掛かると、違和感なく入ってきて、手に取ってみたくなる。岩橋さんが好きな本を好きなように書いたこの連載を読み返すと、そのバランス感覚がいかに優れていたかに思い至る。不思議な統一感。起伏に富んだ一つの物語のように。

連載が始まって、岩橋さんについて、二つのことが分かった。一つは、新聞で使えない漢字をやたらと使いたがるということ。例えば、連載第1回目に出てくる「解らない」という表現。本紙の記事の表記は、共同通信社の「記者ハンドブック」に準拠している。「解らない」は「分からない」とするのがハンドブック上のルール。まして、若者向けのページだけに、なるべく平易な表現が望ましい。

だが、「分からない」に直そうとしたら、『解らない』のままがいいです」と抵抗された。やり取りを重ねた末、「解《わか》らない」とルビを振る、という折衷案に落ち着いた。何度言っても、分からない人だった。だが、文章を繰り返し読んでいるうちに、このこだわり、分からなくもないという気持ちになってきた。若者にこの本を読んでほしい、そのためには、このように書いてこそ若者の心に響くはずだ、そのためには、この漢字でなければならない、という強い信念がバリアーになって、文章を守っているような感じだ。

以後、毎回のように、漢字をめぐるやりとりが続いた。できる限り筆者の意向を尊重し、ルビを振って対応したが、あんまり難しくて社内的に問題になりそうな漢字については、ひらがなにしたり、言い換えてもらった。それでも、この連載は、本紙の中で最もルビが頻発するコーナーだったろう。

もう一つの特徴は、原稿を送ってくる時間がやたらと遅いこと。メールの着信時間は、たいてい午前2時や3時。ジュンク堂で遅くまで仕事してから、花巻の自宅に帰り、机に向かう。推敲に推敲を重ねて、原稿を書き上げる。いったい、いつ寝てるんだろう。体は大丈夫なのか。本人は眠そうな目で「大丈夫です。昔からこうでしたから」と事もなげに語っていた。今にして思えば、大丈夫ではなかった。

連載は基本的に、2週間に1回のペース。流れとしては、次回取り上げる本について、締め切り数日前、岩橋さんからメールが来る。ジュンク堂に行き、忙しそうに働いている岩橋さんとちょっと言葉を交わし、その本を買う。当方も負けじと、夜中までかかって読む。締め切り日の未明、メールで原稿が届く。難しい漢字にルビを振る以外、ほとんど完全原稿だったので、チェックの手間は掛からなかった。このルーティンを繰り返しているうち、ずいぶんわが家の蔵書が増えた。世界を広げてもらった。

そんな日々も、12年4月、私が学芸部から異動することになり、一区切りとなった。担当を外れた後は、もっぱら本好き同士という関係。時折、喫茶店でおしゃべりした。諫山創『進撃の巨人』など最近の話題作、若者の読書離れ、メディアの多様化とリアル書店の未来……話は尽きなかった。

17年10月、岩橋さんから久々に、唐突なメールが来た。「ALS（筋萎縮性側索硬化症）になりました。ホーキング博士と同じ病気です。ちょっと相談に乗ってほしい」。すぐ返信した。「これから行きます」。花巻市内の自宅にお邪魔したのは、この時が初めてだった。

たまたま数日前、東日本大震災津波で大きな被害を受けた宮城県南三陸町を訪れ、復興商店街で買っていた「美容・健康運上昇ミニモアイ像」を手土産に持参した。手のひらサイズのかわいらしい石像を手渡したら、ちょっとだけ口元をゆがめた。その時は、好みじゃないのかなと思った。今にしてみれば、そんなに重くない物であっても手に持つのが辛い様子を、私に見せたくなかったのかもしれない。

岩橋さんは、淡々と話した。異変を感じたのは、この年の6月ごろだったという。指に力が入らなくなり、ブックカバーを掛ける作業などがおぼつかなくなった。医療機関を受診し、ALSと判明したそうだ。

「連載をいつまで続けられるか分からない。いつまで生きられるか分からない」。「よっこいしょ」という感じで手を持ち上げ、ゆっくりとパソコンを操作する岩橋さん。フォルダーを開くと、そこには、これまでの連載の元原稿が、きれいに整理して保存してあった。

「自分の仕事（連載）を、生きた証しとして残したい。自費出版など何らかのかたちでまとめたい。でも、この通り自力では難しいので、協力してほしい。この病気になって以来、妻と子どもに大きな負担を掛けている。本が売れて、少しでも家計の足しになれば」

ただ、最近の出版事情が厳しいことは、岩橋さんも承知の通り。では、どうするか。いろんな方法を語り合った。電子出版なら、紙ベースよりお金が掛からないのではないか。あるいは、ブログを立ち上げ、過去の連載を順次アップしたらどうか。例えば、ブログの中でALS闘病生活を綴ったら、多くの人がアクセスし、同じくALSの患者の励みにもなるのでは……。「ところで、岩橋さんはALSを公表する気はありますか?」。この時点では「悩んでいる」とのことだった。

それから1年近くたった18年9月11日付くらし欄に、岩橋さんが大きく載った。見出しは「本の奥深さ伝え14年 ALSの闘病に専念 元書店員岩橋さん連載終了」。写真の岩橋さんは痩せこけていたが、すっきりした笑顔だった。連載終了の決断、そして、ALSをオープンにするという決断。この笑顔に至るまでには、並々ならぬ逡巡《しゅんじゅん》があったことだろう。

振り返ればこの記事の約2カ月前、岩橋さんは連載第220回(7月23日付)で、S・ホーキング著、池央耿訳、佐藤勝彦監修『ホーキング、自らを語る』を紹介していた。なぜ、このタイミングでホーキングだったのか。

「大学在学中にその兆候が現れ始めた宿痾《しゅくあ》は、徐々に彼の身体をむしばんでゆく。そして回復の困難な病であることを知った時の衝撃は、他人には計り知れないものだった。そんな中、彼を癒やしたのは、この頃知り合った女性、ジェインとの結婚だった。それを励みに、彼は研究にまい進することになる。…未開の野をゆくかのような先見性と行動力。不幸にして得た病をおしてなおやまない、過去と未来への挑戦。学生の皆さんに、ぜひとも勧めたい感動作だ」

岩橋さんの書きぶりに、深い感慨にとらわれる。ホーキングに自らを、そして妻への思いを重ね合わせ、奮い立たせようとしていたに違いない。

ALSの公表と連載終了の記事の反響は大きかった。本紙「声」欄には、「MOMOじろうさんへ」と題し、岩橋さんが盛岡市・さわや書店児童書専門店「MOMO」店長だった当時の思い出を振り返り、14年にわたる連載に感謝する投稿が寄せられた。「これからも可能な範囲で本の素晴らしさを伝える仕事、一緒にやりましょうよ！」とのエールも。だが、残された時間は、思いの外、短かった。

19年1月4日、岩橋さんからメールが来た。今度は、唐突に俳句がしたためられていた。病床で窓越しに冬空を眺めているであろう岩橋さん。正岡子規の『病牀六尺』が思い浮かんだ。その6日後、死去。一連の経緯を、本紙1面コラム「風土計」に書かせていただいた。

本紙「青春広場」で若者に本の魅力を伝える連載を続けた岩橋淳さんから1月4日、メールが来た。「冬空を吾《われ》に代わりて 翔べ烏《からす》」。「子規を思わせます」と返信。9日、「スマホ操作困難」とのメール。翌10日、58歳で死去した▼2017年、体に異変。筋萎縮性側索硬化症（ALS）だった。花巻市の自宅へお見舞いに行くと、動かぬ指で懸命にキーボードを1文字ずつ押し、原稿を書いていた▼文字通り、命を削って連載を続けた岩橋さん。その姿に、結核に冒され体の自由がきかなくなっても書き続けた正岡子規を連想した。昨秋の連載終了後も、折に触れて病状や本への思いをメールで寄せてくれた▼子規の最晩年の随筆は、俳論、歌論、病の苦しみ、時評、身辺雑記など多岐にわたる。中でもヒワ、カナリア、カラスなど鳥の描写は生気に満ちている。自由な精神の羽ばたきを、鳥に重ね合わせたのだろうか▼岩橋さんは連載最終回、次のように記した。「本との幸福な巡り合いは、いつの日か漕ぎ出す海原で、すぐれた羅針盤となるだろう。だから、若い人よ。精いっぱい感受性を磨き、本を読もう。出会うために」▼岩橋さんが紹介した数々の本を手掛かりに、若者は大きく羽ばたいてほしい。つらい時も、苦しい時も、いつだって本と一緒であれば、未来の可能性は広がるはずだ。（２０１９年1月18日付岩手日報「風土計」）

この「風土計」から思わぬ出会いが生まれた。一関市大東町の大東高校の鈴木勝博校長から、本社に手紙が届いた。かねて、岩橋さんの連載を愛読しており、「風土計」を読み、思いを同じくしたのだという。岩橋さんの訃報に際し、連載を生徒と共に読み返し、しっかりと心に焼き付けたい。大東町は少子高齢化、人口減が進んでいるが、小原書店という小さな本屋がある。全国的に「町の本屋さん」が相次ぎ姿を消しているが、大東町から本屋の文化の灯を消してはならない。生徒と共にこの問題について考え、本に触れる機会を増やしていきたい――。手紙には、こうした思いが綿々と綴られていた。

その後、大東高校生徒会誌『暁光』第13号（19年3月発行）も送っていただいた。特集「町に本屋さんのある幸せ～私たちは本屋さんの良さを忘れてませんか?～」は実に力がこもっていた。生徒会誌編集委員の生徒が、岩橋さんが連載に込めた思いを考察し、本屋が減ることに危機感を抱く林真理子さんの雑誌コラムも紹介。小原書店の店主のインタビューも読ませる。「学校帰りに10分あれば、小原書店に立ち読みに来ませんか！」との言葉を店主から引き出す取材力は、なかなかだ。特集のまとめでは「本屋さんを中心に、私たちが暮らす町について考えましょう。町から本屋の文化の灯を消すな！」と力強く結んだ。

さらに鈴木校長は、日本文化の広がりを目的に著名な文化人が集まり活動する「エンジン01文化戦略会議」(東京)に大東高への出張授業を依頼し、7月に実現。林真理子さん、綿矢りささん、古市憲寿さん、新潮社出版部長の中瀬ゆかりさんが同校を訪れて授業し、生徒たちが本との出会いの大切さや、町に本屋があるありがたさに理解を深めた。

岩橋さんの思いは、確かに受け継がれている。若者たちがいつの日か漕ぎ出す海原の羅針盤として。地域の文化の未来を考える礎として。

岩橋さんの連載終了から半年後の19年3月、本紙「青春広場」も幕を閉じた。1989(平成元)年に始まり、若い読者のイラストやポエム、メッセージを紹介するページだった。最終回の紙面には「一時代を駆け抜けた『青春広場』は終了します。長い間広場に親しみ、楽しい話題やイラストを投稿してくれたみんな、本当にありがとう。……3月はそれぞれのスタートライン。新しい未来に向かって歩き出そう!」とのメッセージが記された。

最後に、岩橋さんの連載の中で、個人的に最も印象深い本について触れさせていただく。第25回(2008年4月1日付)の岡崎京子著『ぼくたちは何だかすべて忘れてしまうね』。『pink』『リバーズ・エッジ』などの傑作漫画を次々世に送り出した岡崎は1996年、交通事故に遭い、長い療養生活に入る。その事故直前まで書き続けられた物語集だ。

私は岩橋さんに一度も、連載で紹介する本をリクエストしたことはないが、もしかするとこの時ばかりは、根っからの岡崎京子ファンである私への計らいだったかもしれない。

「岡崎がマンガ作品に投影し続けてきたテーマやモチーフが、無垢《むく》という糖衣をまといながら、語りっぱなし、ぽん、と放り出されている。…時は下り、時代の『気分』は、ようやく岡崎に追いついた」

たった数行を書くのに、岩橋さんはどれだけ、岡崎の一連の作品、さらには同時代や後の時代の漫画家たちの作品を読み込んだことだろう。ちょっと硬質な文体に、書評のプロとしてのプライドを感じる。

「いつだって本と一緒」が終わり、岩橋さんが亡くなり、「青春広場」も終わった。そういえば「青春」って何だったろう。振り返り、考えた。

子どもと大人の微妙な境目に、精いっぱい背伸びし、やみくもに本を読み、共感し、対峙し、世界を広げようともがいた日々。そして、そんな日々を忘れていくことが、大人になるということかもしれない。

「それにしてもぼくは何だかすぐすべて忘れてしまうなぁ。…傘なんか今までもう何十本も忘れてきたよ。…でも、ぼくの忘れてきた傘たちが誰か知らない人の役に立っているかと思うとやさしい気持ちになるよ」（岡崎京子『ぼくたちは何だかすべて忘れてしまうね』）

岩橋さんが自らの命を削りつつ紹介してくれた数々の本は、きっと、「傘」になってくれるはずだ。いつか、そのことに気づく日が来るだろう。私は、岩橋さんのことを忘れない。

黒田大介（くろだ・だいすけ）
1972年、宮城県石巻市生まれ。岩手大大学院人文社会科学研究科修了。98年4月、岩手日報社入社。学芸部記者などを経て、2014年4月から論説委員。

師匠　ありがとう。

岩崎千春

書店員として今があるのは岩橋さんのご指導のおかげです。

感謝と尊敬をこめて当時の記憶をたどりながら、ほんの一部ですがお伝えしたいと思います。

当時新人だった私はさわや書店本店で事務を担当していましたが、すぐ隣に児童書専門店ＭＯＭＯがオープンすることになり移動することになりました。

１階は児童書、二階はコミックのお店で岩橋さんは店長として着任されました。

児童書は専門知識ゼロの状態でしたので、出版社、読み聞かせをされているボランティアの方々、お客様、児童書の読書論や新刊などを読んで勉強をしました。

他書店との差別化・専門性に特化した棚作りを目指し、１階児童書では絵本グッズ・木の玩具を置き、２階コミックでは画材やＣＤ・ＤＶＤなど映像商品も取り扱うようにしました。

他には、キャラクターを募集したり、絵本講座を開催したり、ブッククラブも始めました。

また、原画展、サイン会、講演会などもできる限り行いました。

人気が出始めていた絵本作家さんや地元の作家さんにご協力いただき、原画の素晴らしさや作者さんの作品への思いなどを伝えることができたと思います。

一番記憶に残っているのは、コミックのイベントで岩手県盛岡市の商業施設サンビルのワンフロアを貸し切って、コミックの販売・声優さんとのゲームやトーク・講演会を開催したことです。とても大変でしたが、一番反響のあったイベントでした。

こういった企画・売場づくりは岩橋さん発案が多く、企画力・行動力に頭が下がる思いでした。

新聞で本を紹介するコーナーが始まったのも、このころからで、絵本・コミック・一般書も織り交ぜながら、締切に追われつつも楽しみながら原稿を書いていた様子でした。

お子様が誕生したこともあり、児童書へさらに力を注ぐようになり、「子どもが成長していくなかで絵本も必要ではないか？　手渡す場所が書店になるから選書選びは重要になる」とお話され、思い入れも強くなっていきました。

ネットなどでの購入する選択肢が広がっていったのもあり、さわや書店ＭＯＭＯが閉店することになりました。

その後ジュンク堂書店盛岡店に入社。

ジュンク堂書店盛岡店では岩橋さんはコミック担当や店長など、私は児童書・語学・学参担当となりました。

当時は2フロアで坪数もあるので商品点数も多く、仕事量も多く大変そうでしたが、試行錯誤して棚作りをしていました。

また、児童書に関わりたいという思いから、花巻図書館で読み聞かせのボランティアもこの頃から始めました。

そんな中、ALSになり、少しずつ動かなくなっていく指先でレジをこなしていましたが、症状が進むにつれて日々の業務が厳しくなりました。

退社後、入退院を繰り返していましたが、突然の訃報の知らせがきました。

覚悟はしておりましたが、やはりショックは大きかったです。

療養中、「書店員人生がこういう終わり方になるとは思っていなかった……」と呟いた時がありました。どう声を掛けていいかわからず困ったことを度々思い出します。

まだまだやりたいことがあった岩橋さんの思いを少しでも形にできるように、そして成長した姿をみてもらえるようにそんな思いを胸にして過ごしていきたいと思います。

岩崎千春（いわさき・ちはる）
1973年、岩手県生まれ。向中野学園高等学校（現・盛岡スコーレ高等学校）卒業後、さわや書店に就職。児童書専門店MOMOに異動。2006年、ジュンク堂書店盛岡店に再就職。現在に至る。

岩橋さんとの「時間」を取り戻す

落合昭彦

はじめに――岩橋さんへの手紙

岩橋さんが帰らぬ人となってから、早いものでもう1年以上が経ってしまいましたね。そして私たちが最後にご一緒する機会となった、花巻市立図書館のイベント「ぎんどろ公園　読書のつどい」からは2年が経とうとしています。あの時、公園でのビブリオバトル紹介デモンストレーションの出演者として、岩橋さんを推薦してしまったために体に無理をかけてしまったのではないかとずいぶん後悔しました。初夏ではありましたが、病院から車椅子に乗っての参加で、確か前日まで出演できるかどうか微妙な状況だったことを記憶しています。でも緑陰の特設ステージの岩橋さんはとても生き生きした表情でお客さんを引き込んでいましたね。紹介された本は、かつてご自身が店長を務めていた童話専門店の店名でもある「モモ」でした。

岩橋さんが手にした大島かおり訳の本の表紙には、「時間どろぼうと　ぬすまれた時間を人間にかえしてくれた女の子のふしぎな物語」と書かれています。当日はじっくり考えるゆとりがありませんでしたが、今思えば岩橋さんは難病と向き合いながら、自らの時間を取り戻すために、これ以上ふさわしい本はないというものを選んだのですね……。

それにつけても悔やまれるのは、イベントが終わった後にじっくりお話しする時間を作れなかったことです。モモの本の教えではありませんが、当時の私は自分の時間を生きていませんでした。そして今も、自分の時間をしっかり生きている確信が持てません。天国の岩橋さんは私の時間の使い方をどんな想いでご覧になっていることでしょう。

イベント後の岩橋さんは入退院を繰り返していたため、またメールのやり取りも多少はできていたため、病状はそれほど悪くなっていないと勝手に思い込んでいました。加えて私自身も忙しさにかまけて年が明けてしまい再びお話しする機会が作れませんでした。

私と岩橋さんとの時間

岩橋さん、私とのおつきあいは初めてラジオに出演していただいてからの七年弱の期間にすぎませんが、その前半の数年間はお酒の席でご一緒することもあり、私にとっては楽しい思い出となっています。でも岩橋さんはあまりに早く逝ってしまった。心から信頼するアニキのような友人として、もっともっとお話ししたかった。今はただ天国でゆっくりと読書三昧の時間を過ごしていただきたいと願うばかりです。（そして岩橋さんが岩手に来るきっかけとなったさわや書店の元カリスマ店長、伊藤清彦さんも、60代の若さで天国に召されてしまいました。私も取材でお世話になった方であり、伊藤さんについても心よりご冥福をお祈りいたします……）

私の手元には、岩橋さんが初めて私のラジオ番組にゲスト出演された時、ご本人の作ったメモが残っています。東日本大震災の翌年、平成24年11月のことでした。当時岩橋さんが関わっていた図書館ボランティアの読み聞かせ活動を通じて面識があったという、フリーパーソナリティ味園史湖さんの紹介です。

当日は15分という短い時間でしたが、お話は読み聞かせボランティアのやりがいや、花巻に住むことになった理由など多岐にわたりました。マイクに向かう岩橋さんは少々緊張した様子でしたが、一語一語を確認するようなしっかりとした語り口が印象に残っています。そして花巻市に居を構える理由を聞いた時、私は同じ東京出身のアイターン人間として心から共感しました。いわく「長男の誕生を機に今の家に移住し、自転車で温泉に通えるという夢の生活を手に入れました。豊かな自然と穏やかな人々、産直だぁすこの定食は炊きたてご飯がおかわり自由で感激しています……」等々。特に温泉が近くにあることの素晴らしさは、地元に生まれ育った人にはなかなか理解してもらえない大きな魅力です。私は番組を通じて一気に岩橋さんとの距離が縮まった思いがしました。

一方、本や読書についてはこんなことも話されていました。「東京時代から子どもと本の接点をいかに作るかが書店の責任であると思っていました。自分にも子どもができて、親としての視点の大切さを痛感。専門店（＝盛岡の童話専門書店ＭＯＭＯのこと）の閉店がきっかけで地元図書館との接点を持ちたいと考えるようになったのです。」

そして読み聞かせボランティアのイベントに参加した際のことについては「久々に、お話に食らいつく子どもの眼差しに触れ、初心に還る思いがしました。」と答えています。

また、好きな作家の話になった際は、柏葉幸子さん、澤口たまみさん、平谷美樹さんにはお世話になっていますと語る一方、宮沢賢治については「不勉強につき語る資格は一切ありません」と言い切っていたのも印象的でした。

トークの最後、ゲストに選んでもらうリクエスト曲は、斉藤由貴「のらねこ」をフルコーラスでお願いしますということでCDも自ら持参されました。なんでも有川浩の当時の新作「旅猫リポート」を読む際のテーマ曲だから……という理由が微笑ましかったです。

ラジオ出演の後、私たちはメールで連絡を取り合い、仕事のスケジュールを調整しては、花巻駅の周辺でお酒や食事を共にしました。とは言っても、岩橋さんは盛岡の書店を切り盛りする責任ある立場だったので終電で帰ってくることも多く、放送等の仕事で不規則な私のスケジュールと合わせるのはなかなか難しかったことも事実です。その機会はせいぜい年に三回もあればいい方でした。

お酒の席で岩橋さんと私は、お互いの職場の話から時事問題、また岩手に来るまでの経緯など、グラスを片手にありとあらゆることを話しました。岩橋さんはビールがお好きなようでしたが、私が美味しそうに岩手の地酒を飲んでいるといつも決まって途中から日本酒になりました。ただし真っ赤な顔になりながらもしゃべり方が全然変わらず、むしろ飲めば飲むほど会話を楽しむような表情をされていたことを覚えています。

そんな飲み会の翌日にいただいたメールのやり取りの記録が今でも残っています。平成26年の11月、私が「昨夜は遅くまで引きとめてしまった形で失礼いたしました。久々に飲んだ！　という感じでしたが、充実していたせいか今朝の目覚めはバッチリでしたよ。」と送ったのに対して、岩橋さんはこんな返事をくださいました。「こちらこそおつきあいいただきありがとうございました。久々なのか酒量が落ちたのか、はたまた体力不足だったのか、かなり酔っ払っていたようで、ところどころ記憶が飛んでおりました、お恥ずかしい。お話も積もり積もっていたこともあって飛び飛びのダイジェストになってしまっていたような……（中略）でも楽しかったということは間違いありません。世代や価値観の近さは重要であることを再認識した次第です。また、ちょいちょいお願いします。」

岩橋さんとの飲み会でひとつ特徴的だったのは、お会いするたびにその時お薦めの本を貸してくださったことです。乾杯の前後にかばんからおもむろに新書や単行本を取り出すと、ニコニコしながらその本の魅力を解説してくれました。私はその都度、この人はほんとうに本が好きなんだなあと実感しました。

岩橋さんの本を出す意義

別れは突然にやってきました。平成31年1月。岩橋さんの訃報は不覚にも新聞から知ることになったのです。私はそれから現在に至るまで、岩橋さんがいなくなったことを実感できていません。携帯電話の番号やメールアドレスは残っているし、フェイスブックのページもあります。北上の教会での葬儀にも出席しているのに、今だけ少しのあいだ会えなくなっているとしか思えない状態が続いているのです。岩橋さんの他界は私にとってそれほど唐突で意外なものでした。

心のどこかにぽっかり穴が空いてしまったような気持ちでいた時、皓星社の晴山社長からクラウドファンディングの代表になってくれないかというお話をいただきました。私はその本に寄稿を予定している方々のお名前を見て、私が代表を務めるなどとんでもないと思いましたが、晴山さんの熱意にも心を動かされ、最後はお受けすることにしました。

この本の中核を成す岩手日報における岩橋さんの連載は、いわゆる「書評」ではなく「読書ガイド」と言ったほうがふさわしいものです。その読者は紹介されている本に興味を持ち、書店で実際にページを繰りたくなるでしょう。そんな岩橋さんは日報連載の最終回の冒頭で「本との幸福な巡り合いは、いつの日か漕ぎ出す海原で、すぐれた羅針盤となるだろう。」と語っています。とても信念にあふれた素敵な表現ですよね……。もちろん本が全てではありませんが、今の若い世代にとって「羅針盤」と言えるものはいくつあるんだろうと考えると暗澹たる気持ちに支配されます。岩橋さんは古くて新しい「本」というツールの持つ力を確信していたのでしょう。願わくばこの本が書店や図書館などを通じて、なるべく多くの若い人の目に触れることになればいいなと思っています。

おわりに――再び岩橋さんへの手紙

岩橋さん、人の縁というものはとても不思議で偶然の産物だと思います。私たちが知り合いお別れをするまでの期間はわずか七年。もし岩橋さんが盛岡から花巻に転居してこなければ、また私が花巻のラジオ局に通うことがなければ、二人は知り合うこともなかったわけです。そして、私の番組に出演した後、お互い何となくしゃべり足りない様な気がしてお酒をご一緒する時間を共にしていなければ、数年後に図書館のイベントにお誘いする機会もなかったかもしれません。

岩橋さんとの出会いは確かに偶然だったかもしれないけれど、その後の岩橋さんとの時間は必然と言ってもいいものだったのではないか？　私は今そんな風に勝手に思ってしまっています。願わくば時々私の夢枕に登場していただき、あの頃の様にお酒を酌み交わしながらお話ししましょう。そして是非、あの頃の様にお薦めの本を教えて下さい！

困ったなあ、という表情で苦笑いする岩橋さんの顔が目に浮かびます。でも、約束ですよ！　岩橋さん……その時を楽しみにしています。

落合昭彦（おちあい・あきひこ）
1964年生まれ。東京都出身。都立立川高校、早稲田大学第一文学部を卒業後にテレビ東京報道局で記者、ディレクターを担当。アナウンサーとして1991年開局の岩手めんこいテレビに転職し盛岡移住。現在はFM花巻パーソナリティや司会、講師等を務める。

岩橋淳　紹介書籍一覧

※連載別の掲載順。現在では文庫化されている本もございますが、紹介時の情報を採用しました。

コレ知ってる?　「岩手日報」2004年4月～2005年3月

『ぼくの見た戦争　2003年イラク』高橋邦典（ポプラ社，2003）
『魔女の宅急便　その4　キキの恋』角野栄子（福音館書店，2004）
『あの樹に会いに行く』細川剛（山と渓谷社，2004）
『深呼吸の必要』長田弘（晶文社，1984）
『暁の円卓　第1巻　目覚めの歳月』ラルフ・イーザウ，酒寄進一 訳（長崎出版，2004）
『空飛ぶ馬』北村薫（創元推理文庫，1994）
『あたまにつまった石ころが』C・O・ハースト，千葉茂樹 訳（光村教育図書，2002）
『穴　HOLES』L・サッカー，幸田敦子 訳（講談社，1999）
『いのちの初夜』北條民雄（角川文庫，1970）
『絵で読む　広島の原爆』那須正幹 文，西村繁男 絵（福音館書店，1995）
『佐藤さん』片川優子（講談社，2004）
『バッテリー』あさのあつこ（教育画劇，1996）
『生まれたときから「妖怪」だった』水木しげる（講談社，2002）
『われらブレーブス人間　ドキュメント・「阪急」から「オリックス」へ』大倉徹也・田中正恭（菁柿堂，1989）
『李陵・山月記』中島敦（新潮文庫，2003）より「山月記」
『怪盗道化師』はやみねかおる（講談社文庫，2002）
『魔法使いハウルと火の悪魔』ダイアナ・ウィン・ジョーンズ，西村醇子 訳（徳間書店，2001）
『どろぼうの神さま』コルネーリア・フンケ，細井直子 訳（WAVE出版，2002）
『燃えよ剣』司馬遼太郎（新潮文庫，1972）
『幸福な王子』オスカー・ワイルド，西村孝次 訳（新潮文庫，2003）
『野菊の墓』伊藤左千夫（新潮文庫，1955）
『愛と死をみつめて　ある純愛の記録』大島みち子，河野実（大和書房，2004）
『熱烈応援!スポーツ天国』最相葉月（ちくまプリマー新書，2005）
『虫のつぶやき聞こえたよ』澤口たまみ（白水uブックス，1994）
『不登校，選んだわけじゃないんだぜ!』（よりみちパン!セ）貴戸理恵・常野雄次郎（理論社，2005）
『モモ　時間どろぼうとぬすまれた時間を人間にとりかえしてくれた女の子のふしぎな物語』M・エンデ，大島かおり 訳（岩波書店，2001）

U-18読書の旅　「岩手日報」2005年4月～2006年3月

『ケストナー　ナチスに抵抗し続けた作家』K・コードン，那須田淳・木本栄 訳（偕成社，1999）
『夕凪の街　桜の国』こうの史代（双葉社，2004）
『さぶ』山本周五郎（新潮文庫，2002）
『風神秘抄』荻原規子（徳間書店，2005）
『人の砂漠』沢木耕太郎（新潮文庫，2002）
『びんぼう自慢』古今亭志ん生（ちくま文庫，2005）
『なんじゃもんじゃ博士　ハラハラ編，ドキドキ編』長新太（福音館書店，2003）
『風に吹かれて』五木寛之（集英社文庫，1977）
『漫画家残酷物語』永島慎二（ふゅーじょんぷろだくと，2003）
『がむしゃら1500キロ　わが青春の門出』浮谷東次郎（ちくま文庫，1990）
『お菓子放浪記』西村滋（講談社文庫，2005）

『新編　綴方教室』豊田正子，山住正巳 編（岩波書店，1995）
『チョコレート工場の秘密』R・ダール，柳瀬尚紀 訳（評論社，2005）
『強くて淋しい男たち』永沢光雄（ちくま文庫，2002）
『せかいでいちばんつよい国』D・マッキー，なかがわちひろ 訳（光村教育図書，2005）
『春の雪　豊饒の海（一）』三島由紀夫（新潮文庫，2002）
『こちら本の探偵です』赤木かん子（ちくま文庫，2005）
『宝島』R・L・スティーブンソン，稲沢秀夫 訳（新潮文庫，1970）
『サンタクロースっているんでしょうか?』中村妙子 訳，東逸子 絵（偕成社，1977）
『坊っちゃん』夏目漱石（岩波文庫，2003）
『あの頃マンガは思春期だった』夏目房之介（ちくま文庫，2000）
『三陸海岸大津波』吉村昭（文春文庫，2004）
『津軽』太宰治（新潮文庫，2004）
『はてしない物語』M・エンデ，上野真而子・佐藤真理子 訳（岩波少年文庫，2000）
『おんなのことば』茨木のり子（童話屋，1994）

いつだって本と一緒　「岩手日報」2007 年 4 月～ 2018 年 9 月

『春は鉄までが匂った』小関智弘（ちくま文庫，2004）
『失われた森厳　富良野風話』倉本聰（理論社，2006）
『少女ファイト』日本橋ヨヲコ（講談社，2006 年～）
『包帯クラブ』天童荒太（ちくまプリマー新書，2006）
『新選組始末記』子母澤寛（中公文庫，1981）
『あのころの未来　星新一の予言』最相葉月（新潮文庫，2005）
『W3』手塚治虫（1989 年 講談社，1995 年 秋田書店，）
『青春を山に賭けて』植村直巳（文春文庫，1977）
『ウルトラマン誕生』実相寺昭雄（ちくま文庫，2006）
『最後の言葉　戦場に遺された二十四万字の届かなかった手紙』重松清・渡辺考（講談社文庫，2007）
『もの食う人びと』辺見庸（角川文庫，1997）
『今夜，すべてのバーで』中島らも（講談社文庫，1994）
『蝉時雨のやむ頃　海街 Diary 1』吉田秋生（小学館，2007）
『月の砂漠をさばさばと』北村薫（新潮文庫，2002）
『鉄塔　武蔵野線』銀林みのる（SB 文庫，2007）
『壊れる日本人　ケータイ・ネット依存症への告別』柳田邦男（新潮文庫，2007）
『K』谷口ジロー 画，遠崎史朗 作（双葉社，1993）
『あやしげ通販』そのだつくし（講談社，2006 年～）
『陰翳礼讃』谷崎潤一郎（中公文庫，1995）
『この世界の片隅に（上巻）』こうの史代（双葉社，2008）
『ニシノユキヒコの恋と冒険』川上弘美（新潮文庫，2006）
『黄金の羅針盤』P・プルマン，大久保寛 訳（新潮文庫，2003）
『邂逅の森』熊谷達也（文春文庫，2006）
『迷走王　ボーダー』狩撫麻礼，たなか亜希夫 画（双葉社，2008 年～）
『ぼくたちは何だかすべて忘れてしまうね』岡崎京子（平凡社，2004）
『阪急電車』有川浩（幻冬舎，2008）
『ターシャ・テューダーの言葉　思うとおりに歩めばいいのよ』ターシャ・テューダー 作，食野雅子 訳（メディアファクトリー，2002）
『壬生義士伝』浅田次郎 原作，ながやす巧 漫画（角川書店，2008）
『幼年期の終り』アーサー・C・クラーク，福島正実 訳（ハヤカワ文庫，1974）
『悪童日記』アゴタ・クリストフ，掘茂樹 訳（ハヤカワ epi 文庫，2001）
『蟹工船・党生活者』小林多喜二（新潮文庫，2003）より「蟹工船」

『下山事件　最後の証言　完全版』柴田哲考（祥伝社文庫，2007）
『名作マンガの間取り』影山明仁（ソフトバンククリエイティブ，2008）
『失敗の本質　日本軍の組織論的研究』戸部良一ほか（中公文庫，1991）
『漫画に愛を叫んだ男たち』長谷邦夫（清流出版，2004）
『イチロー，聖地へ』石田雄太（文春文庫，2005）
『セント・メリーのリボン』稲見一良（光文社文庫，2006）
『初秋』ロバート・B・パーカー，菊池光 訳（ハヤカワ・ミステリ文庫，1988）
『まんが道』藤子不二雄Ⓐ（ブッキング，2004）
『奇跡のリンゴ 「絶対不可能」を覆した農家木村秋則の記録』石川拓治（幻冬舎，2008）
『おひとり様物語　story of herself』谷川史子（講談社，2008）
『幕末・南部藩大一揆　白赤だすき　小○の旋風』後藤竜二（新日本出版社，2008）
『ルポ・生活再建』横幕智裕（東洋経済新報社，2008）
『劇画漂流』辰巳ヨシヒロ（青林工藝舎，2008）
『モーターサイクル・ダイアリーズ』エルネスト・チェ・ゲバラ，棚橋加奈江 訳（角川文庫，2004）
『信長の棺』加藤廣（文春文庫，2008）
『スポーツマン金太郎』寺田ヒロオ（パンローリング／マンガショップ，2009）
『史実を歩く』吉村昭（文春文庫，2008）
『一握の砂・悲しき玩具』石川啄木（新潮文庫，1952）
『大きな木のような人』いせひでこ（講談社，2009）
『劒岳〈点の記〉』新田次郎（文春文庫，2006）
『きりぎりす』太宰治（新潮文庫，1974）より「畜犬談」
『三人噺　志ん生・馬生・志ん朝』美濃部美津子（文春文庫，2005）
『秘密の本棚　漫画と，漫画の周辺』いしかわじゅん（小学館クリエイティブ，2009）
『羆撃ち』久保俊治（小学館，2009）
『オバケのQ太郎①（藤子・F・不二雄大全集）』藤子・F・不二雄・藤子不二雄Ⓐ（小学館，2009）
『決定版　日本のいちばん長い日』半藤一利（文春文庫，2006）
『コーヒーもう一杯』山川直人（エンターブレイン，2005）
『宮澤賢治　あるサラリーマンの生と死』佐藤竜一（集英社新書，2008）
『それでも，日本人は「戦争」を選んだ』加藤陽子（朝日出版社，2009）
『古寺巡礼』和辻哲郎（岩波文庫，1979）
『ロスト・トレイン』中村弦（新潮社，2009）
『豆腐屋の四季　ある青春の記録』松下竜一（講談社文庫，2009）
『深夜食堂』安倍夜郎（小学館，2007）
『奇跡の湯　玉川温泉の整体師　余命と向きあう人たちにささげる笑顔の一時間』小川哲男（朝日新聞出版，2009）
『ジャングル大帝（漫画少年版）』手塚治虫（小学館クリエイティブ，2009）
『谷は眠っていた　富良野塾の記録』倉本聰（理論社，1989）
『日本の放浪芸（オリジナル版）』小沢昭一（岩波文庫，2006）
『聞き書き　知られざる東北の技』野添憲治（荒蝦夷，2009）
『第一阿房列車』内田百閒（新潮文庫，2003）
『にあんちゃん』安本末子（角川文庫，2010）
『竜馬がゆく』司馬遼太郎（文春文庫，1998）
『ちょっとピンぼけ』ロバート・キャパ，川添浩史・井上清一 訳（文春文庫，1981）
『青葉繁れる』井上ひさし（文春文庫，2008）
『上京花日　花田貫太郎の単身赴任・東京』いわしげ孝（小学館，2008年～）
『水木しげるの遠野物語』柳田国男（原作），水木しげる（小学館，2010）
『オン・ザ・ロード』J・ケルアック，青山南 訳（河出書房新社，2010）
『MM9』山本弘（創元SF文庫，2010）
『いまも，君を想う』川本三郎（新潮社，2010）
『野火』大岡昇平（新潮文庫，1954）
『ボクの手塚治虫せんせい』古谷三敏（双葉社，2010）

『怪獣人生　元祖ゴジラ俳優・中島春雄』中島春雄（洋泉社，2010）
『イーハトーブ農学校の賢治先生』魚戸おさむ，佐藤成 原案・監修（小学館，2010）
『空が青いから白をえらんだのです』受刑者 詩，寮美千子 編（長崎出版，2010）
『原節子　あるがままに生きて』貴田庄（朝日文庫，2010）
『どこかで誰かが見ていてくれる　日本一の斬られ役・福本清三』福本清三，小田豊二 聞き書き（集英社文庫，2003）
『漂流巌流島』高井忍（創元推理文庫，2010）
『砂の剣』比嘉憑（青林工藝舎，2010）
『オレゴンの旅』ラスカル，L・ジョス 絵，山田兼士 訳（セーラー出版，1995）
『つづきの図書館』柏葉幸子，山本容子 絵（講談社，2010）
『特撮　円谷組　ゴジラと，東宝特撮にかけた青春』東宝ゴジラ会（洋泉社，2010）
『GIANT KILLING』ツジトモ綱本将也 原案（講談社，2007）
『南海ホークスがあったころ　野球ファンとパ・リーグの文化史』永井良和・橋爪紳也（河出文庫，2010）
『流れる星は生きている』藤原てい（中公文庫，2002）
『ある小さなスズメの記録』C．キップス，梨木香歩 訳（文藝春秋社，2010）
『地図で読む戦争の時代　描かれた日本，描かれなかった日本』今尾恵介（白水社，2011）
『どうらく息子』尾瀬あきら（小学館，2011）
『ペチカはぼうぼう　猫はまんまる』やえがしなおこ，篠崎三朗 絵（ポプラ社，2008）
『昭和歌謡（勝手に）ベストテン』宝泉薫編著（彩流社，2009）
『ぼくは本屋のおやじさん』早川義夫（晶文社，1982）
『武士道シックスティーン』誉田哲也（文春文庫，2010）
『ドリトル先生アフリカゆき』H・ロフティング，井伏鱒二 訳（岩波少年文庫，2001）
『冒険者たち　ガンバと15ひきの仲間』斎藤惇夫，藪内正幸 画（岩波少年文庫，2000）
『戦後少女マンガ史』米沢嘉博（ちくま文庫，2007）
『山口百恵　赤と青とイミテイション・ゴールドと』中川右介（朝日文庫，2012）
『地雷を踏んだらサヨウナラ』一ノ瀬泰造（講談社文庫，1985）
『戦争を取材する　子どもたちは何を体験したのか』山本美香（講談社，2011）
『旅猫リポート』有川浩（文藝春秋，2012）
『10分あれば書店に行きなさい』齋藤孝（メディアファクトリー新書，2012）
『藪の奥　眠る義経秘宝』平谷美樹（講談社文庫，2012）
『一冊の本をあなたに　3・11 絵本プロジェクトいわての物語』歌代幸子（現代企画室，2013）
『ゴジラ誕生物語』山口理（文研出版，2013）
『歴史の愉しみ方　忍者・合戦・幕末史に学ぶ』磯田道史（中央公論新社，2012）
『14 歳の君へ　どう考えどう生きるか』池田晶子（毎日新聞社，2006）
『ママ、ごはんまだ?』一青妙（講談社，2013）
『銀の匙　Silver Spoon』荒川弘（小学館，2011）
『自選　谷川俊太郎詩集』谷川俊太郎（岩波文庫，2013）
『サエズリ図書館のワルツさん』紅玉いづき（星海社，2012）
『ヒトに問う』倉本聰（双葉社，2013）
『はじまりのはる』端野洋子（講談社，2013）
『地震と独身』酒井順子（新潮社，2014）
『どんな小さなものでもみつめていると宇宙につながっている　詩人まど・みちお100歳の言葉』まど・みちお（新潮社，2010）
『あのとき，この本』「この絵本が好き!」編集部編，こうの史代漫画（平凡社，2014）
『野川』長野まゆみ（河出文庫，2014）
『空白の戦記』吉村昭（新潮文庫，2005）
『ダイホンヤ』とり・みき・田北鑑生（早川書房，2002）
『太宰治　新潮日本文学アルバム』（新潮社，1983）
『おおかみだってきをつけて』重森千佳（フレーベル館，2014）
『伊福部昭の音楽史』木部与巴仁（春秋社，2014）

『侏儒の言葉』芥川龍之介（文春文庫，2014）
『平和をわれらに！漫画が語る戦争』水木しげる・手塚治虫・藤子・F・不二雄・石ノ森章太郎（小学館クリエイティブ，2014）
『キシャツー』小路幸也（河出文庫，2014）
『カボチャの冒険』五十嵐大介（竹書房，2007）
『赤毛のアン』L・M・モンゴメリ，村岡花子 訳（新潮文庫，2008）
『私立霊界高校　RYOMA 召喚』楠木誠一郎（講談社，2014）
『ご先祖様はどちら様』高橋秀実（新潮文庫，2014）
『街場の戦争論』内田樹（ミシマ社，2014）
『あなたに褒められたくて』高倉健（集英社文庫，1993）
『ドミトリーともきんす』高野文子（中央公論新社，2014）
『なぜ時代劇は滅びるのか』春日太一（新潮新書，2014）
『三人娘は笑うて暮らす』朝陽昇（小学館，2014）
『絵本いのちをいただく　みいちゃんがお肉になる日』坂本義喜 原案，内田美智子 作，魚戸おさむとゆかいななかまたち 絵（講談社，2013）
『MAPS　新・世界図絵』A・ミジェリンスカ・D・ミジェリンスキ（徳間書店，2014）
『14 歳の子を持つ親たちへ』内田樹，名越康文（新潮新書，2005）
『すてきな三にんぐみ』T・アンゲラー，いまえよしとも 訳（偕成社，1989）
『君たちはどう生きるか』吉野源三郎（岩波文庫，1982）
『心に太陽を持て』山本有三編著（新潮文庫，2003）
『怪獣博士！大伴昌司「大図解」画報』堀江あき子編（河出書房新社，2012）
『ペロー童話集』天沢退二郎 訳（岩波少年文庫，2003）
『多読術』松岡正剛（ちくまプリマー新書，2009）
『新選組血風録』司馬遼太郎（角川文庫，2003）
『れるられる』最相葉月（岩波書店，2015）
『逢沢りく』ほしよりこ（文藝春秋，2014）
『ぼくらの民主主義なんだぜ』高橋源一郎（朝日新書，2015）
『愛しき高校生へ　授業の外のメッセージ』畠山政文（盛岡出版コミュニティー，2015）
『思い出袋』鶴見俊輔（岩波新書，2010）
『とんぼとんぼ　あかとんぼ』澤口たまみ，サイトウマサミツ 絵（福音館書店，2015）
『机の上の仙人―机上庵志異』佐藤さとる（ゴブリン書房，2014）
『今日を歩く』いがらしみきお（小学館，2015）
『親父衆』大友克洋・寺田克也 ほか（集英社，2015）
『「魅せる声」のつくり方　3 大新理論があなたの印象を変える』篠原さなえ（講談社，2012）
『ヨーコさんの〝言葉〟』佐野洋子 文，北村裕花 絵（講談社，2015）
『ねぼけ人生』水木しげる（ちくま文庫，1999）
『本を読むということ　自分が変わる読書術』永江朗（河出文庫，2015）
『カラス狂騒曲　行動と生態の不思議』今泉忠明（東京堂出版，2004）
『おそ松くん』赤塚不二夫（竹書房文庫，2001）
『遠野物語』柳田國男 原作，柏葉幸子 編著，田中六大 絵（偕成社，2016）
『〝いのち〟のすくいかた　捨てられた子犬、クウちゃんからのメッセージ』児玉小枝（集英社みらい文庫，2015）
『ゴーガイ！　岩手チャグチャグ新聞社　明日へ』飛鳥あると（講談社，2016）
『小泉今日子書評集』小泉今日子（中央公論新社，2015）
『神々の山嶺』夢枕獏（集英社文庫，2000）
『地名の楽しみ』今尾恵介（ちくまプリマー新書，2016）
『おひとり様物語』谷川史子（講談社，2008）
『LINE で子どもがバカになる　「日本語」大崩壊』矢野耕平（講談社＋α新書，2016）
『回想の太宰治』津島美知子（講談社文芸文庫，2008）
『ルドルフとイッパイアッテナ』斉藤洋（講談社文庫，2016）
『国家を考えてみよう』橋本治（ちくまプリマー新書，2016）

『天と地の方程式』富安陽子（講談社，2015）
『「ゴジラ」とわが映画人生』本多猪四郎（ワニブックス〈plus〉新書，2010）
『本へのとびら―岩波少年文庫を語る』宮崎駿（岩波新書，2011）
『森荘已池ノート　新装再刊　ふれあいの人々　宮澤賢治』森荘已池（盛岡出版コミュニティー，2016）
『赤ちゃんネコのすくいかた　小さな〝いのち〟を守る，ミルクボランティア』児玉小枝（集英社みらい文庫，2016）
『震災編集者　東北のちいさな出版社〈荒蝦夷〉の５年間』土方正志（河出書房新社，2016）
『ぼくがぼくであること』山中恒（岩波少年文庫，2001）
『よろこびのうた』ウチヤマユージ（講談社，2016）
『クルミわりとネズミの王さま』ホフマン，上田真而子 訳（岩波文庫，2000）
『おとなになるってどんなこと？』吉本ばなな（ちくまプリマー新書，2015）
『難民高校生　絶望社会を生き抜く「私たち」のリアル』仁藤夢乃（ちくま文庫，2016）
『紛争・対立・暴力　世界の地域から考える』西崎文子，武内進一編著（岩波ジュニア新書，2016）
『カネを積まれても使いたくない日本語』内館牧子（朝日新書，2013）
『二十歳の原点』高野悦子（新潮文庫，2003）
『父の暦』谷口ジロー（小学館，1995）
『知的生活習慣』外山滋比古（ちくま新書，2015）
『青春の蹉跌』石川達三（新潮文庫，1971）
『聞き書き　築地で働く男たち』小山田和明（平凡社新書，2010）
『アームストロング　宙飛ぶネズミの大冒険』T・クールマン，金原瑞人 訳（ブロンズ新社，2017）
『カエルのおでかけ』高畠那生（フレーベル館，2013）
『文庫解説ワンダーランド』斎藤美奈子（岩波新書，2017）
『正直』松浦弥太郎（河出文庫，2017）
『さがしています』A・ビナード，岡倉禎志 写真（童心社，2012）
『高校図書館デイズ　生徒と司書の本をめぐる語らい』成田康子（ちくまプリマー新書，2017）
『おじいちゃんとパン』たな（パイ　インターナショナル，2017）
『ニライカナイの空で』上野哲也（講談社文庫，2003）
『思い出は満たされないまま』乾緑郎（集英社文庫，2017）
『ことば汁』小池昌代（中公文庫，2012）
『龍馬史』磯田道史（文春文庫，2013）
『人生を豊かにする学び方』汐見稔幸（ちくまプリマー新書，2017）
『サンタクロースのしろいねこ』S・ステイントン，A・モーティマー 絵，まえざわあきえ 訳（徳間書店，2003）
『霧のむこうのふしぎな町』柏葉幸子，杉田比呂美 絵（青い鳥文庫，2008）
『ペチカはぼうぼう　猫はまんまる』やえがしなおこ，茂苅恵 絵（ポプラ社文庫，2017）
『ひとがた流し』北村薫（新潮文庫，2009）
『木挽町月光夜咄』吉田篤弘（ちくま文庫，2015）
『年はとるな』土屋賢二（文春文庫，2017）
『子どもが教えてくれました　ほんとうの本のおもしろさ』安井素子（偕成社，2009）
『仁義なき幕末維新』菅原文太・半藤一利（文春文庫，2017）
『私の恋人』上田岳弘（新潮文庫，2018）
『森と氷河と鯨　ワタリガラスの伝説を求めて』星野道夫（文春文庫，2017）
『あさになったのでまどをあけますよ』荒井良二（偕成社，2011）
『埠頭三角暗闇市場』椎名誠（講談社文庫，2017）
『ホーキング，自らを語る』S・ホーキング，池央耿 訳，佐藤勝彦 監修（あすなろ書房，2014）
『夜想曲集　音楽と夕暮れをめぐる五つの物語』カズオ・イシグロ，土屋政雄 訳（ハヤカワepi 文庫，2011）
『針がとぶ　Goodbye Porkpie Hat』吉田篤弘（中公文庫，2013）

おとうさん、絵本です 「盛岡タイムス」2004年4月～2012年10月

『スモウマン』中川ひろたか 文，長谷川義史 画（講談社，2002）
『ねぎぼうずのあさたろう』飯野和好（福音館書店，1999）
『おとうさんはウルトラマン』にしみやたつや（学習研究社，1996）
『ぼちぼちいこか』M・セイラー 作，R・グロスマン 絵，いまえよしとも 訳（偕成社，1980）
『もこ　もこもこ』たにかわしゅんたろう 作，もとながさだまさ 絵（文研出版，1977）
『こんにちは　どうぶつたち』とだきょうこ 案，さとうあきら 写真（福音館書店，1998）
『はらぺこ　あおむし』エリック=カール，もりひさし訳（偕成社，1976）
『しろくまちゃんのほっとけーき』わかやまけん（こぐま社，1972）
『いない　いない　ばあ』松谷みよ子 文，瀬川康男 画（童心社，1967）
『ふかふか　えほん　シリーズ』ルーシー・カズンズ（偕成社，1993）
『きんぎょが　にげた』五味太郎（福音館書店，1982）
『とうさんおはなしして』A・ローベル，三木卓 訳（文化出版局，1973）
『ひとまねこざる』H・A・レイ，光吉夏弥 訳（岩波書店，1954）
『あおくんときいろちゃん』レオ・レオーニ，藤田圭雄 訳（至光社，1967）
『どろんこハリー』E・ジオン 文，M・B・グレアム 絵，わたなべしげお 訳（福音館書店，1964）
『わたしのワンピース』にしまきかやこ（こぐま社，1969）
『あさえとちいさいいもうと』筒井頼子 作，林明子 絵（福音館書店，1982）
『ラチとらいおん』マレーク・ベロニカ，とくながやすもと訳（福音館書店，1965）
『11ぴきのねこ』馬場のぼる（こぐま社，1967）
『おおきくなるっていうことは』中川ひろたか 文，村上康成 絵（童心社，1999）
『ようこそうみへ』中川ひろたか 文，村上康成 絵（童心社，2003）
『なつのいちにち』はたこうしろう（偕成社，2004）
『ぐるんぱのようちえん』西山ミナミ作，堀内誠一 絵（福音館書店，1966）
『ロシア民話　おおきなかぶ』A・トルストイ採話，内田莉莎子 訳，佐藤忠良 絵（福音館書店，1966）
『しょうぼうじどうしゃじぷた』渡辺茂男 作，山本忠敬 絵（福音館書店，1966）
『北欧民話　三びきのやぎのがらがらどん』M・ブラウン絵，せたていじ訳（福音館書店，1965）
『14ひきのおつきみ』いわむらかずお（童心社，1988）
『さる・るるる』五味太郎（絵本館，1979）
『だるまちゃんとてんぐちゃん』加古里子（福音館書店，1967）
『からすのパンやさん』かこさとし（偕成社，1973）
『ふたりはともだち』A・ローベル，三木卓 訳（文化出版局，1972）
『ごろごろにゃーん』長新太（福音館書店，1984）
『キャベツくん』長新太（文研出版，1980）
『すてきな三にんぐみ』T・アンゲラー，いまえよしとも訳（偕成社，1969）
『ちいさいおうち』V・L・バートン，石井桃子 訳（岩波書店，1965）
『ともだちや』内田麟太郎 作，降矢なな絵（偕成社，1998）
『これはのみのぴこ』谷川俊太郎 作，和田誠 絵（サンリード，1979）
『バムとケロのさむいあさ』島田ゆか（文溪堂，1996）
『はたらきもののじょせつしゃけいてぃー』V・L・バートン，石井桃子 訳（福音館書店，1962）
『寿限無』斎藤孝 文，工藤ノリコ絵（ぽるぷ出版，2004）
『みんなうんち』五味太郎（福音館書店，1977）
『おばけのてんぷら』せなけいこ（ポプラ社，1976）
『しんせつなともだち』方軼羣 作，君島久子 訳，村山知義 画（福音館書店，1987）
『さるのせんせいとへびのかんごふさん』穂高順也 文，荒井良二 絵（ビリケン出版，1999）
『ライオンのよいいちにち』あべ弘士（佼成出版社，2001）
『どうぶつえん物語』あべ弘士（絵本館，1994）
『どうぶつさいばん　ライオンのしごと』竹田津実 作，あべ弘士 絵（偕成社，2004）
『ふゆめがっしょうだん』冨成忠夫・茂木透 写真，長新太 文（福音館書店，1990）

『はなをくんくん』R・クラウス文，M・シーモント絵，きじまはじめ訳（福音館書店，1967）
『はるのやまはザワザワ』村上康成（徳間書店，1992）
『わすれられないおくりもの』S・バーレイ，小川仁央 訳（評論社，1986）
『でんしゃがくるよ!』S・ヴォーグ作，竹下文子 訳（偕成社，1998）
『私が学校に行かなかったあの年』G・ポター，おがわえつこ訳（セーラー出版，2004）
『ねないこだれだ』せなけいこ（福音館書店，1969）
『ゆうちゃんのみきさーしゃ』村上祐子 作，片山健 絵（福音館書店，1968）
『でんしゃえほん』井上洋介（ビリケン出版，2000）
『ぶたのたね』佐々木マキ（絵本館，1989）
『うみをあげるよ』山下明生 作，村上勉 絵（偕成社，1999）
『よるのようちえん』谷川俊太郎 文，中辻悦子 絵・写真（福音館書店，1998）
『まっくろネリノ』H・ガルラー作，やがわすみこ訳（偕成社，1973）
『いろいろへんないろのはじまり』A・ローベル，まきたまつこ 訳（冨山房，1975）
『おとうさんがおとうさんになった日』長野ヒデ子（童心社，2002）
『おじいちゃんのおじいちゃんのおじいちゃんのおじいちゃん』長谷川義史（BL 出版，2000）
『ちへいせんのみえるところ』長新太（ビリケン出版，1998）
『わにわにのおふろ』小風さち 作，山口マオ 絵（福音館書店，2000）
『がんばる!たまごにいちゃん』あきやまただし（鈴木出版，2003）
『コーネリアス　たってあるいたわにのはなし』レオ＝レオーニ，谷川俊太郎 訳（好学社，1983）
『しずくのぼうけん』M・テルリコフスカ作，B・ブテンコ絵，うちだりさこ訳（福音館書店，1969）
『そらいろのたね』なかがわりえこ文，おおむらゆりこ絵（福音館書店，1964）
『めっきらもっきら　どおんどん』長谷川摂子 作，ふりやなな絵（福音館書店，1985）
『かいじゅうたちのいるところ』M・センダック，じんぐうてるお訳（冨山房，1975）
『じごくのそうべえ　桂米朝・上方落語・地獄八景より』たじまゆきひこ（童心社，1978）
『ピッツァぼうや』W・スタイグ，木坂涼 訳（セーラー出版，2000）
『しっぺいたろう』香山美子 文，太田大八 画（教育画劇，2000）
『おおきな、お・お・き・いテックス』C・マシュレル文，わきやまはなこ絵，長友恵子 訳（文化出版局，2000）
『ぼくのちいさなせんちょうさん』C・ムニョス，山口文生 訳（評論社，2000）
『まじめなフレッドおじさん』T・イーガン，もきかずこ訳（ソニー・マガジンズ，2005）
『とべバッタ』田島征三（偕成社，1988）
『きんぎょのうんどうかい』高部晴市（フレーベル館，2001）
『ねずみくんのちょっき』なかえよしお 作，上野紀子 絵（ポプラ社，1974）
『うんちっち』S・ブレイク，ふしみみさを訳（PHP 研究所，2005）
『うんちしたのはだれよ!』W・ホルツヴァルト文，W・エールブルッフ絵，関口裕昭 訳（偕成社，1993）
『そのつもり』荒井良二（講談社，1997）
『ヘイスタック』B・ガイサート文，A・ガイサート絵，久美沙織 訳（BL 出版，1998）
『かあさんまだかな』イ・テジュン文，キム・ドンソン絵，チョン・ミヘ訳（フレーベル館，2005）
『きつねのおふろ』国松エリカ（偕成社，1995）
『ゆきがふったら』R・ボンド，さくまゆみこ訳（偕成社，2005）
『はなをほじほじいいきもち』D・K・フリッシュ，たかはしようこ訳（偕成社，1997）
『さむがりやのサンタ』R・ブリッグズ，すがわらひろくに訳（福音館書店，1974）
『十二支のお節料理』川端誠（BL 出版，1999）
『てぶくろ　ウクライナ民話』E・M・ラチョフ絵，うちだりさこ訳（福音館書店，1965）
『月人石』乾千恵 書，谷川俊太郎 文，川島敏生 写真（福音館書店，2003）
『きょうはソンミのうちでキムチをつけるひ!』チェ・インソン文，パン・ジョンファ絵，ピョン・キジャ訳（セーラー出版，2005）
『おじいちゃんがおばけになったわけ』K・F・オーカソン文，E・エリクソン絵，菱木晃子 訳（あすなろ書房，2005）
『きはなんにもいわないの』片山健（学習研究社，2005）
『ねむれないの?ちいくまくん』M・ワッデル文，B・ファース絵，角野栄子 訳（評論社，1991）

『雪窓』安房直子 作，山本孝 絵（偕成社，2006）
『しあわせの石のスープ』J・J・ミュース，三木卓 訳（フレーベル館，2005）
『ぼくんちカレーライス』つちだのぶこ（佼成出版社，2005）
『100 万回生きたねこ』佐野洋子（講談社，1977）
『みんなともだち』中川ひろたか 文，村上康成 絵（童心社，1998）
『ラヴ・ユー・フォーエバー』R・マンチ，乃木りか訳，梅田俊作 絵（岩崎書店，1997）
『おじいさんの旅』A・セイ（ほるぷ出版，2002）
『とにかくさけんでにげるんだ　わるい人から身をまもる本』B・ボガホールド，安藤由紀 訳，河原まり子 絵（岩崎書店，1999）
『いちねんせい』谷川俊太郎 詩，和田誠 絵（小学館，1988）
『ぶたのぶたじろうさんは、みずうみへしゅっぱつしました。』内田麟太郎 作，スズキコージ 絵（クレヨンハウス，2006）
『ずーっとずっとだいすきだよ』H・ウィルヘルム，久山太市 訳（評論社，1988）
『じいじのさくら山』松成真理子（白泉社，2005）
『せんたくかあちゃん』さとうわきこ（福音館書店，1982）
『はたけしごとにとりかかろう』J・ホルブ文，H・ナカタ絵，しみずなおこ訳（評論社，2006）
『おじいちゃんは水のにおいがした』今森光彦（偕成社，2006）
『バスラの図書館員　イラクで本当にあった話』J・ウィンター，長田弘 訳（晶文社，2006）
『ねこのなまえ』いとうひろし（徳間書店，2006）
『アンジェロ』D・マコーレイ，千葉茂樹 訳（ほるぷ出版，2006）
『ふようどのふよこちゃん』飯野和好（理論社，2005）
『うちのパパが世界でいちばん！　パパのつかいかた 33』H・ジィーフェルト文，A・ハーレイ絵，きむらゆういち訳（くもん出版，2005）
『うみキリン』あきやまただし（金の星社，1996）
『しんた、ちょうたのすっとび！かごどうちゅう』飯野和好（学習研究社，2006）
『青いヤドカリ』村上康成（徳間書店，2001）
『海のおっちゃんになったぼく』なみかわみさき文，黒井健 絵（クレヨンハウス，2006）
『なつのいなかのおとのほん』M・W・ブラウン文，L・ワイズガード絵，江國香織 訳（ほるぷ出版，2005）
『森へ』星野道夫 文・写真（福音館書店，1993）
『ベンのトランペット』R・イザドラ，谷川俊太郎 訳（あかね書房，1981）
『おつきさまこんばんは』林明子（福音館書店，1986）
『すっぽんぽんのすけ』もとしたいづみ作，荒井良二 絵（すずき出版，1999）
『ルリユールおじさん』いせ・ひでこ（理論社，2006）
『こぶたのブルトン　あきはうんどうかい』中川ひろたか作，市居みか絵（アリス館，2006）
『ぶぅさんのブー』100% ORANGE（福音館書店，2001）
『タンゲくん』片山健（福音館書店，1992）
『オオカミのごちそう』木村裕一 文，田島征三 画（偕成社，1999）
『ぎゅうぎゅうかぞく』ねじめ正一 作，つちだのぶこ 絵（すずき出版，2002）
『オリビア』I・ファルコナー，谷川俊太郎 訳（あすなろ書房，2001）
『ぴかくんめをまわす』松井直 作，長新太 絵（福音館書店，1966）
『名なしのこねこ』とりごえまり（アリス館，2006）
『スガンさんのヤギ』ドーデ原作，E・バテュー絵，ときありえ訳（西村書店，2006）
『クジラちゃんみて、みて、ぼく、とぶよ』灰谷健次郎 文，高畠純 絵（クレヨンハウス，1994）
『ぼくは弟とあるいた』小林豊（岩崎書店，2002）
『ロバのシルベスターとまほうの小石』W・スタイグ，せたていじ訳（評論社，1975）
『まどから☆おくりもの』五味太郎（偕成社，1983）
『オーケストラの 105 人』K・ラスキン作，M・サイモント絵，岩谷時子 訳（すえもりブックス，1985）
『ももたろう』松井直 文，赤羽末吉 画（福音館書店，1965）
『まんぷくでぇす』長谷川義史（PHP 研究所，2004）
『雪の写真家　ベントレー』J・B・マーティン作，M・アゼアリアン絵，千葉茂樹 訳（BL 出版，1998）

『もどってきたぜ!』G・D・ペナール，石津ちひろ訳（評論社，2005）
『ずぶろく園』天皇屋図夫六 著，みやざきひろかず絵（BL 出版，2003）
『ハクチョウ　北国からの動物記①』竹田津実（アリス館，2007）
『たったひとりの戦い』A・ヴォージュラード作，平岡敦 訳（徳間書店，2000）
『旅するベッド』J・バーニンガム，長田弘 訳（ほるぷ出版，2003）
『アンナの赤いオーバー』H・ジーフェルト文，A・ローベル画，松川真弓 訳（評論社，1990）
『はるになったら』C・ゾロトワ文，G・ウィリアムズ絵，おびかゆうこ訳（徳間書店，2003）
『ヘビのヴェルディくん』J・キャノン作，今江祥智・遠藤育枝 訳（BL 出版，1998）
『かたあしダチョウのエルフ』おのきがく（ポプラ社，1970）
『となりのせきのますだくん』武田美穂（ポプラ社，1991）
『生麦生米生卵』齋藤孝 編，長谷川義史 作（ほるぷ出版，2006）
『ふつうに学校にいくふつうの日』C・マクノートン文，きたむらさとし絵，柴田元幸 訳（小峰書店，2005）
『おとうさんの庭』P・フライシュマン文，B・イバトゥリーン，藤本朝巳 訳（岩波書店，2006）
『チリとチリリ』どいかや（アリス館，2003）
『三びきのくま』L・トルストイ作，V・レーベデフ絵，うちだりさこ訳（偕成社，1989）
『おうしのアダムがおこりだすと』A・リンドグレーン作，M・テーンクヴィスト絵，今井冬美 訳（金の星社，1997）
『ねむいねむいおはなし』U・シュルヴィッツ，さくまゆみこ訳（あすなろ書房，2006）
『はたけのカーニバル』田島征三（童心社，2002）
『たべものあいうえお　しりとりしましょ!』さいとうしのぶ（リーブル，2005）
『みんなおなじでもみんなちがう』奥井一満 文，得能通弘 写真，小西啓介 AD（福音館書店，2007）
『きみだれ?』松橋利光 写真・文（アリス館，2007）
『くものすおやぶんとりものちょう』秋山あゆ子（福音館書店，2005）
『バルンくん』こもりまこと（福音館書店，2003）
『あめの日のおさんぽ』U・シェフラー文，U・ヴェンセル絵，若林ひとみ訳（文化出版局，1986）
『がたごと　がたごと』内田麟太郎 文，西村繁男 絵（童心社，1999）
『へんしんトンネル』あきやまただし（金の星社，2002）
『うみのしゅくだい　絵本・すいぞくかん　あそぼう編』ともながたろ 絵，なかのひろみ・まつざわせいじ文（アリス館，2007）
『ここが家だ　ベン・シャーンの第五福竜丸』ベン・シャーン絵，アーサー・ビナード構成・文（集英社，2006）
『よるのおるすばん』M・ワッデル文，P・ベンソン絵，山口文生 訳（評論社，1996）
『のぞく』天野祐吉 文，後藤田三朗 写真，大社玲子 絵（福音館書店，2006）
『校長先生のあたま』長新太（くもん出版，2001）
『おしいれのぼうけん』古田足日・田畑精一（童心社，1974）
『あいうえおうた』谷川俊太郎 文，降矢なな 絵（福音館書店，1999）
『アップルパイはどこいった?』V・ゴルバチョフ，なかがわちひろ訳（徳間書店，2003）
『うんこ日記』村中李衣・川端誠（BL 出版，2004）
『ぶーちゃんとおにいちゃん』島田ゆか（白泉社，2004）
『よかったねネッドくん』R・チャーリップ，八木田宜子 訳（偕成社，1969）
『ないた』中川ひろたか作，長新太 絵（金の星社，2004）
『ザ・ボーン』南部和也 文，田島征三 絵（アリス館，2007）
『みんなちきゅうのなかまたち』I & D シューベルト作，よこやまかずこ 訳（光村教育図書，1998）
『龍馬の絵本　なかおかはどこぜよ』田島征彦 文，関谷敏隆 絵（ブッキング，2007）
『くちばしどれが一番りっぱ?』ビアンキ 文，田中友子 訳，籔内正幸 絵（福音館書店，2006）
『デイビッドがやっちゃった!』D・シャノン，小川仁央 訳（評論社，2004）
『ニッポンの風景』島田アツヒト（あすなろ書房，2004）
『いのしし』前川貴行 写真・文（アリス館，2007）
『ぼくはくまのままでいたかったのに……』J・シュタイナー 文，J・ミュラー 絵，おおしまかおり 訳（ほるぷ出版，1978）

『ぼくがラーメンたべてるとき』長谷川義史（教育画劇，2007）
『こんやはどんなゆめをみる?』工藤ノリコ（学習研究社，2006）
『ゆきだるま』R・ブリッグズ（評論社，1978）
『山のおふろ』村上康成（徳間書店，2003）
『としょかんライオン』M・ヌードセン作，K・ホークス画，福本友美子 訳（岩崎書店，2007）
『むかでのいしゃむかえ』飯野和好（福音館書店，1998）
『ホネホネたんけんたい』西澤真樹子 監修・解説，大西成明 写真，松田素子 文（アリス館，2008）
『オオカミと石のスープ』A・ヴォージュラード作，平岡敦 訳（徳間書店，2001）
『彼の手は語りつぐ』P・ポラッコ作，千葉茂樹 訳（あすなろ書房，2001）
『ぼくがうまれた音』近藤等則 文，智内兄助 絵（福音館書店，2007）
『ふしぎふしぎ 200』ふしぎ新聞社 編著（福音館書店，2001）
『もぐもぐとんねる』しらたにゆきこ（アリス館，2005）
『きみたちきょうからともだちだ』中川ひろたか文，長谷川義史 絵（朔北社，2005）
『ぐりとぐら』中川李枝子 文，大村百合子 絵（福音館書店，1963）
『ビロードうさぎ』M・ウィリアムズ文，W・ニコルソン絵，石井桃子 訳（童話館出版，2002）
『せいめいのれきし』V・L・バートン作，石井桃子 訳（岩波書店，1964）
『ちびくろ・さんぼ』H・バナマン作，F・ドビアス絵，光吉夏弥 訳（瑞雲舎，2006）
『ダンデライオン』D・フリーマン作，A・ビナード訳（福音館書店，2005）
『おかあさんといっしょに』C・ガンソン，小比賀優子 訳（徳間書店，1997）
『カナリアのシスリー B』T・テューダー作，内藤里永子 訳（メディアファクトリー，2002）
『ハルばあちゃんの手』山中恒 文，木下晋 絵（福音館書店，2005）
『紙しばい屋さん』A・セイ（ほるぷ出版，2007）
『キツネ』M・ワイルド文，R・ブルックス絵，寺岡襄 訳（BL 出版，2001）
『ばしん!ばん!どかん!』P・スピア，わたなべしげお訳（童話館出版，2004）
『うんちのちから』ホ・ウンミ文，キム・ビョンホ絵，しんもとか訳（主婦の友社，2006）
『あっぱれアスパラ郎』川端誠（BL 出版，2007）
『ちいさいかわのうた』武鹿悦子 詩，田頭よしたか 絵（ひさかたチャイルド，2008）
『どろんこどろちゃん』いとうひろし（ポプラ社，2003）
『けんかのきもち』柴田愛子作，伊藤秀男 絵（ポプラ社，2001）
『ガンピーさんのふなあそび』J・バーニンガム，みつよしなつや（ほるぷ出版，1976）
『なつのおうさま』薫くみこ作，ささめやゆき絵（ポプラ社，2007）
『だんまり』戸田和代 文，ささめやゆき絵（アリス館，2008）
『里山の一日　夏の日』今森光彦　文・写真（アリス館，2007）
『きみがしらないひみつの三人』H・ハイネ作，天沼春樹 絵（徳間書店，2004）
『つきよのおんがくかい』山下洋輔 文，柚木沙耶郎 絵，秦好史郎（福音館書店，1999）
『うえへまいりまぁす』長谷川義史（PHP 研究所，2003）
『ねんどぼうや』M・ギンズバーグ文，J・A・スミス絵，覚和歌子 訳（徳間書店，2003）
『オオカミ』E・グラヴェット作，ゆづきかやこ訳（徳間書店，2007）
『とおいまちのこ』かどのほうこ作，ちばちかこ絵（のら書店，2007）
『おじいちゃんのまち』野村たかあき（講談社，1989）
『いつもちこくのおとこのこ　ジョン・パトリック・ノーマン・マクヘネシー』J・バーニンガム，谷川俊太郎 訳（あかね書房，1988）
『二羽のツグミ』J・ヴィルコン作，さかくらちづる訳（評論社，2004）
『オレゴンの旅』ラスカル文，L・ジョス絵，山田兼士 訳（セーラー出版，1995）
『フーベルトとりんごの木』A・リスラー絵，B・ヘヒラー文，大本栄 訳（講談社，2001）
『雪むかえの村』竹内もと代 文，西村繁男 絵（アリス館，2004）
『虎落笛』富安陽子 作，梶山俊夫 絵（あかね書房，2002）
『きらきら』谷川俊太郎 文，吉田六郎 写真（アリス館，2008）
『落語絵本　ときそば』川端誠（クレヨンハウス，2008）
『急行「北極号」』C・V・オールズバーグ，村上春樹 訳（あすなろ書房，2003）
『いろはのかるた奉行』長谷川義史（講談社，2005）

『知らざあ言って聞かせやしょう』河竹黙阿弥 文，飯野和好 構成・絵，齋藤孝 編（ほるぷ出版，2004）
『ゆきがやんだあとで…』三木卓 文，M・ミトゥーリチ絵（福音館書店，2006）
『しあわせなふくろう』ホイテーマ文，C・ピャッチ絵，おおつかゆうぞう訳（福音館書店，1966）
『きもち』谷川俊太郎 文，長新太 絵（福音館書店，2008）
『おふろだいすき』松岡享子 作，林明子 絵（福音館書店，1982）
『てんごくのおとうちゃん』長谷川義史（講談社，2008）
『くまのコールテンくん』D・フリーマン，まつおかきょうこ訳（偕成社，1975）
『にいさん Mon Frere』いせひでこ（偕成社，2008）
『別冊太陽　365 日、まいにち絵本!』生田美秋 監修（平凡社，2008）
『ゆきダルムくん』伊藤正道（教育画劇，2008）
『どうぶつさいばん　タンチョウは悪代官か?』竹田津実 作，あべ弘士 絵（偕成社，2006）
『いつもいつもそうかな』内田麟太郎 作，下谷二助 絵（鈴木出版，2008）
『コッケモーモー!』J・D・コンテ文，A・バートレット絵，たなかあきこ訳（徳間書店，2001）
『はるですよふくろうおばさん』長新太（講談社，1977）
『仔牛の春』五味太郎（偕成社，1999）
『ひみつのカレーライス』井上荒野 作，田中清代 絵（アリス館，2009）
『さかさまさかさま』M・ラモ，原光枝 訳（平凡社，2005）
『おでんおんせんにいく』中川ひろたか作，長谷川義史 絵（佼成出版社，2004）
『おじさんのかさ』佐野洋子（講談社，1992）
『ぞうのババール　こどものころのおはなし』J・d・ブリュノフ，矢川澄子訳（評論社，1974）
『歯いしゃのチュー先生』W・スタイグ，うつみまお訳（評論社，1991）
『おとうさん・パパ・おとうちゃん』みやにしたつや（鈴木出版，1996）
『悲しい本　SAD BOOKS』M・ローゼン作，Q・ブレイク絵，谷川俊太郎 訳（あかね書房，2004）
『鳥の巣ものがたり』鈴木まもる（偕成社，2007）
『うるわしのセモリナ・セモリナス』A・L・マンナ＆C・ミタキドウ再話，G・ポター絵，きむらゆりこ訳（BL 出版，2000）
『ひ・み・つ』たばたせいいち（童心社，2004）
『モーツァルトくん、あ・そ・ぼ!』P・シス，きむらみか訳（徳間書店，2007）
『川のいのち』立松和平 文，横松桃子 絵（くもん出版，2002）
『わたしのヒロシマ』森本順子（金の星社，1988）
『しにがみさん』野村たかあき（教育画劇，2004）
『やあ!出会えたね　カブトムシ』今森光彦　文・写真（アリス館，2009）
『うみ　Atlantic』G・B・カラス，くどうなおこ訳，近江卓 監修（フレーベル館，2005）
『チコときんいろのつばさ』L・レオーニ作，さくまゆみこ訳（あすなろ書房，2008）
『ぶんかいきょうだい』西平あかね（アリス館，2009）
『おだんごパン　ロシア民話』せたていじ訳，わきたかず絵（福音館書店，1966）
『ジョニーのかたやきパン』R・ソーヤー文，R・マックロスキー絵，こみやゆう訳（岩波書店，2009）
『たぬきのおつきみ』内田麟太郎 作，山本孝 絵（岩崎書店，2003）
『タンタンのコンゴ探検』エルジュ作，川口恵子 訳（福音館書店，2007）
『マグロをそだてる』熊井英水 監修，江川多喜雄 文，高橋和枝 絵（アリス館，2009）
『おふろやさん』西村繁男（福音館書店，1977）
『ふくろのなかにはなにがある?』P・ガルドン再話・絵，こだまともこ訳（ほるぷ出版，2009）
『しまふくろう』山本純郎・神沢利子 文，山本純郎 写真（福音館書店，1992）
『干し柿』西村豊 写真・文（あかね書房，2006）
『落語絵本　めぐろのさんま』川端誠（クレヨンハウス，2001）
『黒グルミのからのなかに』M・マンゴー文，C・セゴウィア絵，ときありえ訳（西村書店，2005）
『ふしぎなでまえ』かがくいひろし（講談社，2008）
『エリカ　奇跡のいのち』R・V・ジー文，R・インノチェンティ絵，柳田邦夫 訳（講談社，2004）
『おとうさんのちず』U・シュルヴィッツ作，さくまゆみこ訳（あすなろ書房，2009）
『狼森と笊森、盗森』宮沢賢治 作，片山健絵（三起商行，2008）

『こびととくつや　グリム兄弟の童話から』K・ブラント絵，藤本朝巳 訳（平凡社，2002）
『十二支のおはなし』内田麟太郎 文，山本孝 絵（岩崎書店，2002）
『ゆきむすめ　ロシアの民話』岸田衿子 文，スズキコージ絵（ビリケン出版，2005）
『100かいだてのいえ』いわいとしお（偕成社，2008）
『しごとば』鈴木のりたけ（ブロンズ新社，2009）
『エゾオオカミ物語』あべ弘士（講談社，2008）
『カクレンボ・ジャクソン』D・ルーカス作，なかがわちひろ訳（偕成社，2005）
『エルネスト　たびするいぬのものがたり』J・シュトゥーアマン，関口裕昭 訳（フレーベル館，2009）
『大きな大きな船』長谷川集平（ポプラ社，2009）
『水曜日の本屋さん』S・ネーマン文，O・タレック絵，平岡敦 訳（光村教育図書，2009）
『赤いおおかみ』F・K・ウェヒター，小澤俊夫 訳（古今社，2001）
『おもいで』内田麟太郎 作，中野真典 絵（イースト・プレス，2009）
『ぜったいがっこうにはいかないからね』L・チャイルド作，木坂涼 訳（フレーベル館，2004）
『Papa! パパーッ!』P・コランタン，薫くみこ訳（ポプラ社，2002）
『えんぴつくん』A・アルバーグ作，B・イングマン絵，福本友美子訳（小学館，2008）
『どろぼうがっこう』かこさとし（偕成社，1973）
『大阪うまいもんのうた』長谷川義史（佼成出版社，2009）
『ドリトル先生アフリカへいく』H・ロフティング原作，南條竹則 文，茂田井武 絵（集英社，2008）
『テレビがなかったころ』Y・ボモー，ときありえ訳（西村書店，2008）
『りんごろうくんのもりあるき』わたなべてつた作，なかがわかくた絵（アリス館，2008）
『カワセミ　青い鳥見つけた』嶋田忠 文・写真（新日本出版社，2008）
『999ひきのきょうだい』木村研 作，村上康成 絵（ひさかたチャイルド，1989）
『田んぼのいのち』立松和平 文，横松桃子 絵（くもん出版，2001）
『続しごとば』鈴木のりたけ（ブロンズ新社，2010）
『パパがサーカスと行っちゃった』E・キャロット 文，R・モエダン 絵，久山太市 訳（評論社，2005）
『ねえとうさん』佐野洋子（小学館，2001）
『ほんちゃん』スギヤマカナヨ（偕成社，2009）
『百年の家』R・インノチェンティ絵，J・P・ルイス作，長田弘 訳（講談社，2010）
『ブチョロビッチョロはどこ?』大島妙子（学習研究社，2006）
『アリからみると』桑原隆一 文，栗林慧 写真（福音館書店，2001）
『ヘンリーいえをたてる』D・B・ジョンソン，今泉吉晴 訳（福音館書店，2004）
『ホネホネすいぞくかん』西澤真樹子 監修・解説，大西成明 写真，松田素子 文（アリス館，2010）
『図書館が大好きになる　めざせ!キッズライブラリアン1　図書館のヒミツ』二村健 監修（鈴木出版，2010）
『ありとすいか』たむらしげる（ポプラ社，2002）
『よあけ』U・シュルビッツ，瀬田貞二 訳（福音館書店，1977）
『うんこ!』サトシン 作，西村敏雄 絵（文溪堂，2010）
『1ねん1くみの1にち』川島敏生 写真・文（アリス館，2010）
『こんちゅうってなんだ?』A・ロックウェル作，S・ジェンキンス絵，あべけんいち訳（福音館書店，2009）
『やあ!出会えたね　赤トンボ』今森光彦 文・写真（アリス館，2010）
『わにわにのおおけが』小風さち 文，山口マオ 絵（福音館書店，2010）
『しごとをとりかえただんなさん　ノルウェーの昔話』W・ウィースナー絵，あきのしょういちろう訳（童話館出版，2002）
『フェドーラばあさんおおよわり』K・チュコフスキー作，V・オリシヴァング絵，田中潔 訳（偕成社，2010）
『牛をかぶったカメラマン　キーアトン兄弟の物語』R・ボンド，福本由美子 訳（光村教育図書，2010）
『ぬ〜くぬく』飯野和好 作，山本孝 絵（農文協，2007）
『空とぶライオン』佐野洋子（講談社，1982）
『やきいもの日』村上康成（徳間書店，2006）
『ウォーターハウス・ホーキンズの恐竜』B・ケアリー文，B・セルズニック絵，千葉茂樹 訳（光村教育図書，2003）
『とうちゃんなんかべーだ!』伊藤秀男（ポプラ社，2008）

『エゾシカ　北国からの動物記④』竹田津実 文・写真（アリス館, 2010）
『手ぶくろを買いに』新美南吉 文, 牧野鈴子 絵（フレーベル館, 2003）
『ちいさなあなたへ』A・マギー文, P・レイノルズ絵, なかがわちひろ訳（主婦の友社, 2008）
『しずかなおはなし』S・マルシャーク文, V・レーベデフ絵, うちだりさこ訳（福音館書店, 1963）
『落語絵本　かえんだいこ』川端誠（クレヨンハウス, 2010）
『えほんをよんで、ローリーポーリー』L・シャルトラン作, ロジェ絵, 徳永玲子 訳（ポプラ社, 2006）
『はだかの王さま』アンデルセン話, 中井貴恵 再話, colobocle 絵（ブロンズ新社, 2005）
『うがいライオン』ねじめ正一 作, 長谷川義史 絵（鈴木出版, 2010）
『ゆうちゃんとめんどくさいサイ』西内ミナミ作, なかのひろたか絵（福音館書店, 1991）
『キンコンカンせんそう』G・ロダーリ作, ペフ絵, A・ビナード訳（講談社, 2010）
『おならうた』谷川俊太郎 原詩, 飯野和好 絵（絵本館, 2006）
『串かつやよしこさん』長谷川義史（アリス館, 2011）
『ちょっとまって、きつねさん！』K・シェーラー, 関口裕昭 訳（光村教育図書, 2008）
『ぶたにく』大西暢夫 写真・文（幻冬舎, 2010）
『富士山にのぼる』石川直樹 写真・文（教育画劇, 2009）
『はっぴぃさん』荒井良二（偕成社, 2003）
『ほしにむすばれて』谷川俊太郎 文, えびなみつる 絵（文研出版, 2009）
『アンジュール』G・バンサン（BL 出版（CiNii 表記：ブックローン出版）, 1986）
『おこる』中川ひろたか作, 長谷川義史 絵（金の星社, 2008）
『でも、わたし生きていくわ』C・N・マズール作, E・メーンス絵, 柳田邦男 訳（文溪堂, 2009）
『あかちゃんもってる』吉田戦車（河出書房新社, 2011）
『せなかにのって』谷内こうた（あすなろ書房, 2005）
『おひさまパン』E・クレヴェン, 江國香織 訳（金の星社, 2003）
『ぼくとパパ』S・ブロック, 金原瑞人 訳（講談社, 2007）
『かさ』太田大八（文研出版, 1975）
『ベッドのしたになにがいる？』J・スティーブンソン, つばきはらななこ訳（童話館出版, 2007）
『おばけになろう』藤田勝治（童心社, 1997）
『ふしぎなガーデン』P・ブラウン, 千葉茂樹 訳（ブロンズ新社, 2010）
『へびのクリクター』T・ウンゲラー, 中野完二 訳（文化出版局, 1974）
『戦争をくぐりぬけたおさるのジョージ』L・ボーデン文, A・ドラモンド絵, 福本友美子 訳（岩波書店, 2006）
『なつペンギン』塩野米松 作, 村上康成 絵（ひかりのくに, 1995）
『よしおくんがぎゅうにゅうをこぼしてしまったおはなし』及川賢治・竹内繭子（岩崎書店, 2007）
『西風号の遭難』C・V・オールズバーグ, 村上春樹 訳（河出書房新社, 1985）
『ボクちゃんらいおん』村上しいこ 文, 西村敏雄 絵（アリス館, 2010）
『ウエズレーの国』P・フライシュマン作, K・ホークス絵, 千葉茂樹 訳（あすなろ書房, 1999）
『じごくのラーメンや』苅田澄子 作, 西村繁男 絵（教育画劇, 2010）
『でんせつのきょだいあんまんをはこべ』サトシン作, よしながこうたく絵（講談社, 2011）
『パパがやいたアップルパイ』L・トンプソン文, J・ビーン絵, 谷川俊太郎 訳（ほるぷ出版, 2008）
『野はらの音楽家マヌエロ』D・フリーマン, みはらいずみ訳（あすなろ書房, 2006）
『紙しばい屋さん』A・セイ（ほるぷ出版, 2007）
『ヤマネさん　お山にかえるまで』西村豊 写真・文（アリス館, 2011）
『ゆきだるまはよるがすき！』C・ビーナー文, M・ビーナー画, せなあいこ訳（評論社, 2005）
『手ぶくろを買いに』新美南吉 文, 黒井健 絵（偕成社, 1988）
『ほろづき　月になった大きいおばあちゃん』沢田としき（岩崎書店, 2001）
『ねこくん、わが家をめざす』K・バンクス作, G・ハレンスレーベン絵, いまえよしとも訳（BL 出版, 2007）
『アナボコえほん』井上洋介（フレーベル館, 1986）
『ピーターのとおいみち』B・クーニー絵, L・キングマン文, 三木卓 訳（講談社, 1983）
『しげちゃん』室井滋 作, 長谷川義史 絵（金の星社, 2011）

岩橋淳（いわはし・じゅん）略歴

1960年7月25日	東京都新宿区に生まれる
1967年2月	父の転勤でニューカレドニアへ転居
1970年	帰国。品川区立会小学校2年に編入 その後も転校・編入の多い青少年期を過ごした。私立東邦高校卒業後、早稲田大学の通信課程で学びながら書店で働く。有隣堂、山下書店町等を経て、曙橋駅近くにあったオーブックスに勤めた
1993年	結婚。その後オーブックスから、出版社の営業職に転職
1995年	盛岡のさわや書店「ＭＯＭＯ」（94年開店）の店長に着任。最初盛岡に居を構えるが、その後花巻の人となる

２００４年４月	岩手日報紙上で連載「コレ知ってる？」をスタート
２００５年３月	盛岡タイムス紙上で連載「おとうさん、絵本です」をスタート
	「ＭＯＭＯ」閉店。この頃さわや書店を退職
２００５年４月	岩手日報で連載「Ｕ－18読書の旅」をスタート
２００６年	ジュンク堂書店入社。盛岡店に勤務
２００７年４月	岩手日報で連載「いつだって本と一緒」をスタート
２０１２年10月	盛岡タイムスでの連載を終了
２０１７年６月頃	不調を覚え医療機関を受信、ＡＬＳの診断を受ける
２０１８年	ジュンク堂書店を退職し治療に専念
２０１８年９月	岩手日報での連載を終了
２０１９年１月10日	永眠。享年58

初出
「岩手日報」
コレ知ってる？　２００４年４月〜２００５年３月
U－18読書の旅　２００５年４月〜２００６年３月
いつだって本と一緒　２００７年４月〜２０１８年９月

Special thanks

R33
赤木かん子
（児童文学評論家）
浅沼盛一
阿部伸介
阿部りか
安保貴司
石川晶子
岩橋史実
岩橋春夫
岩橋洋子
恵方巻　寿司
櫻天のばあば
大坂健夫
小笠原あすみ
小笠原信敬
岡部友春
岡本貴裕
落合真奈美
風の駅・風の駅文庫（京都）
加藤潔
加藤誠子
鹿渡禮子
菅野進
菊池剛史
菊池直子
菊地正義
菊池幸見
北山公路（Office 風屋）
AKIKO KUDO
工藤朋
栗澤順一
黒田大介
後藤美由紀
駒木勝一
近藤裕康
坂本知弥
佐々木達哉
さささきちえこ
佐々木知行
佐々木雄一
佐藤悦子
佐藤和輝
佐藤裕子
佐藤幸恵
澤口杜志
さわや OG:H.S
書局やさぐれ
菅原仁
菅原恵美
鈴木勝博
（岩手県立大東高等学校　校長）
高橋宏和
高橋美知子
竹内学
武田良子
田中香織
谷直樹
千葉育子
千葉剛彦
千葉正人
土樋由直（クリケット）
寺久保未園
照井哉江
傅野千歳
樋下忍
東海林伸江
中條いずみ
中村俊一
猫丸
畠山政文
八丁野裕
羽根田靖
平山智宏
藤巻修一
本田理沙
前野祐子
真純
松嶋大
みく - さや
水村眞紀子
三宅真由美
盛岡児童文学研究会　有志
大和志保
渡辺裕介
（五十音順、敬称略）

本書刊行にあたり、以上の方々を含む 160 名の皆様に、
クラウドファンディングを通じてご支援を賜りました。
深く御礼申し上げます。

いつだって本と一緒

2021年1月10日　初版第一刷発行

著　者　岩橋 淳

発行所　株式会社 皓星社

発行者　晴山生菜

〒101－0051

東京都千代田区神田神保町3－10

宝栄ビル六階

TEL：03－6272－9330

FAX：03－6272－9921

メール book-order@libro-koseisha.co.jp

ウェブサイト http://www.libro-koseisha.co.

郵便振替 001310-6-24639

装幀　藤巻亮一

印刷・製本　精文堂印刷株式会社

乱丁・落丁本はお取替えいたします。

ISBN 978-4-7744-0734-0 C0095